KB038844

아동 · 청소년 심리장애 및 진단시리즈 3

소아정신병리의 진단과 평가

조수철 · 신민섭 공저

학지사

머리말

　소아 · 청소년정신의학은 소아 또는 청소년의 사고(생각), 감정 그리고 행동 상의 부조화와 불균형을 다루는 의학의 한 분야라고 정의할 수 있다. 이러한 문제를 다루는 전문가들의 분야는 아주 다양해서, 비단 소아 · 청소년정신의학뿐만 아니라, 아동심리학, 청소년학, 임상심리학, 간호학, 사회사업학, 교육학 및 특수교육학, 가족학 등등 많은 분야에서도 소아나 청소년들의 정신문제를 다루고 있다. 이 모든 분야에서는 서로 대화와 협조를 통하여 소아나 청소년들의 정신적인 문제를 효과적으로 해결해 나가는 데 최선의 노력을 기울여야 할 것이다.

　이 각각의 분야는 모두 소아나 청소년들의 문제를 이해하거나 도움을 주는 나름대로의 체계를 가지고 있다. 그러나 효과적이고도 능률적인 대화를 위해서는 공통적인 언어가 필요하다. 즉, 어떤 특정한 질병에 대해 토의를 하고자 할 때는 서로 공유하고 있는 개념하에 토의를 하여야 한다. 예를 들어, 자폐장애라는 질병에 대한 토의를 할 때는 자폐장애에 대한 공통적인 개념을 가지고 있어야 한다는 의미다. 이것이 이루어지지 않을 때는 아무리 활발한 토의를 하고 대화를 한다고 하더라도 아무런 의미를 가질 수가 없다.

　진단이란 바로 이러한 과정인 것이다. 즉, 특정 질병에 대하여 정의를 내리고 이 정의에 따라서 이름을 붙이는 과정이 진단인 것이다. 이 과정이 객관적이어야 서로 대화가 가능해지는 것이다.

　정신과 영역에서는 역사적으로 진단의 객관성에 항상 문제가 있었으며 이러한 문제를 해결하기 위하여 지속적인 노력을 기울이고 있다. 이러한 노력의 결과로 미국정신과 협회에서 만들어진 진단기준(Diagnosis and Statistical Manual of Mental Disorders, DSM-IV, 1994)과 세계보건기구의 국제질병분류(International Classification of Diseases, ICD-10, 1992)가 나오게 되었다.

이 책은 이 두 진단체계를 기본 바탕으로 해서 쓴 책이다. 이 두 진단체계에에 대해 소개를 하고 각각의 질환에 대한 평가척도를 소개하였다. 진단 및 평가방법에서는 총론적인 면을 다루었는데, 아동에 대한 평가뿐만 아니라 가족의 평가방법에 대하여도 논하였다. 각 정신병리에 대하여는 현재 우리나라에서 사용 가능한 척도들을 중심으로 정리를 하였다. DSM-IV와 ICD-10은 과거의 분류체계에 비하여 체계를 갖추고 있다고 할 수는 있으나 객관적인 면에서는 아직도 많은 문제점들을 내포하고 있다. 이런 약점을 보완하기 위하여 발달된 것이 각 질환들에 대한 평가척도들이다.

이 책은 임상적인 면뿐만 아니라 연구목적을 위하여도 필수적인 척도들에 대한 소개 및 정리를 하고 있으므로 이러한 분야에서 일하는 모든 분들이 도움을 받았으면 하는 바람이다.

항상 정성을 다하여 책을 출판하시는 학지사 편집부 여러분들께 감사를 드린다. 특히, 졸저의 출판을 흔쾌히 허락해 주신 김진환 사장님께는 더욱더 깊은 감사의 말씀을 드린다.

2006년 1월에
조수철, 신민섭

차 례

■ 머리말 / 3

제1부 소아 정신장애의 분류체계

제 1 장 DSM-IV ·· 11
  1. 소아 · 청소년 정신장애의 진단, 분류 과정 11
  2. 진단 평가 도구들 12
  3. DSM-IV 13

제 2 장 ICD-10 ·· 27
  1. 소아정신의학에서 장애에 대한 분류가 필요한 이유 27
  2. 소아정신장애의 분류체계가 갖춰야 할 기준 27
  3. WHO의 정신보건 역사 28
  4. ICD-10 29
  5. ICD-10 분류에 따른 소아 · 청소년기 장애 36

제2부 진단 및 평가 방법

제 3 장 구조화된 아동 면접 ································ 41
  1. 행동 선별 검사 42
  2. 아동 선별 검사 43

3. Kiddie-SADS: K-SADS 44

4. 아동과 청소년용 진단 면접 46

5. 아동용 면접 스케줄 48

6. 아동 평가 스케줄 50

7. 아동용 진단 면접 스케줄 51

8. 요약 및 제언 54

제 4 장 **아동 행동평가척도 및 체크리스트** 55

1. 행동평가척도와 체크리스트 사용의 기본 가정 55

2. 행동평가척도와 관련된 문제들 56

3. 요약 및 제언 59

제 5 장 **관찰법** 61

1. 관찰 평가의 정의 62

2. 관찰법 사용 시 고려해야 할 점 63

3. 관찰법 선택 시 사용 기준 65

4. 요약 및 제언 67

제 6 장 **가족 평가** 69

1. 자료 원천 69

2. 평가 단위 70

3. 평가의 구성요소 71

4. 평가 방법 72

5. 요약 및 제언 80

제3부 **장애별 평가방법**

제 7 장 **주의력결핍 · 과잉행동장애** 87

1. 면접 90

2. 행동평정척도 91

3. 요약 및 제언 101

제 8 장 학습장애 ··· 115

1. 정 의 115
2. 학습장애의 유형 및 진단기준 116
3. 감별진단 118
4. 학습장애 평가 지침 120
5. 평 가 121
6. 요약 및 제언 130

제 9 장 품행장애 ··· 137

1. 서 론 137
2. 진 단 138
3. 평 가 140
4. 요약 및 제언 149

제10장 기분장애 ··· 173

1. 우울장애 173
2. 양극성장애 187

제11장 불안장애 ··· 235

1. 분리불안장애 235
2. 요약 및 제언 255

제12장 강박장애 ··· 263

1. 서 론 263
2. 진 단 265
3. 평 가 267
4. 요약 및 제언 268

제13장 틱장애 ·· 275

1. 서 론 275
2. 진 단 276
3. 평 가 279
4. 요약 및 제언 281

제14장 **전반적 발달장애** ⋯⋯⋯⋯⋯⋯⋯⋯⋯⋯⋯⋯⋯⋯⋯⋯⋯⋯⋯ 301

　　　　1. 서 론 301
　　　　2. 진단기준 302
　　　　3. 평 가 305
　　　　4. 요약 및 제언 313

제15장 **섭식장애** ⋯⋯⋯⋯⋯⋯⋯⋯⋯⋯⋯⋯⋯⋯⋯⋯⋯⋯⋯⋯⋯⋯⋯ 323

　　　　1. 서 론 323
　　　　2. 진 단 325
　　　　3. 평 가 330
　　　　4. 요약 및 제언 331

제4부 진단과 평가의 제문제들

제16장 **진단과 평가의 제문제들**　　　　　　　　　　　　　337

　　　　1. 서 론 337
　　　　2. 진단분류체계 및 평가 시 고려되어야 할 문제점들 339
　　　　3. 소아정신질환의 분류방법들 345
　　　　4. DSM-IV와 ICD-10의 비교 348
　　　　5. 결론 및 향후의 연구과제 354

■ 후　　기 / 357
■ 참고문헌 / 359
■ 찾아보기 / 375

제1부

소아 정신장애의 분류체계

제1장 DSM–IV -------------------------------------

제2장 ICD–10 -------------------------------------

제 1 장

DSM-IV

이 장에서는 DSM-IV(APA, 1994)에 따라 아동, 청소년기 정신장애의 진단 분류에 대해 살펴보고, 향후 진단 분류체계의 발전에 필요한 것이 무엇인지에 대해 논의한다.

1. 소아 · 청소년 정신장애의 진단, 분류 과정

진단 과정은 다음의 여러 가지 중요한 질문들을 통해 개념화될 수 있다.

① 아동이 어떤 유형의 정신과 장애를 갖고 있는가?

　아동이 상당한 기간 동안 심각한 행동, 정서, 대인관계 또는 인지 능력상에 문제가 있는가?

② 장애가 있다면, 나타나는 임상적 양상이 임상 증후군(Clinical syndrome)에 부합하는가?

③ 그 장애의 주된 원인이 무엇인가?

　(정신내적, 가족, 사회문화적, 생물학적 요인 등)

④ 문제를 지속시키는 요인은 무엇인가?

⑤ 아동의 정상 발달을 촉진하는 요인은 무엇인가?

⑥ 아동과 그 가족의 강점과 잠재력은 무엇인가?

⑦ 치료받지 않을 경우 아동이 갖고 있는 장애의 결과는 어떠할 것인가?

　이는 아동이 가지고 있는 장애에 따라 다르다. 자폐장애나 주의력결핍-과 잉행동장애(Attention deficit hyperactivity disorder. 이하 ADHD라 표기함) 처럼 비교적 잘 인식되어 있는 장애는 치료받지 않을 경우 그것의 자연적 인 경과에 대해 알려져 있지만, 잘 알려져 있지 않은 장애들은 그 예후에 대해서 잘 모를 것이다. 또한 개인적, 사회적, 환경적, 가족 요인 등이 장 애의 결과 및 예후에 복잡하게 상호작용한다.

* 다음은 치료적 개입에 관한 것으로,

⑧ 이 아동의 경우 치료적 개입이 필요한가?

⑨ 어떤 유형의 치료적 개입이 가장 효과적일 것인가?

2. 진단 평가 도구들

- 부모 면담(interview), 가족 면담, 아동의 일상 행동을 관찰할 수 있는 사람 과의 면담
- 아동과의 직접 면담
- 부모, 교사 혹은 아동에게 중요한 사람이 평정하는 행동평정척도
- 심리학적 평가: 인지 기능을 평가하는 검사들과 정서적, 성격적, 사회적 문제들을 평가하는 심리검사들
- 신경심리검사
- 신체적 검사, 신경학적 검사
- X-ray나 혈액검사 등의 의학적 검사
- 뇌영상검사(단일광자방출, 전산화 단층촬영술, 자기공명영상술 등)
- 염색체검사

대개 진단은 부모 면담, 아동 면담 및 행동평정척도들을 기초로 해서 이루어지며, 투사적 검사와 신경심리학적 검사는 진단 과정에서 의심이 되는 특정 문제들을 보다 깊게 이해하고 파악하기 위해 사용된다. 소아 정신장애의 진단 과정은 여러 정보원(source)들로부터 정보를 수집하고, 얻어 낸 정보들을 중요도에 따라 가중치를 부여하고, 진단적 구조화를 하는 과정이 포함된다.

3. DSM-IV

1994년에 개정된 DSM-IV(American Psychiatric Association, 1994)는 가장 최신의 정신장애의 진단 및 분류체계다. DSM-IV는 임상 상황에서 사용하기 편리하고 유용한 진단체계를 제공하고자 하는 목적 외에도 방대한 기존의 경험적 연구들을 총망라하여 현재로서 가장 합리적이고 근거 있는 진단체계를 마련하고자 하는 목적을 위해 대규모의 체계적이고 효율적인 기구를 구성하고 작업한 결과 제작된 것이다. DSM-IV는 구체적으로 각 장애에 대해 다각적인 내용을 다루고 있고, 장애별로 다양한 진단이 명료하게 제시되어 있으며, 감별 진단을 위한 지침을 매우 자세하게 다루고 있다. 또한 DSM-IV는 WHO의 ICD-10(International Classification of Diseases, 1992)과도 관련되어 있다.

DSM-IV는 각각의 정신장애들을 정의하는 증상들로 구성된 진단기준을 바탕으로 하여 정신장애의 유형을 분류한 범주적인 분류법(Categorical classification)을 채택하고 있다. 범주적 체계는 특정 진단의 본질적인 특성들을 기반으로 하여 경험 있는 임상가들의 기술에서 시작되었다. 이 분류 방식은 한 진단 내에 포함되는 모든 사례들이 동질적일 때, 진단들 사이에 명백한 경계가 있을 때 그리고 다른 진단들이 서로 명백히 배타적일 때 가장 유용하게 사용될 수 있다. 그러면서도 그 한계는 인정해야 하는데, 특정 정신장애가 있는 아동들 그룹 내에서도 모든 아동들 간에는 여러 측면에서 이질적인 특성이 있다는 점을 인정해야 한다. 어릴 때 어떤 특정 장애가 있었던 아동은 후에 또 다른 장애를 발달시킬 수도 있기 때문이다.

1) 아동기 정신장애를 중심으로 살펴본 DSM-IV의 발전 과정

(1) DSM-I(APA, 1952)

DSM-I은 1952년 Kraeplin의 정신의학 분류법에서 유래되었는데, William Menninger가 주도하였다. Kraeplin의 분류에서는 아동기 장애가 누락되어 있었고, 아동기 장애에 대해서는 "일시적인 상황적 장애(Transient situational disorders)"라는 이름하에 "아동·청소년기 적응 반응(Adjustment reactions of childhood and adolescence)"이라는 범주와 "아동기 정신분열증"의 두 가지 범주가 포함되었다. 아동들의 문제도 성인 진단 범주에 따라 진단되었다.

(2) DSM-II(1968)

DSM-II에서는 일부 소아기 정신질환에 대한 분류가 포함되었다. 크게, 정신박약(Mental retardation), 다른 곳에서 분류되지 않은 특수증상들(Special symptoms not elsewhere classified) 또는 소아·청소년기의 행동장애(Behavior disorder of childhood and adolescence)로 분류하여 각 범주 내에 소아 연령에서 흔히 발견되는 행동상의 문제들을 분류하였다.

(3) DSM-III(1980)

각 장애를 더욱 구체적이고 다양하게 범주화하기 위해 발간된 것으로, 아동기 장애에 관해 두드러진 진보가 이루어졌으며, 최초의 체계적인 분류법이라고 할 수 있다. DSM-I, II와 ICD-9에서는 진단에 요구되는 증상들을 구체화한 진단기준은 제시하지 않았고, 장애에 대한 일반적인 기술만 했었다. DSM-III의 가장 큰 변화는 5개의 축으로 나누어 진단을 내리는 다중 진단체계로 발전된 것으로, 이 5개의 축에 따라 충분한 평가가 이루어질 수 있다고 생각했다. 아동기 장애는 정신지체(Mental retardation)/주의력 결핍장애(ADHD)/품행장애(Conduct disorder)/불안장애(Anxiety disorder)/기타장애/섭식장애(Eating disorder)/상동적 활동장애(Stereotypic movement disorder)/기타 신체적 증상을 수반하는 장애/전반적 발달장애(Pervasive developmental disorders)/특수 발달장애(축 II에 수록)로 범주화되었으며(특정 발달장애와 성격장애가 축 II에 속함), 몇 가지 성인 진단 범주도 아동들에게 적용되었다. 아동기 장애에 대해 상당히 복잡하게 다루고 있고, DSM-I, II보다 더 세분화된 범주들을 제공해 주었지만, 이렇게 세분화된 범주가 실제로 존재하는지가 경험적 연구로 잘 지지되지 못했고, 체계의 신뢰도가 위협을 받기도 했다. 아동기 범주에 관한 신뢰도 연구에 따르면 넓은 범주(행동장애, 불안장애, 발달장애)에서는 평정자들 간의 일치도가 높았지만 하위집단에서는 신뢰성을 얻기가 힘들었고(예: ADHD with/without hyperactivity), 이 체계의 확고한 타당성 여부도 많은 연구자들의폭넓은 지지를 받지 못하였다.

(4) DSM-III-R(1987)

축 II에 정신지체, 전반적 발달장애(자폐장애, 비전형 자폐장애), 특수 발달장애(학업기술장애, 언어 및 말하기 장애, 운동기술장애)가 포함되었다.

2) DSM-IV 체계의 기본 특성(Kaplan et al., 1994)

(1) 기술적 접근

DSM-III-R(1987)과 마찬가지로 장애의 원인보다는 주로 장애가 나타나는 양상이나 특성에 관해 기술하고 있다. 병인학은 진단분류에서 가장 기본이 될 수도 있지만, 상당히 많은 의학 영역에서 그렇지 않다. 예를 들어, 감염성 질병의 경우, 질병의 특정 원인에 따라 치료 방향이 다르므로 병인론은 분류에 매우 중요하나, 또 다른 예로 골절의 경우는 그렇지 않다. 즉, 이론보다는 사실(facts)에 기초해야 한다는 것이다. 정신분석학자들은 공포증의 원인론에 대해서 학습 이론가들과 입장이 다르지만, 아동이 공포증을 갖고 있는지의 여부에 대해서는 의견이 일치할 수 있다. 그러나 두 이론에 기초한 분류는 이들의 이론에서 주장하는 개념들이 달라서 서로 의사소통할 수 없을 것이다. 그러므로 분류의 기본 목적인 의사소통이 가능할 수 있는 언어가 일치해야 한다. 따라서 바람직하고 성공적인 분류체계는 서로 다른 이론적 입장을 취하는 사람들 간에도 받아들일 수 있는 공통적인 사실들을 기초로 해야 하며, DSM-IV는 이를 따르고 있다.

(2) 진단기준
각 장애별로 진단기준이 매우 구체적으로 명료하게 제시되어 있다. 이로써 임상가들 간의 진단적 신뢰도를 높일 수 있다.

(3) 체계적인 기술
진단적 특징, 부수적으로 관련된 특성 및 장애, 특정 연령, 문화, 성별에 관련된 특성; 유병률, 발병률, 위험; 경과, 소인; 가족 패턴; 변별 진단 등을 체계적으로 기술하고 있다. 여러 장애들이 공통적인 특성을 함께 갖고 있는 경우에는 그러한 정보가 각 장애의 앞부분에 소개되고 있다.

(4) 진단적 불확실성
정보가 불충분하거나 환자의 임상적인 증상과 병력이 전체 진단기준을 충족시키지 못할 때 사용할 수 있는 명백한 규칙을 제공하고 있다.

(5) 다중 진단체계
DSM-I, II와 달리 III에서의 가장 두드러진 변화는 다중 진단체계라는 것인데, DSM-IV에서도 이를 따르고 있다.

축 1 : 임상적 장애(Clinical disorders)

　　　　임상적 관심의 초점이 되는 기타 장애(Other conditions that may be a focus of clinical attention)

　　　　아형 및 세부 진단(장애의 심한 정도와 경과)

축 2 : 성격장애(Personality disorder)

　　　　정신지체(Mental retardation)

축 3 : 일반적인 의학적 상태(Physical conditions and disorders)

축 4 : 심리-사회적, 환경적 문제(Psychosocial and environmental problems)

축 5 : 전반적인 기능 평가(Global assessment of functioning)

3) 아동·청소년기 정신장애 진단 분류

아동기·청소년기 정신장애는 "유아, 아동, 청소년기에 대개 처음으로 나타나는 장애들"이라는 부분에서 다루고 있다. 흔히, 아동기에 처음 나타나는 장애라고 구분하고 있지만 이에 해당하지 않는 장애에도 준거에 맞는 증상들이 있다면 연령과 관계없이 아동기에도 진단이 가능한데, 이런 장애들은 아동과 성인 간에 중요한 특징상에서는 차이가 없다고 보고 있다(아동기 우울증, 아동기 조증, 아동기 정신분열증). 그러나 많은 경우, 특히 정서장애의 경우는 연령에 특수한(age-specific) 특성이 있을 수 있다.

DSM-III에서는 그 준거에 해당되지 않는 경우, '비특정 정신장애(Unspecified mental disorder)'라고 진단되고, 가능하다면 장애의 주된 특징을 기술할 수 있었다. DSM-IV에는 임상적 관심의 초점이 될 수 있는 아동기 정신장애로, 레트 장애(Rett's disorder), 소아기 붕괴성장애(Childhood disintegration disorders), 아스퍼거장애(Asperger's disorders), 유아기 또는 초기 소아기의 섭식장애(Feeding disorder of infancy or early childhood) 등이 새로이 추가되었다. 반면, DSM-IV에서 아예 삭제되었거나 다른 DSM-IV 진단기준에 포함된 DSM-III-R의 장애들로는, 언어 혼란증(Cluttering), 소아기의 과잉 불안장애(Overanxious disorder), 소아기 회피장애(Avoidant disorder of childhood), 미분화된 주의력-결핍장애(Undifferentiated attention deficit disorder)가 있다.

● **유아, 아동, 청소년기에 대개 처음으로 나타나는 장애들**(DSM-IV)
- 정신지체(Mental retardation)
  경도(mild), 중등도(moderate), 중증(severe), 최중증(profound)
- 학습장애(Learning disorders)
  읽기/산술/쓰기/달리 분류되지 않는 학습장애
- 운동기술장애(Motor skills disorder)
  발달성 근육운동 조정장애(Developmental coordination disorder)

- 의사소통장애(Communication disorders)
  표현성/혼재 수용–표현성 언어장애/음성학적 장애/말더듬기/달리 분류되지 않는 의사소통장애
- 전반적 발달장애(Pervasive developmental disorders)
  자폐성장애/레트장애/소아기 붕괴성장애/아스퍼거장애/달리 분류되지 않는 전반적 발달장애(비전형적 자폐증 포함)

- 주의력결핍 및 파괴적 행동장애(Attention deficit and disruptive behavior disorders)
  주의력결핍–과잉행동장애(ADHD): 복합형/주의력결핍 우세형/과잉행동–충동 우세형/달리 분류되지 않는 주의력결핍 및 과잉행동장애
- 파괴적 행동장애(Disruptive behavior disorder): 품행장애(Conduct disorder)/반항장애(Oppositional defiant disorder)/달리 분류되지 않는 파괴적 행동장애
- 유아기 또는 초기 소아기의 섭식 및 식이장애(Feeding and eating disorders of infancy or early childhood)
- 이식증(Pica)/반추장애(Rumination disorder)/유아기 또는 초기 소아기의 섭식장애(Feeding disorder of infancy or early childhood)
- 틱장애(Tic disorders)
- 뚜렛장애/만성 운동 또는 만성 음성 틱장애/일과성 틱장애/달리 분류되지 않는 틱장애(Tourette's disorder/Chronic motor or vocal tic disorders/Transient tic disorder/Tic disorder not otherwise specified)
- 배설장애(Elimination disorders)
  유분증(Encopresis)/유뇨증(Enuresis)

- 유아기, 소아기, 청소년기의 기타 장애
  분리불안장애(Separation anxiety disorder)
  선택적 함구증(Selective mutism)

반응성 애착장애(Reactive attachment disorder of infancy or early childhood)

상동증적 운동장애(Stereotypic movement disorder)

달리 분류되지 않는 유아기, 소아기, 청소년기의 장애
(Disorder of infancy childhood or adolescence not otherwise specified)

● 유아, 아동, 청소년기에 대개 처음으로 나타나는 장애들에 포함되지 않는 장애들

• 기분장애(Mood disorders)

우울장애(Depressive disorders): 주요 우울장애(Major depressive disorder),
기분 부전장애(Dysthymic disorder),
달리 분류되지 않는 우울장애(NOS)

양극성장애(Bipolar disorders): 양극성장애 I(Bipolar I disorders)
양극성장애 II(Bipolar II disorders)
순환성장애(Cyclothymic disorders)

• 불안장애(Anxiety disorders)

공황발작(Panic attack), 광장 공포증(Agoraphobia), 공황장애(Panic disorder), 공황장애의 과거력이 없는 광장 공포증(Agoraphobia without history of panic disorder), 특정 공포증(Specific phobia), 사회 공포증(Social phobia), 강박장애(Obsessive-compulsive disorder), 외상 후 스트레스장애(Posttraumatic stress disorder), 급성 스트레스장애(Acute stress disorder), 범불안장애(Generalized anxiety disorder), …에 기인한 불안장애(Anxiety disorder due to …), 달리 분류되지 않는 불안장애(Anxiety disorder not otherwise specified)

• 신체형장애(Somatoform disorders)

신체화장애(Somatization disorder), 감별 불능 신체형장애(Undifferentiated somatoform disorder), 전환장애(Conversion disorder), 통증장애

(Pain disoder), 건강염려증(Hypochondriasis), 신체추형장애(Body dysmorphic disorder), 달리 분류되지 않는 신체형장애(Somatoform disorder not otherwise specified)

• 인위적 장애(Factitious disorders), 달리 분류되지 않는 인위적 장애(Factitious disorders not otherwise specified)

• 해리성장애(Dissociative disorders)
   해리성 기억상실(Dissociative amnesia), 해리성 둔주(Dissociative fugue), 해리성 정체감장애(Dissociative identity disorder), 이인성장애(Depersonalization disorder), 달리 분류되지 않는 해리성장애(Dissociative disorder not otherwise specified)

• 성적장애 및 성정체감장애(Sexual and gender identity disorders)
• 섭식장애(Eating disorders)
   신경성 식욕부진증(Anorexia nervosa), 신경성 폭식증(Bulimia nervosa), 달리 분류되지 않는 섭식장애(Eating disorder not otherwise specified)

• 수면장애(Sleep disorders)
   원발성 수면장애(Primary sleep disorder):
      수면 이상(Dyssomnias)
            원발성 불면증(Primary insomnia)
            원발성 수면과다증(Primary hypersomnia)
            기면병(Narcolepsy)
            호흡 관련 수면장애(Breathing-related sleep disorder)
            일주기 리듬 수면장애(Circadian rhythm sleep disorder)
            달리 분류되지 않는 수면 이상(Dyssomnia not otherwise specified)

수면 수반증(Parasomnias)

　　악몽증(Nightmare disorder)

　　야경증(Sleep terror disorder)

　　수면보행장애(Sleepwalking disorder)

　　달리 분류되지 않는 수면 수반증(Parasomnia not otherwise specified)

기타 정신장애 관련 수면장애(Sleep disorders related to another mental disorder)

　　기타 정신장애 관련 불면증(Insomnia related to another mental disorder)

　　기타 정신장애 관련 수면과다증(Hypersomnia related to another mental disorder)

기타 수면장애(Other sleep disorder)

　　일반적인 신체질환에 의한 수면장애(Sleep disorder due to a general medical condition)

　　물질에 의해 유발된 수면장애(Substance-induced sleep disorder)

• 정신분열병과 기타 정신증적 장애(Schizophrenia and other psychotic disorders)

정신분열병(Schizophrenia)

정신분열병의 아형들(Schizophrenia' subtypes)

　　편집형(Paranoid type)

　　붕괴형(Disorganized type)

　　긴장형(Catatonic type)

　　미분화형(Undifferentiated type)

　　잔류형(Residual type)

　　정신분열형 장애(Schizophreniform disorder)

　　분열정동장애(Schizoaffective disorder)

　　망상장애(Delusional disorder)

단기 정신증적 장애(Brief psychotic disorder)

공유 정신증적 장애(Shared psychotic disorder)

일반적인 의학적 상태로 인한 정신증적 장애(Psychotic disorder due to a general medical condition)

물질에 의해 유발된 정신증적 장애(Substance-induced psychotic disorder)

달리 분류되지 않는 정신증적 장애(Psychotic disorder not otherwise specified)

• 물질 관련 장애(Substance-related disorders)

• 다른 곳에 분류되지 않는 충동조절장애(Impulse control disorders not elsewhere classified)

간헐적 폭발장애(Intermittent explosive disorder)

병적 도벽(Kleptomania)

병적 방화(Pyromania)

병적 도박(Pathological gambling)

발모광(Trichotillomania)

달리 분류되지 않는 충동조절장애(Impulse control disorder not otherwise specifred)

• 적응장애(Adjustment disorders)

• 성격장애(Personality disorders)

A군의 인격장애(Cluster A personality disorder)

편집성(망상성) 인격장애(Paranoid personality disorder)

분열성 인격장애(Schizoid personality disorder)

분열형 인격장애(Schizotypal personality disorder)

B군의 인격장애(Cluster B personality disorder)

반사회성 인격장애(Antisocial personality disorder)

경계성 인격장애(Borderline personality disorder)

히스테리성 인격장애(Histrionic personality disorder)

자기애성 인격장애(Narcissistic personality disorder)

C군의 인격장애(Cluster C personality disorder)

회피성 인격장애(Avoidant personality disorder)

의존성 인격장애(Dependent personality disorder)

강박성 인격장애(Obsessive-compulsive personality disorder)

달리 분류되지 않는 인격장애(Personality disorder not otherwise specified)

● 정신장애로 정의되지 않는 임상적으로 초점이 될 수 있는 기타 아동기 상태들

• 관계의 문제들(Relational problems)

정신장애 또는 일반적인 의학적 상태와 연관되는 관계의 문제(Related problem related to a mental disorder or general medical condition)

부모-자녀 관계의 문제(Parent-child relational problem)

배우자 관계의 문제(Partner relational problem)

동기간 관계의 문제(Sibling relational problems)

달리 분류되지 않는 관계의 문제(Relational problem not otherwise specified)

• 학대나 방치와 연관되는 문제(Problems related to abuse or neglect)

소아 신체적 학대(Physical abuse of child)/소아 성적 학대(Sexual abuse of child)/소아 방치(Neglect of child)

• 사별 반응(Bereavement)

• 경계선 수준의 지적 기능(Borderline intellectual functioning)

• 학업 문제(Academic problem)

• 소아나 청소년 반사회적 행동(Child or adolescent antisocial behavior)

• 정체감 문제(Identity problem)

4) DSM-IV의 비판, 향후 연구과제 및 제언

DSM-III-R과 DSM-IV는 이전 판들에 비해 경험적 연구와 보다 명백한 진단 기준을 마련함으로써 많은 발전을 거듭해 왔지만 DSM 체계에 대한 비판 또한 제기되어 왔다(Mash & Dozois, 1996).

① DSM 체계 내의 진단기준이 정적(static) 특성을 가진다. 특히, 아동의 역동적인(dynamic) 발달적 특성을 고려해야 할 때 이것이 문제가 된다.

② DSM-IV를 통한 진단은 아동에게 필요한 것을 충분히 충족시키지 못한다. 예를 들어, 특정 학급에 들어가기 위해서는 자격 조건으로 학습장애가 있다고 진단되어야만 한다. 그러나 아동의 문제가 임상적으로 심각한 정도가 아니거나, 아동의 문제가 DSM 진단기준에서 단지 한두 개 정도의 준거와 관련되는 경우는 이러한 교육적 서비스를 받을 수가 없게 된다.

③ 어떤 진단기준에 대해서는 언어적 설명이나 경험적인 적절성이 부족하다. 예를 들어, ADHD와 품행장애 기준에서 '종종(often)' 이라는 단어나, 분리 불안장애 기준에서의 '지속적인(persistent)' '재발적인(recurrent)' 등의 단어의 정의가 분명하지 않다. 이렇게 단어의 의미가 애매하기 때문에, 주로 부모를 통해 이루어지는 아동에 대한 정보 수집 과정에서 부모의 주관적인 지각이나 이해에 따라 아동의 행동에 대한 평가가 좌우되므로 부정확해질 수 있다.

④ 다양한 장애들에 영향을 주는 상황 또는 맥락적 요인들을 중요하게 다루지 않고 있다. 이는 DSM-IV가 정신장애를 정신-사회적 적응의 문제라기보다는 개인의 정신병리나 정신병리의 위험성이 있는 것으로 간주하기 때문이다. 문화, 연령, 성별 등 장애와 관련된 요인들을 DSM-IV에서 다루고 있는 점은 가족 문제나 가족을 넘어서는 범위의 관계적인 문제의 중요성을 인식했기 때문에 얻어진 긍정적인 결과라고 할 수 있다.

⑤ 범주적 접근의 한계: 각 정신장애의 범주가 다른 정신장애 혹은 장애가 없는 조건과 경계가 뚜렷한 독립된 실체라고 볼 수 없다. 같은 장애에 속한 개인들이 모두 동질적인 집단이 아니라 서로 이질적인 개인 특성이 있다는 점을 간과해서는 안 된다. 또한 장애 진단의 경계선에 놓여 있는 사람들에게도 융통성 있게 관심을 가져야 하며, 진단 목적 이상의 개인에 대한 추가적인 임상적 정보들을 중요하게 여겨야 한다.

⑥ 아동기 장애에 대해 진단기준이 별도로 마련되어 있지 않지만, 아동 및 청소년기에 진단 가능한 성인기 장애들의 아동 및 청소년용 기준을 확립하는 연구가 필요하다. 또한 연령에 따라서 증상의 변화가 심한 장애(예: 우울장애)에 대해 각 연령별로 증상의 가중치를 다르게 두어 진단기준을 확립하는 연구도 이루어져야 할 것이다.

제 *2* 장

ICD-10

1. 소아정신의학에서 장애에 대한 분류가 필요한 이유

① 아동 정신장애의 이해는 체계화된 증상 분류, 증상의 유사성과 차이점, 나이, 발달 단계 등의 중요한 범주에서 행동을 감별하는 능력에 좌우된다.

② 상이한 장애는 상이한 진단적 절차와 치료를 필요로 한다.

③ 명확하게 정의되고 동의를 얻은 용어가 있어야만 다른 국가의 소아정신의 학자들 간에 의미 있는 토의가 가능하다.

④ 이러한 동의하에서만 학제 간의 다중적 연구들이 가능하다.

2. 소아정신장애의 분류체계가 갖춰야 할 기준

① 분류는 개념이 아닌 사실에 근거해야 하고, 조작적인 용어로 정의되어야 한다.

② 아동 자체가 아니라 장애를 정의하고 분류하는 것이 목표다.

③ 특정 연령에서만 야기되는 장애에 대한 분류가 있어야 하지만, 서로 다른 연령 기간에 대해 반드시 상이한 분류가 있어야만 하는 것은 아니다.

④ 분류체계는 신뢰롭고 타당해야 한다. 즉, 다른 임상가도 용어들을 같은 방식으로 사용하여야 한다.

⑤ 분류체계는 장애들 간에 적절한 감별 진단을 가능하게 해야 한다.

⑥ 분류체계는 반드시 적절한 적용 범위를 제공해야 한다. 즉, 중요한 장애들은 생략되어서는 안 된다.

⑦ 감별은 반드시 타당해야 한다.

⑧ 분류체계는 논리적인 일관성이 있어야 하기 때문에 체계는 정확한 규칙의 분명한 세트를 가진 일관성 있는 원칙에 근거해야 한다.

⑨ 분류는 임상적 상황과 관련된 정보를 전달해야 하며, 임상적 결정을 내리는 데 도움이 되어야 한다.

⑩ 분류체계는 일상적인 임상 실제에서 유용해야 한다.

3. WHO의 정신보건 역사

WHO는 1960년대 초반 정신장애의 진단과 분류 개선을 위한 연구계획에 참여하기 시작하였다. 학문적 지견을 총체적으로 검토하기 위한 정신의학의 여러 학파, 다른 전문분야의 전문가 및 세계의 다양한 지역 대표들이 참여한 일련의 회의를 소집하였는데, 이러한 회의는 분류와 진단의 신뢰도 기준에 관한 연구를 활발하게 하고, 다양한 평가 절차와 연구 방법을 공포하는 계기를 마련하였다. 광범위한 협의 과정을 통해 정신장애의 분류 개선을 위한 제안이 ICD-8의 입안에 사용되었다.

1970년대는 정신의학의 질병 분류 개선에 관한 관심이 전 세계적으로 더욱 증대되어 국제적 교류가 확장되었고, 국제 공동연구의 착수, 새로운 치료법의 적용 등이 이러한 추세에 기여하였다. 그 즈음에 미국 정신의학협회에서

DSM-III를 개발, 공포하여 분류상의 특정 진단기준의 개발을 고무하였다. 1978년 WHO는 미국의 알코올, 약물남용 및 정신보건 행정기구(ADAMHA; Alcohol, Drug Abuse and Mental Health Administration)와 함께 정신장애와 알코올 및 약물과 관련된 문제의 분류와 진단 개선을 위해 장기 공동연구를 시작하였다.

1982년 덴마크 코펜하겐에서 분류와 진단에 관한 국제회의가 개최되었는데, 이에 근거하여 많은 연구 활동이 이루어졌다. 복합적인 국제적 진단 면접(Composite International Diagnostic Interview), 신경정신의학 임상 평가표(Schedules for Clinical Assessment in Neuropsychiatry), 국제 인격장애 검사(International Personality Disorder Examination), 국제질병분류(9판과 10판에서 사용) 용어의 명확한 정의 규정을 위한 사전(Lexicon of Psychiatric and Mental Health Terms, 1989)이 개발되었고, 이러한 사업과 ICD-10의 정신 및 행동 장애 정의 및 진단지침에 관한 연구 간에는 상호 이익되는 관계가 형성되었다.

1992년에는 ICD-10이 간행되었다. 1987년에 만들어진 초안은 40여 개 국가에서 수행된 현장조사를 기초로 한 것으로, 이는 정신과 진단의 개선을 목적으로 현재까지 실시된 최대의 연구 작업이며, 이 현장조사 결과가 진단지침 완성에 사용되었다. ICD 초안은 전문가들의 토론회, 국내 · 국제 정신의학회 및 개인 자문위원 등과의 광범위한 협의를 통해 작성된 것이다.

4. ICD-10

1) 개요

ICD-10(국제질병분류 10판)의 '정신 및 행동 장애'는 임상적 기술과 진단지침(Clinical Descriptions and Diagnostic Guidelines), 연구용 진단기준(Diagnostic Criteria for Research)이라는 목적이 다른 2개의 판(版)으로 구성되어 있다. 임상적 기술과 진단지침은 전반적인 임상, 교육 및 서비스에 기여하기 위한 것이며, 연구용 진단기준은 연구목적을 위해 제작된 것이다. 단축된 용어집은 코드를 매기는 사람들이나 사용하는 사무원들에게 적합한 것으로 다른 분류와의 부합성에 관한 참고 자료가 되지만, 정신보건 전문가들이 사용하기에는 바람직하지 않다.

2) 진단기준

각 장애에 대한 주된 임상적 특징들(Main clinical features)과 중요하지만 덜 특이적인 부수적 임상적 특징들(Associated features)에 관한 기술로 이루어져 있다. 각 장애별 진단지침과 확실한 진단을 내리기 전에 요구되는 증상의 수가 제시되어 있는데, 이러한 진단지침은 임상 실제에서 진단 결정, 특히 임상 양상이 완전히 드러나거나 충분한 정보를 얻기 전에 잠정적인 진단을 내려야 하는 상황에서 진단적 결정을 할 수 있기 위해서 어느 정도의 융통성이 유지되도록 기술되어 있다. 진단지침에 적혀 있는 필요조건이 틀림없이 충족된다면 그 진단은 믿을 수 있는 것(confident)이라고 볼 수 있으며, 이것이 부분적으로 충족되고 있는 경우라 할지라도 대부분의 목적에 적합한 진단을 내릴 수 있다. 이 경우에 잠정적(provisional) 혹은 임시적(tentative)이라고 기록하느냐의 여부는 임상가의 판단에 달려 있다. 증상의 지속기간에 대한 서술은 엄격한 필요조건보다는 일반적인 지침으로서 고안된 것으로, 특정 증상이 제시된 기간에 비해 짧거나 길더라도 임상가가 진단의 적절성을 판단한다. 임상기술과 진단지침에 이론적인 의미가 함축되어 있는 것은 아니며, 정신장애에 관한 현 수준의 지식에 대한 포괄적인 서술이라고 할 수 없다. 이는 여러 다른 나라의 전문가들이 정신장애 분류에서 특정 범주로 규정하는 타당한 근거라고 합의해 온 한 묶음의 증상과 논평일 뿐이다.

3) ICD-10과 ICD-9 간의 주요 차이점

(1) ICD-10의 일반 원칙

ICD-10은 ICD-9에 비해 규모가 커서 9판에서는 숫자 기호(001~999)를 사용한 데 비하여, 10판에서는 세 자리 수준(A00~Z99)에서 한 가지 문자와 두 가지 숫자를 기본으로 한 문자-숫자 병용 체계를 채택함으로써 분류에 이용할 수 있는 범주의 수를 확대시켰고, 더 세부적인 사항은 넷째 자리 수준에서 소수점 아래 숫자를 사용하였다. 9판에서는 정신장애 파트에 30가지 세 자리 수 진단범주(290~319)밖에 없었으나 10장에서는 100개의 진단범주를 두었으며, 앞으로 가능한 범주의 확대를 위해 일부는 사용하지 않은 채로 남겨두었다.

(2) 신경증(Neurosis)과 정신병(Psychosis)

9판에서는 이 둘 간의 전통적인 구분이 사용되었으나 10판에서는 사용되지 않았다. '신경증적(neurotic)'이라는 용어는 사용되었는데, 이는 F40-F48의 "신경증적, 스트레스 관련성 및 신체형 장애(Neurotic, stress related and somatoform disorder)"에서 보인다. 신경증-정신병의 이원론 대신에 현재는 주요 공통 주제나 기술상의 유사성에 따라 여러 장애가 질병군으로 배열되어 있다. "정신병적(psychotic)"이라는 용어는 F23, 급성 및 일과성 정신병적 장애(Acute and transient psychotic disorder)에서 편리한 기술상의 용어로 남아 있는데, 이 용어의 사용에는 정신 역동적 기제에 관한 가정이 포함되어 있지 않고, 단순히 환각이나 망상의 존재 혹은 심한 흥분, 활동과다, 현저한 정신운동지체 및 긴장성 상태 등의 제한된 몇 가지 상태가 존재함을 나타낸다.

(3) 기타 차이점

10판에서 기질적 원인에 기인하는 모든 장애는 F00-F09에 집결시켰으므로 9판의 배열보다 이 부분의 분류를 사용하기에 더욱 용이하다. 또한 정신활성 물질(Psychoactive substance) 복용에 기인하는 정신 및 행동 장애도 F01-F19에 새로이 배열하였다. 정신분열병, 분열형장애 및 망상장애를 포함하는 부분(F20-F29)은 미분화된 정신분열병, 정신분열 후 우울증 및 분열형장애 등과 같은 새로운 진단범주의 도입으로 범위가 확대되었으며, 기분장애의 분류는 같은 주제를 가진 여러 장애를 한데 모은다는 원칙을 채택하였다. 섭식장애, 비기질성 수면장애 및 성기능장애 등과 같은 생리적 기능장애나 내분비 변화와 관련된 행동적 증후군 및 정신장애는 F50-F59로 집결하였다. F60-F69는 보다 전통적인 인격장애들뿐만 아니라 병적 도박(Pathological gambling), 방화(Fire-setting), 도벽 등과 같은 새로운 장애를 포함하고 있다.

(4) 용어의 문제

● 장애(disorder)

질병(disease) 및 질환(illness) 등의 용어를 사용함으로써 생기는 더 큰 문제점을 피하기 위한 배려로 '장애' 라는 용어가 사용되었다. 장애는 정확한 용어는 아니나, 고통과 여러 개인적 수준의 기능 저하를 수반하는 임상적으로 파악 가능한 일군의 증상이나 행동이 존재한다는 의미로 사용된다. 개인적 수준의 기능장애 없는 사회적 일탈이나 갈등만으로는 여기에서 정의된 정신장애에 포함될 수 없다.

● 심인성(psychogenic) 그리고 정신신체적(psychosomatic)

'심인성' 이라는 용어는 언어가 다르고 정신의학적 전통이 다름에 따라 서로 다른 의미를 갖게 된다는 점에서 진단범주의 제목으로 사용하지 않았으며, 이러한 용어는 진단자가 명백한 생활사건이나 어려운 일들이 장애의 발생에 중요한 역할을 한다고 간주하고 있다는 사실을 가리키는 의미로 사용되어야 한다. '정신신체적' 이라는 용어도 비슷한 이유로 사용되지 않았다. 이 용어를 사용함으로써 '정신신체적' 이라고 기술되어 있지 않은 다른 장애는 그 발생, 경과 및 결과에 심리적 요인이 아무런 역할을 하지 않는다는 의미가 되어 버릴 수 있다는 점도 그 이유 중 하나다. 다른 분류에서 정신신체적으로 기술된 장애들이 여기에서는 F45 신체형장애(Somatoform disorder), F50 섭식장애(Eating disorder), F52 성기능 부전(Sexual dysfunction), F54 다른 곳에 분류된 장애 또는 장애나 질병과 연관된 심리적 혹은 행동적 요인(Psychological or behavioral factors associated with disorders or disease classified elsewhere)에서 찾을 수 있다.

(5) 소아 · 청소년 정신장애 분류

F80-F89 심리 발달장애(Disorders of psychological development)와 F90-F98 소아, 청소년기에 발생하는 행동 및 정서 장애(Behavioral and emotional disorders with onset usually occurring in childhood or adolescence) 부분은 소아, 청소년기의 특이한 장애만을 포함하고 있다. 다른 범주에서 소아 및 청소년에게 진단할 수 있는 장애는 F30-F39 기분장애, F70-F79 정신지체, F50.-섭식장애, F51.-비기질성 수면장애, F64.-성정체성장애 등이다. F93.1 소아기 공포불안장애(Phobic anxiety disorders of childhood)의 기술에 언급되어 있듯이, 소아에서 일어나는 공포증의 어떤 유형들은 분류상의 특수한 문제를 제기하고 있다.

● **F80-F89 심리 발달장애**(Disorders of psychological development)

ICD-9에서 정신병으로 분류되었던 '유아기 자폐증'(Infantile autism), '붕괴성 정신병'(Disintegrative psychosis) 등과 같은 소아기 장애들이 이제는 보다 적절하게 F84 전반적 발달장애(Pervasive developmental disorder)에 포함되었다. 여기에 '레트 증후군' 및 '아스퍼거 증후군'도 특정 장애로 규정되어 포함되었다. '정신지체와 상동적 운동과 관련된 과잉 운동장애'(F84.4 Overactive disorder associated with mental retardation and stereotyped movement)는 그 복합적 성격에도 불구하고 실제적 유용성을 가지고 있다는 증거가 있기 때문에 여기에 포함되었다.

● **F98-F98 소아, 청소년기에 흔히 발생하는 행동 및 정서 장애**(Behavioral and emotional disorders with onset usually occurring in childhood or adolescence)

F90.-과잉행동장애(Hyperkinetic disorders) 개념의 범위에 관한 국제적 견해의 차이는 여러 해 동안 잘 알려져 온 문제점이며, 이는 WHO-ADAMHA의 협력 연구 프로젝트의 후원하에 열린 세계보건기구 자문관들과 전문가들 간의 회합에서 자세히 논의되었다. ICD-10은 ICD-9에서보다 과잉행동장애가 더

광범위하게 정의되어 있으며, 비교적 전체 과잉행동 증후군의 구성 증상들에 역점을 둔다는 점에서 차이가 있고, 최근의 경험적 연구를 토대로 정의를 내렸다.

F90.1 과잉행동 품행장애(Hyperkinetic conduct disorder)는 ICD-10 제V(F)장에 남아 있는 복합 진단범주의 소수 예 중 하나로, 이 진단을 사용하는 것은 F90.-과잉행동장애(Hyperkinetic disorders)와 F91.-품행장애(Conduct disorders)의 기준을 다 만족시키고 있다는 뜻이다. 이 진단은 이러한 장애가 흔히 공존하며, 혼재성 증후군의 중요성을 고려한 임상적 편의에 근거하여 타당화되었다.

F91.3 적대적 반항장애(Oppositional defiant disorder)는 ICD-9에는 없었으나, 후에 품행 문제를 예측하는 데 잠재 능력이 있다는 근거로 ICD-10에 포함되었다. 그러나 여기에는 주로 더 어린 소아들에게 이를 사용하도록 권고하는 주의사항이 있다.

ICD-9의 범주 313(소아기 및 청소년기에 한정된 정서장애)은 ICD-10에서는 두 개의 범주, 즉 F93.-소아기에 발병하는 정서장애(Emotional disorders with onset specific to childhood)와 F94.-소아, 청소년기에 발생하는 사회적 기능장애(Disorders of social functioning with onset specific to childhood and adolescence)로 분리되었다. 이는 여러 형태의 병적 불안과 이와 관련된 정서에 대해 소아와 성인을 구분하도록 지속적으로 요청해 왔기 때문이다. 소아기 정서장애가 성인기에는 이와 유사한 중요한 장애로 지속되지 않는 경우가 흔하다는 점과, 신경증적 장애의 발생이 대개 성인기에 있다는 점은 이러한 구분의 필요성을 명확하게 제시해 주고 있다. ICD-10에서 사용된 핵심적인 정의 기준은 표현된 정서가 소아의 발달 단계에 적절한지의 여부와 기능장애의 비정상성의 정도다. 즉, 이러한 장애는 그것이 단지 경미한 형태로 나타날 경우 해당 연령에서는 정상으로 여겨질 만한 정서 상태와 반응보다 현저하게 더 두드러져야 진단이 가능하다. 새로운 범주인 F94.-소아, 청소년기에 발생하는 사회적 기능장애(Disorders of social functioning with onset specific to childhood and adolescence)에 포함되어 있는 사회적 기능의 이상은 수적으로 제한되어 있으며, 부모-자녀 관계와 가까운 가족 관계에 한정되어 있다.

F50.-섭식장애(Eating disorder), F51.-비기질성 수면장애(Nonorganic sleep disorder), F64.-성정체성장애(Gender identity disorder) 범주는 소아기뿐 아니라 성인기에도 흔히 발병하고 나타난다는 이유 때문에 분류의 일반 부분에 포함되어 있다. 그럼에도 불구하고 소아기에 특이한 임상적 양상으로 미루어 볼 때, F98.2 유아기와 아동기의 급식장애(Feeding disorder of infancy and childhood) 및 F98.3 유아기와 아동기의 이식증(Pica of infancy and childhood) 등 추가 진단이 타당하다. F80-F89 및 F90-F98 부분의 사용자들은 ICD-10의 신경과 장(IV)에 해당되는 내용도 알아야 할 필요가 있다. 이는 주로 신체적으로 표현되고 명확한 기질적 원인을 가지는 증후군들을 포함하고 있다.

(6) 다축 진단
ICD-10의 다축 진단은 세 개의 축으로 구성되어 있다.

① 임상적 진단(Clinical diagnosis)
정신적 장애와 정신적 장애가 아닌 경우 모두에 적용되는데, 이는 모든 질병들 간에는 근본적인 보편성이 있다는 점을 지적하는 것이다. 개인에게서 식별 가능한 모든 유의미한 장애들이 나열되고, ICD-10의 각 장에 따라 코딩된다.

② 무능력(Disablement)
이 축은 기본적인 사회적 역할 수행에서의 손상이라는 관점에서 질병의 결과를 평가한다. WHO Disability Assessment Scale의 단축형을 사용하며 4차원을 포함한다.
- 개인적인 돌봄(Personal care)
- 직업적 기능(Occupational functioning)-보수를 받는 노동자나 학생, 주부로서의 기능
- 가족과의 기능(Functioning with family)-친척과 가족구성원과의 상호작용에 대한 규칙성과 질 둘 다를 평가

• 광범위한 사회적 행동(Broad social behavior) - 공동체와 여가 활동에서의
상호작용

③ 맥락 요인(Contextual factors)

이는 몇 개의 생태학적 영역의 관점에서 질병의 맥락을 묘사하려는 시도다.
여기서는 가족이나 일차적 지지 집단, 일반적인 사회적 환경, 교육, 고용, 주
거, 경제적 상황, 법적인 문제, 질병의 가족력, 개인적인 생활 관리와 생활 스
타일과 관련된 문제를 평가하는데, 문제가 있는 광범위한 범주와 특정 요인을
기록한다.

5. ICD-10 분류에 따른 소아 · 청소년기 장애

● F70 - F79 정신지체(Mental retardation)

F70 경도 정신지체(Mild mental retardation)

F71 중등도 정신지체(Moderate mental retardation)

F72 중증 정신지체(Severe mental retardation)

F73 최중증 정신지체(Profound mental retardation)

F78 기타 정신지체(Other mental retardation)

F79 특정 불능의 정신지체(Unspecified mental retardation)

● F80 - F89 심리 발달장애(Disorders of psychological development)

F80 언어 표현의 특정 발달장애(Specific developmental disorders of
speech and language)

F81 학업 기술의 특정 발달장애(Specific developmental disorders of
scholastic skills)

F82 운동 기능의 특정 발달장애(Specific developmental disorder of
motor function)

F83 혼재성 특정 발달장애(Mixed specific developmental disorders)

F84 전반적 발달장애(Pervasive developmental disorders)

F88 다른 심리 발달장애(Other disorders of psychological development)

F89 특정 불능의 심리 발달장애(Unspecified disorder of psychological development)

● **F90 − F98 소아, 청소년기에 흔히 발생하는 행동 및 정서 장애**(Behavioral and emotional disorders with onset usually occurring in childhood or adolescence)

F90 과잉행동장애(Hyperkinetic disorder)

F91 품행장애(Conduct disorders)

F92 혼재된 품행과 정서장애(Mixed disorders of conduct and emotions)

F93 소아기에 발생하는 정서장애(Emotional disorders with onset specific to childhood)

F94 소아, 청소년기에 발생하는 사회적 기능장애(Disorders of social functioning with onset specific to childhood and adolescence)

F95 틱장애(Tic disorders)

F98 소아, 청소년기에 발생하는 기타 행동 및 정서 장애(Other behavioral and emotional disorders with onset usually occurring in childhood or adolescence)

제2부

진단 및 평가 방법

제3장	구조화된 아동 면접
제4장	아동 행동평가척도 및 체크리스트
제5장	관찰법
제6장	가족 평가

제 3 장

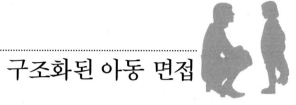

구조화된 아동 면접

　지난 몇 년 동안 아동과 청소년을 대상으로 하는 정신의학 면접 방법과 절차를 개선하기 위한 많은 노력이 있어 왔다. 전통적인 아동 진단 면접 방법의 신뢰도와 타당도에 대한 불만이 체계적으로 구조화된 면접 방법을 개발하게 된 주된 이유였다. 또한 성인용으로 개발된 면접 방법이 정신과적인 진단의 신뢰성을 향상시키는 것으로 밝혀지면서 이 사실은 아동 면접 방법을 개발하고자 하는 노력에 자극제가 되었다(Endicott & Spitzer, 1978; Robins, Helzer, Croughan, & Ratcliff, 1981). 아동정신병리의 좀 더 세분화된 분류 방법과 뚜렷한 진단기준을 개발하기 위해서는 아동 증상의 평가를 위한 좀 더 표준화된 방법 또한 필요했다. 이런 기준은 Research Diagnostic Criteria(RDC)뿐만 아니라 미국 정신의학협회의 진단편람(DSM-IV, 1994)과 세계보건기구의 International Classification of Diseases(ICD-10, 1992)에 실려 있는 기준을 포함하고 있다.

　체계적인 면접법은 직접 관찰, 심리검사, 설문조사 등과 같은 평가 방법보다 더 많은 장점을 가지고 있다. 얼굴을 대면하는 면접자는 답변자와 친밀감을 형성하는 데 유리하며 계속적인 관심을 끌 수 있다. 또한 이해를 명확하게 할 수 있고, 모호한 응답을 줄일 수 있으며, 아동의 증상 내용과 경과를 기록할 수 있는 방법을 제공한다. 또한 면접법은 아동으로부터 직접 자료를 얻는 방법이다. 비록 소아정신병리의 평가는 여전히 성인들로부터 얻는 자료에 많이 의존하고 있지만, 요즘은 아동들 자체가 그들 자신의 느낌, 행동, 사회적 관계에 대한 중요한 정보제공자로 인식되고 있다. 병력과 증상 중심의 면접은 자기보고형 질문지를 사용할 수 없는 어린 아동들을 포함해 모든 아동들에게 적용될 수 있다.

다른 평가 절차와 비교했을 때, 소아정신의학에서 체계적 면접 방법은 상대적으로 새로운 방법이라 할 수 있다. 아동을 위한 체계적인 면접 방법의 개발은 Lapouse와 Monk(1958), Rutter와 Graham(1968)이 행한 초기 작업까지 거슬러 올라가지만, 이 분야의 대부분의 업적은 비교적 최근에 이루어졌다. 대부분의 면접 방법들이 부모용으로 개발되었지만, 대다수의 면접은 부모용과 아동용 면접이 유사한 형태를 띠고 있으며, 아동 면접만을 위해서 만들어진 것은 거의 없다. 체계적인 면접 도구들은 질문 내용과 범위, 연령 범위, 적용을 포함한 많은 면에서 각기 다르다.

이 장의 목적은 아동과 청소년들에게 적용되는 체계적인 정신의학 면접 방법들을 검토하고 비교하기 위한 것이다. 여기서는 이미 상당히 발전되어 있고, 임상 연구에서 사용될 수 있는 면접 방법에 중점을 두고자 한다.

1. 행동 선별 검사

행동 선별 검사(Behavioral Screening Questionnaire; BSQ)는 정신의학적으로 문제가 있는 취학전 아동을 선별하기 위한 목적으로 개발되었다(Richman & Graham, 1971). BSQ에서는 부모에게 아동의 건강, 행동, 발달에 대해 약 60문항 정도 질문한다. 질문을 하는 시점은 항목에 따라 다르며 '현재부터 작년까지'다. BSQ는 반구조화된 면접(Semi-structured interview)으로 분류될 수 있다. 질문은 질문지에 쓰인 대로 하면 되지만, "면접자가 만족할 만한 평가를 할 수 있을 때까지"라는 단서가 붙어 있다(Richman & Graham, 1971: 7). 이런 이유 때문에 BSQ는 비전문가가 아닌 훈련된 임상가가 실시해 왔다. 여기서 부모들의 응답은 0에서 2점으로 평정된다. 0은 그런 행동이 부재하는 경우, 1은 때때로 또는 약한 정도로 보이는 경우, 2는 자주 또는 눈에 띌 정도로 보이는 경우에 해당된다. BSQ 질문은 간결한 어투로 작성되었고, 대부분의 부모들이 쉽게 이해할 수 있으며, 면접에 총 소요되는 시간은 20~30분 정도다.

BSQ 평가는 임상 집단과 정상 집단을 비교했을 때 가장 명확히 구분되는 12개의 항목에 기초해서 만들어졌다. 평가자 간 신뢰도(Interrater reliability)는 두 명의 임상가가 개별적으로 부모를 인터뷰한 경우 r=.77이며, 녹음된 면접에 대해 독자적으로 평가했을 경우 r=.94였다. BSQ의 타당도 검증은 정신과에 의뢰된 20명의 아동 환자와 57명의 정상 아동의 비교를 통해서 이루어졌다. 11점을 진단기준점(Cut-off score)으로 했을 때 민감성(sensitivity)은 70%, 특이성(specificity)은 91.2%로 산출되었다. 이외에도 BSQ의 타당도는 여러 연구를 통해 증명되었다(Earls, 1980; Earls, Jacobs, Goldfein, Silbert, Beardslee, & Rivinus, 1982; Earls & Richman, 1980; Richman, 1977; Richman, Stevenson, & Graham, 1975). 기준치를 11로 했을 때 70명의 취학전 아동 집단은 민감성이 64%, 특이성이 98%인 것으로 나타났다. 기준치를 8로 낮추면 민감성은 100%로 높아지지만 특이성은 70%로 저하되었다(Earls 등, 1982: 54).

요약해서 말하면, BSQ는 적용 연령층과 자료 수집 범위가 좁지만, 취학전 아동의 광범위한 행동장애를 발견하기 위한 수단으로 추천될 수 있다.

2. 아동 선별 검사

아동 선별 검사(Child Screening Inventory; CSI)는 6~18세 연령 범위에 해당하는 아동, 청소년들의 정신장애를 측정하기 위한 수단으로 Langner 등(1976)이 개발하였다. 35항목으로 이루어진 CSI는 뉴욕 맨해튼에 거주하는 2,000명 이상의 어린이들의 부모들을 대상으로 실시된 체계적인 면접에 기초해서 개발하였다. CSI 개발 과정을 살펴보면, 처음에 654항목으로 이루어진 예비 항목

중에서 응답률이 낮은 항목을 제외시키고 비슷한 내용의 항목을 묶어서 298항목으로 축소시켰다. 다음으로는 요인 분석을 통해 자기파괴 성향, 인지적 문제, 부모와의 갈등, 퇴행성 불안, 싸움, 비행, 고립의 7개 요인을 산출하였다. 각 요인별로 가장 요인부하량이 높은 다섯 개 항목만을 포함시켜서, 15~25분 만에 마칠 수 있는 35항목으로 구성된 CSI가 제작되었다.

검사-재검사와 면접자 간 신뢰도는 보고되지 않았으며, 중등도의 내적 일관성 계수를 보였다($\alpha = .49$). CSI 총점은 정신과 의사가 아동을 직접 면접한 후 평가한 정신과적 문제 점수와 $r = .33$으로 낮은 상관관계를 보였다. 정신과 의사가 평가한 '심각한 정신장애' 평정치를 아동정신병리의 준거로 삼은 경우, 1,034명의 임의로 표집한 아동 집단에서 CSI 총점은 67.2%의 민감성과 91.8%의 특이성을 보였다. 1,000명의 보호시설 아동 표집에서는 CSI 총점이 95.9%의 특이성을 가지는 한편, 단지 38.5%의 민감성을 보였다. 달리 표현하면, CSI는 오류부정(False negative) 비율이 높다고 할 수 있다. 그래서 CSI 개발자들은 이를 선별 도구로 사용하기보다는 아동의 상태를 기술하는 도구로 사용할 것을 권하고 있다(Langner 등, 1976: 286).

CSI는 요인별 행동문제 척도점수를 산출한다는 점에서 체계화된 면접 방법 중에서 독특하다. 그렇지만 이 점을 제외하면 CSI는 선별 도구로서 사용할 수 없는 여러 가지 단점을 가지고 있는데, 검사-재검사와 면접자 간 신뢰도 자료가 보고되지 않았으며, 타당도도 낮은 편이다.

3. Kiddie-SADS: K-SADS

K-SADS는 성인을 위해 개발된 '정동장애와 정신분열병 스케줄'(Schedule for Affective Disorders and Schizophrenia; SADS, Endicott & Spitzer, 1978)에 기초해서 6~18세 사이의 아동, 청소년의 진단을 목적으로 개발된 반구조화된 면접(Semi-structured interview) 방법이다. 이후 K-SADS는 DSM-III-R 진단기준을 포함하도록 수정되었고(Ambrosini 등, 1990), 1996년 Kaufman 등(1996)이

DSM-III-R과 DSM-IV를 포함하도록 개정한 K-SADS-PL(K-SADS-Present and Lifetime version)을 발표하였다. K-SADS-PL은 K-SADS-P를 개정한 것으로 국내에서 한국 표준화 연구가 거의 완료되었다(대한 소아청소년 정신의학회, 2003). K-SADS-PL은 아동·청소년기 정신과적 장애를 대부분 포함하고 있으며, 불안장애의 경우, 분리 불안장애, 회피성장애/사회공포증, 광장공포증/특정공포증, 과불안/범불안장애, 강박장애, 외상후 스트레스장애가 포함되어 있다. K-SADS-PL은 DSM 체계에 익숙하고, 광범위한 면접 훈련을 받은 임상 경험이 많은 면접자가 실시하는데, 부모와 아동을 모두 면접한다. 아동의 경우는 부모 면접을 먼저 실시하고, 청소년의 경우는 청소년 면접을 먼저 실시한다. 각각의 정보원 간에 차이가 있는 경우, 평가자는 최상의 임상 판단을 해야 한다.

K-SDAS-PL을 시행하기 위해서는, (1) 비구조화된 초기 면담(Unstructured Introductory Interview), (2) 진단적 선별 면담(Diagnostic Screening Interview), (3) 부록 완성 체크리스트(Supplementary Completion Checklist), (4) 평생 진단 요약 체크리스트(Summary Lifetime Diagnoses Checklist; SLDC), (5) 소아 전반적 평가척도(C-GAS)를 수행하여야 한다. 처음에 각 정보자에 대해 개별적으로 시행되며, 모든 정보가 종합되고 정보원들 간에 불일치하는 점이 해결되면 SLDC와 C-GAS를 완성하게 된다. 현재나 과거에 정신병리가 없는 경우는 선별 면담 이후의 평가가 불필요하다. 각 문항은 0에서 3점까지로 평정되는데(0: 정보없음, 1: 없음, 2: 역치하, 3: 역치), 면접자를 위한 면접 지침으로 각 문항마다 예문이 제공되지만, 아동의 발달수준에 맞게 자유롭게 적용할 수 있다.

K-SADS는 초기에 아동기 우울증 연구를 위해 연구 대상자를 선별하기 위한 방법으로 개발되었고, 그 초기의 목적을 잘 수행하고 있다. 다른 장애들에 대한 정보를 얻을 수 있다는 점에서 K-SADS는 감별진단 시 매우 유용하다. K-SADS의 주요 강점은 아동·청소년 환자의 증상, 증상의 시작, 정도, 지속기간, 부수적 장애를 평가할 때 정확성이 매우 높고 세밀하다는 것이다. 제한점은 광범위한 임상 경험과 면접에 필요한 훈련을 받아야 한다.

● K-SADS에 대한 국내 표준화 연구

국내에서는 1999년부터 2001년까지 소아정신과 K-SADS 표준화 연구팀이 구성되어 연구가 진행되었다. 그 결과 2001년 말 표준화 연구가 종료되었고, 그 결과가 학술지에 게재되었다(Kim 등, 2004). 전체 연구 대상은 91명의 아동으로 80명의 소아정신과 환아와 11명의 정상아동이 포함되었다. 네 군데의 대학병원이 참여하였으며, 6명의 소아정신과 의사와 3명의 임상심리 및 발달심리학자가 참여하여 아동 평가를 수행하였다. 번역은 Kiddie-Schedule for Affective Disorders and Schizophrenia-Present and Lifetime Version(K-SADS-PL)을 사용하여 6명의 소아정신과 의사가 참여하여 수행하였으며, 역번역과정을 거쳤다. K-SADS-PL은 총 32개의 DSM-III-R 및 IV 소아정신과적 진단을 평가할 수 있으며, 현재의 진단 외에도 과거 진단을 함께 확정할 수 있도록 구성되어 있다. 국내 표준화 결과, 역치 및 역치하 진단에서 ADHD가 가장 높은 타당도를 가지는 것으로 확인되었으며(Consensual validity; Kappa=0.695), 반항장애, 틱장애, 우울장애, 불안장애 순이었다. 신뢰도는 ADHD와 틱장애에서만 이루어졌는데, ADHD의 경우 검사자 간 신뢰도가 0.421, 검사-재검사 신뢰도가 0.755로 만족할 만한 수준이었다.

국내 표준화 연구는 현재 전체 진단에 대해서는 모두 수행하지 못하였다. ADHD 등 파탄적 행동장애, 우울-불안장애, 틱장애 등에 대해서만 수행되었고, 정신증 및 약물-알코올 남용 및 의존장애에 대해서는 이루어지지 못하였다.

4. 아동과 청소년용 진단 면접

아동과 청소년용 진단 면접(Diagnostic Interview for Children and Adolescents; DICA)은 세인트루이스 소재 워싱턴 대학에서 Herjanic과 그의 동료들에 의해서 개발되었고(Herjanic & Reich, 1982), 그 이후 점진적으로 수정되었으며, DICA 개발자들이 보다 최근에 MAGIC이라 불리는 수정판을 발표하였다. DICA와 MAGIC의 가장 큰 차이점은, MAGIC은 코딩을 위한 보다 명확한 지시문과 핵심 증상을 이끌어 내기 위한 보다 구체적인 지침서를 포함하고 있다는 것이다. DICA와 MAGIC 모두 아동용(6~12세)과 청소년용(13~17세)이 있다. 정서적 증상에 대해서는 3점 척도(아니요, 가끔/다소, 예)로, 파탄적 행동 증상에 대해서는 2점 척도(아니요, 예)로 평정한다. 기능손상 정도는 "가족, 친구, 학교에서 얼마나 어려움이 있는지"에 대한 세 가지 항목에 대해서 4점 척도('전혀 그렇지 않다' '심하게 그런 건 아니다' '다소 그렇다' '상당히 그렇다')로 평정한다.

DICA는 모든 항목의 실시 순서, 사용단어, 기록방법 등이 구체적으로 명시된 매우 구조화된 진단 면접이다. 이에 대한 광범위한 훈련을 받은 면접 초보자나 임상가가 실시할 수 있고, 6세 이상의 아동이나 부모에게 실시할 수 있으며, 대략 30~40분이 걸린다. 증상에 관한 항목은 '네' 또는 '아니요'로 기록되며, '때때로' 라는 반응이 나올 수 있는 모호한 질문에는 빈도, 시작, 기간, 정도, 기능장애에 관한 부연 질문이 덧붙여진다. 대부분의 질문은 주제별(예: 학교에서의 행동, 집에서의 행동, 또래 관계)로 조직화되어 있다. 그러나 어떤 부분은 특정 내용(예: 마약복용, 알코올)을 다루기도 하고, 어떤 부분은 정신과적 증상 (예: 우울증, 조증, 불안)을 중심으로 구성되기도 한다. K-SADS처럼, DICA도 증상이 별로 없는 아동을 면접할 때 시간을 줄이기 위해서 건너뛸 수 있는 기능을 가지고 있다.

DICA는 185가지 증상의 유무뿐만 아니라 시작, 기간, 정도, 관련 장애에 관한 정보를 제공한다(Herjanic & Reich, 1982). 면접은 또한 요약 점수를 제공하는데, 이는 여섯 가지 분야(대인관계 문제, 학교에서의 행동, 학교 수업, 신경증적 증상, 신체적 증상, 정신병적 증상)에서 증상의 수를 반영해 준다(Herjanic & Campbell, 1977). 덧붙여, DICA는 ICD-9 진단에 상응하는 범주화를 제공하지만(Reich, Herjanic, Weiner, & Gandhy, 1982), 최근 개정판은 DSM 체계와도 연계될 수 있도록 분류되었다.

비디오 테이프로 녹음된 면접 자료를 이용한 두 번의 면접자 간 신뢰도 연구

(Herjanic & Reich, 1982) 결과, 증상 항목에 대한 일치율은 평균 85%, 89%(범위 80∼95%)였다. DICA항목에 대한 부모-아동 일치율도 평균 80% 정도였다 (Herjanic, Herjanic, Brown, & Wheatt, 1975). 하지만 kappa계수를 통해 우연에 의한 일치 부분을 보완하여 보다 실질적인 일치율을 산출했을 경우, 168개 DICA 항목에 대한 부모-아동 간의 일치율은 평균 0.22에 불과했다(Herjanic & Reich, 1982). 진단에 대한 부모-아동 간의 일치율은 이보다 조금 높았지만 그 래도 대부분 0.40 이하였다(Reich 등, 1982).

DICA의 타당도는 소아과와 정신과에서 의뢰된 아동 집단(각 집단별로 50명) 을 잘 변별해 준 것으로 지지되었다. 대인관계 문제와 학업문제에 대한 요약 점 수는 두 집단을 가장 잘 변별해 주었지만, 신경증적 그리고 신체화 증상 점수는 가장 낮은 변별력을 보였다(Herjanic & Campbell, 1977). 특히, 6∼8세 아동 집 단에서 변별력이 떨어졌다. 가장 높은 변별력을 보인 대인관계 문제에서, 민감 도(sensitivity)는 72%, 특이도(specificity)는 76%였다. 그러나 이러한 결과는 각 기 다른 영역에서 부모/아동 면접을 합산한 점수를 사용하여 산출되었다는 데 문제가 있다. 대인관계 문제, 학교에서의 행동, 학업 문제 분야에서는 부모들의 자료가 사용된 반면, 아동들의 자료는 신경증, 신체화, 정신병 증상 영역에서 사용되었다.

DICA는 넓은 진단 범위를 포함하며, 매우 구조화가 잘 되어 있고, 최소한의 훈련으로 사용할 수 있다는 점 때문에 대규모의 역학 연구에 유용하다. 진단자 간의 신뢰도도 적절한 편이나, 검사-재검사 신뢰도는 검증되지 않았다. 타당도 는 낮은 편이며, 민감도와 특이도는 중등도다. DICA가 국내 임상 연구에 널리 사용되기 위해서는 표준화 연구가 요청된다.

5. 아동용 면접 스케줄

아동용 면접 스케줄(Interview Schedule for Children; ISC. Kovacs, 1982)은 8∼17세 아동을 위한 반구조화된 증상 중심의 면접이다. ISC는 DSM 진단기준

에 익숙한 임상가가 실시하도록 제작되었다. 면접자는 전문적인 임상 훈련을 받아야 하며, 광범위한 면접 훈련과 경험이 있어야 한다. ISC에는 두 가지 형태가 있는데, 하나는 초기 평가용이고, 두 번째는 추후 평가용이다. 추가 진단으로 과잉불안장애나 ADHD와 같은 진단도 가능하지만, ISC는 주로 현재의 우울증 증상에 초점을 두고 있다. ISC는 부모와 아동을 따로 면접하며, 약 40~60분 정도 소요된다.

K-SADS처럼 ISC 역시 공감대를 형성하고 현재 보이는 장애의 성격을 파악하기 위해 비구조화된 면접으로 시작한다. 그 후에 좀 더 구조화된 증상 중심의 면접이 이루어진다.

ISC는 0~8점('증상 없음'에서 '심각함')으로 평정되는 43개의 주요 증상(예: 우울한 기분, 짜증, 자살 생각)과 심한 정도를 평가한다. 예로, 불쾌 기분(Dysphoric mood)일 때, 최하 등급(1~2)은 "가끔 슬프다고 느끼나 일시적이고 눈에 띄지 않는다. 문제없음"에 해당한다. 심각한 등급(7~8)은 "거의 언제나 눈에 띄는 불쾌감(dysphoria) 또는 주변상황이나 주변인물들이 보이는 감정에 거의 반응하지 않는 심각한 불쾌 삽화(Dysphoric episode); 뚜렷하게 불행하다고 보임. 사회기능의 심각한 장애"에 해당한다. 증상 부분 다음에 면접자는 여덟 가지의 정신 상태 항목, 12개의 관찰 항목(예: 집중력장애, 정신운동성 근육 이상), 두 개의 발달 과정 항목(데이트와 성 행위), 다섯 개의 임상학적 인상(예: 몸치장, 사회성숙도) 항목에 대해 평정한다.

ISC는 신중하게 구성되어 있으며 여러 가지 기술적인 장점이 있다. 그중 하나는 면접에서 다루는 증상에 대해 응답자가 자발적으로 기술하느냐에 따라 질문 순서가 변할 수 있다는 것이다. 또한 ISC는 최종적인 평정을 하기 전에 아동의 초기 응답을 확인하기 위해서 "두 번 묻는" 질문 방식을 사용한다. 이 방법은 어린 아동을 인터뷰할 때 특히 유용하다. 어린 아동들의 초기 답변은 때로 부적합하거나 틀리는 경우가 있기 때문이다.

ISC는 우울증 관련 증상에 초점을 둔 것이며, 고도의 임상 전문 지식과 광범위한 도구 사용 훈련을 필요로 한다는 점에서 K-SADS와 비슷하다. K-SADS와 마찬가지로 ISC는 아동기 정서장애 연구에 포함될 대상을 선별하고 감별진단을 내리는 보조 도구로 쓰일 수 있다. ISC는 우울증 증세 분야에서는 고도로 발달되어 있으며 우수한 평가자 간 신뢰도를 나타낸다. 검사-재검사 신뢰도는 보고되지 않았으며, 타당도는 약한 편이다. 진단은 그룹 논의를 거쳐 내려지며, 명백한 진단 알고리즘은 아직 개발되지 않았다. 또한 ISC는 임상학적으로 의뢰된 아동들에게만 적용되었으며 치료에 의뢰되지 않은 일반 집단에 적용하기에는 적당하지 않을 수 있다.

6. 아동 평가 스케줄

아동 평가 스케줄(Child Assessment Schedule; CAS)은 7~12세 사이의 아동을 위한 반체계화된 면접이다(Hodges, Kline, Stern, Cytryn, & McKnew, 1982). 처음에는 아동을 직접 면접하기 위한 목적으로 만들어졌지만, 부모용 면접도 이후에 개발되었다. CAS는 훈련된 임상가가 면접을 실시해야 하며, 약 45~60분 정도 소요된다. CAS는 학교, 친구, 가족, 자아상, 행동, 기분, 사고장애에 대한 75개의 문항으로 이루어져 있다. 응답은 '네/아니요/잘 모르겠음/무응답/적용 안 됨'으로 기록된다. 면접은 주제별로 구성되어 있는데, 가족과 친구들에 대한 질문으로 시작하여, 감정과 행위에 대한 질문으로 이어지며 망상, 환상, 관련 정신병적 증세들에 대한 항목으로 끝난다. 아동 면접을 마친 후에 면접자는 53개의 항목(예: 통찰력, 자기관리, 활동, 언어 등)에 대해 평정한다.

CAS는 아동의 기능을 비교적 쉽게 평가하고 진단을 돕기 위해서 개발되었다. 다른 면접 방법에 비해서 덜 체계화되었으므로, CAS 항목의 면접을 실시하고 평정하기 위해서는 상당한 정도의 임상적 판단과 추론 능력이 요구된다. CAS 자료의 해석은 또한 상당한 유연성과 임상적 전문지식을 필요로 한다. 비록 많은 CAS 항목이 DSM-III 진단기준에 상응하나, 이 면접 방식은 DSM 진단을 내리도록 만들어지지 않았다. 대신, CAS는 11개의 분야(예: 학교, 친구, 활동, 가족)와 진단체계에 해당하는 9개의 증상(예: ADD, Conduct disorder, Overanxtious, Oppositional)에 대한 점수를 산출해 주며, 증상의 수에 상응하는 전체 점수 역시 산출된다.

이후에 CAS 항목과 DSM 기준을 상응시켜 주는 진단목록이 개발되었다. 이 목록은 CAS 자료에서 진단을 내리는 도구로 개발되었지만, 많은 CAS 항목은 DSM 기준에 상응하지 않으며 어떤 DSM 기준은 CAS에 포함되지 않았다. 더구나 초기 CAS는 증상의 시작과 기간을 다루지 않았는데, 항목들은 대개의 DSM 진단에서 필수적이다. 이것을 보완하기 위해서 특정 증상의 시작과 기간을 다루기 위한 부분이 추가로 개발되었다.

요약해 볼 때, CAS는 우선 증상을 설명하는 도구이자 진단을 위한 보조도구로 사용될 수 있다. 7세 이상의 아동 환자에게 유용하며 아주 간단한 형태를 취하고 있다. 그러나 적용 연령층이 한정되어 있으며, 검사-재검사 신뢰도 검증 연구가 시행되어야 한다. 부모를 위한 면접 방식은 중요한 추가 부분이지만 신뢰도와 타당도에 대한 연구가 필요하다. 또한 CAS는 상당히 높은 임상적 훈련과 판단력을 필요로 하며, 적용될 수 있는 증상은 다른 면접 방법보다 한정되어 있다. CAS 자료를 DSM 진단체계로 해석하기 위한 진단목록이 개발되었지만 명확한 진단 알고리듬은 아직 개발되지 않았다.

7. 아동용 진단 면접 스케줄

아동용 진단 면접 스케줄(Diagnostic Interview Schedule for Children; DISC)은 아동, 청소년의 정신장애 역학 연구에 사용하기 위해서 NIMH에서 개발되었으며(Costello 등, 1984), 성인장애를 조사하기 위해서 개발된 진단 면접 스케줄(Diagnostic Interview Schedule; DIS)과 비슷한 목적을 가지고 있다. DISC는 질문의 순서, 어투, 기록방법까지 명확하게 규정된 고도로 체계화된 진단 면접 체계이며, 증상이 거의 없는 아동의 경우 면접 시간을 줄일 수 있도록 건너뛰기를 할 수 있는 구조를 가지고 있다. 2~3일간의 도구 사용 훈련을 거친 일반 면접자나 임상의가 실시할 수 있다.

가장 최근 버전인 NIMH DISC-IV(Shaffer 등, 2000)는 DSM-IV(1994)와 ICD-

10(1992) 기준에 맞게 개발한 것으로 9세에서 17세까지 적용할 수 있는데, 이전 버전과의 차이점은 세 가지 시간 틀, 즉 '현재'(지난 4주) '지난 해' '이전에 언젠가'로 평가한다는 것이다. DISC-IV는 30개 이상의 DSM-IV와 DSM-III-R 진단기준뿐만 아니라 거의 모든 ICD-10 진단기준을 포함하며, 부모용(DSC-P: 6~17세)과 아동청소년용(DISC-Y: 9~17세)이 있다(〈표 3-1〉).

DISC의 평가자 간 신뢰도는 10개의 녹화 인터뷰를 세 명의 비전문가 인터뷰 실시자가 개별적으로 점수를 매긴 것을 비교해서 연구되었다(Costello, Edelbrock, Dulcan, Kalas, & Klaric, 1984). 증상 점수에 대한 신뢰도는 평균 r = .98(범위 = .94-1.00)이었다. 검사-재검사 신뢰도는 임상적으로 의뢰된 아동 242명과 그들 부모의 샘플 집단을 통해 조사되었다(Edelbrock, Costello, Dulcan, Kalas, & Conover, 1985). 부모와 아동은 따로 면접을 실시하였으며, 9일의 간격을 두고 두 번 면접하였다. 부모용 검사-재검사 신뢰도는 전체 증상

표 3-1   DISC-IV에 포함된 진단목록

불안장애	**기분장애**
사회공포증	주요 우울장애
분리불안장애	기분부전장애
특정공포증	조증 삽화
공황장애	경조증 삽화
광장공포증	
범불안장애	**정신분열병**
선택적 함구증	
강박장애	**주의력결핍과 파탄적 행동장애**
외상후 신경증	주의력결핍·과잉행동장애
	반항장애
기타 장애들	품행장애
신경성 식욕부진/신경성 대식증	
배설장애	**물질사용장애**
틱장애	알코올 남용/의존
이식증	니코틴 의존
발모광	대마초 남용/의존
	기타 물질 남용/의존

점수(클래스 간 상관관계)의 경우 평균 .90이었으며 나머지 26가지의 증상 집단의 경우 평균 .76 (범위 .44-.86)이었다. 아동용 검사-재검사 신뢰도는 연령층과 밀접히 연관되어 있으며, 6~9세, 10~13세, 14~18세 연령층에 대해서 평균 .43, .60, .71의 수치를 나타냈다. 전체 증상 점수는 10~13세 연령층(ICC=.55)과 6~9세 연령층(ICC=.39)보다 14~18세 연령층(ICC=.81)의 경우가 더 높은 신뢰도를 나타냈다.

부모-아동 간의 일치도는 299쌍을 통해 조사되었다(Edelbrock, Costello, Dulcan, Conover, & Kalas, 1986). 부모와 아동의 단독 인터뷰에서 얻어진 증상 점수 사이의 상관관계는 27개 중 23개 증상 분야에서 유의미했지만 크기 면에서는 작았다(평균 r=.27). 부모-아동 간의 일치도는 정서/신경증적 증세보다 행위/행동 문제인 경우에 더 높았다. 그뿐만 아니라 일치도는 10~13세와 6~9세 연령층에서보다 14~18세 연령층에서 더 높았다. 모든 연령층 그룹에서 아동들보다 부모들이 더 많은 수의 행동/행위 문제를 보고했다. 반면 아동들은 부모들보다 더 많은 정서/신경증적 문제와 알코올/마약문제에 대해 언급했다.

DISC-C와 DISC-P의 타당도는 소아전문의가 의뢰한 40명과 정신과 의사가 의뢰한 40명의 아동(7~11세 연령층)들을 비교함으로써 조사되었다(Costello, Edelbrock, & Costello, 1985). DISC-P의 경우, 정신과 전문의가 의뢰한 아동들이 21개 증상 분야에서 훨씬 더 높은 점수를 받았다. DISC-C의 경우, 정신과 전문의가 의뢰한 아동들이 21개 증상 분야에서 더 높은 점수를 받았고, 단순한 공포증 영역에서 집단 간에 가장 큰 차이를 보였다. 부모 면접에 근거하면, 정신과 의사가 의뢰한 환자들은 51개 영역에서 심한 장애 진단을 받았지만, 소아과 의사가 의뢰한 환자들은 단지 2개의 진단을 받았다. 판별 분석 결과, 95%의 민감성과 98%의 특이성을 보여 주었다.

DISC의 공존 타당도는 부모와 교사용 아동 행동 평가척도(Child Behavior Checklist; Costello 등, 1984)와의 유의미한 상관을 통해 입증되었다. DISC에서 다른 진단을 받은 아동들은 부모와 교사용 Child Behavior Profile에서 전혀 다른 점수 패턴을 보여 주는 것으로 나타났다(Edelbrock, 1984). 한국판 DISC-IV도 개발이 완료되어 현재 표준화 작업이 진행 중이다(조수철 등, 미 발표).

8. 요약 및 제언

아동용 구조화된 진단 면접 기법은 성인에 비해 아직 초보 단계이며, 구조화된 한국판 진단 면접 도구로 사용되기 위해서는 표준화 연구가 필요하다. 국내에서는 아동기 정신장애의 원인, 과정, 예후, 진단에 대한 연구에서 구조화된 한국판 진단 면접 도구를 이용한 연구가 매우 드문 실정이다. 따라서 임상 장면에서 진단이나 연구 활동에서 피험자 선발을 위해 구조화된 진단 면접 도구를 사용할 수 있기 위해서 앞으로 많은 연구와 노력이 필요하다.

제4장
아동 행동평가척도 및 체크리스트

아동, 청소년기 정신병리의 평가 및 연구를 위해 비교적 쉽게 사용할 수 있는 다양한 종류의 평정척도(Rating scale)들과 체크리스트(Checklist)들이 개발되어 있다. 그러한 척도들의 문항 내용은 정서적, 성격적 또는 사회적 기능에 대한 매우 구체적인 행동부터 매우 추상적인 특성을 평가하는 것까지 다양하며, 매우 구체적인 내용(예: 활동 수준)부터 다양한 정신병리 증상까지 폭넓게 포함하고 있다. 이러한 평정척도들과 체크리스트는 아동이 보이는 문제 유형과 연구 목적에 따라 가장 적절한 것으로 선택해서 사용해야 한다.

1. 행동평가척도와 체크리스트 사용의 기본 가정

Cairns와 Green(1979)은 행동평가척도들을 사용하는 데 기본이 되는 중요한 가정들을 다음과 같이 기술하였다.

- 임상가와 정보제공자(informant)는 평정하는 행동이나 특성에 대해 서로 잘 이해하고 있어야 한다. 개념이 추상적일수록 임상가 혹은 연구자가 평가하고자 하는 것과 정보제공자가 실제 평가하는 것 간에 불일치가 더 커지게 된다.
- 척도에 포함된 행동 문항들이 아동의 발달 수준, 상황, 인구통계학적 변인에 따라 다양할 수 있기 때문에, 정보제공자와 임상가는 각 항목에 대답해야 할 것이 행동의 어떤 측면인지에 대해 유사하게 인식하고 있어야 한다.
- 평정자는 일상 생활에서 보이는 아동의 행동들 중에서 평정되는 특성이 그 항목에서 평정될 정도로 자주 발생하는 것인지를 결정해야 한다.
- 정보제공자와 임상가는 평가될 항목의 평가 기준에 대해 같은 기준을 가지고 있어야 한다. 즉, 평가되는 행동에서 '약간' '매우 자주'와 같은 평가척도에 대한 인식이 서로 같을 수도, 다를 수도 있다. 척도에 대한 평정자 간의 신뢰도는 이러한 평가 기준이 일치하는 정도에 달려 있다.

2. 행동평가척도와 관련된 문제들

정보제공자 혹은 평가자의 다양한 특성은 척도를 평정하는 데 영향을 미칠 수 있다. 많은 임상가들은 마치 평정치가 평가된 아동의 실제 행동을 그대로 나타낸다고 간주한다. 하지만 정보제공자의 학력이나 지능, 평정할 때의 정서 상태, 반응 편향(Response bias)에 대한 경향 등이 척도를 평가하는 데 영향을 줄 수 있다(Bond & McMahon, 1984). 이외에도 평정을 하는 데 걸리는 시간, 발달적, 인구통계학적, 상황적 요인들이 영향을 줄 수 있다.

1) 평가척도를 사용하는 경우 자주 보이는 오류들(Conners, 1998)

● 관대성 오류와 심각성 오류
관대성 오류(Leniency error)란 평정자가 아동의 행동을 실제의 심각성에 비해 너무 좋은 쪽으로만 보려는 경향을 말하며, 심각성 오류(Severity error)란 반대로 아동의 행동을 너무 나쁜 쪽으로만 보려는 경향을 말한다. 평가자는 절대적으로 객관적인 시점에서 아동을 평가하는 것이 불가능하겠지만 체계적으로 한쪽으로 치우쳐 판단하는 것은 지양해야 한다.

● 후광 오류(Halo error)

평정자는 하나 내지 몇 개의 특정 행동에 대한 판단에 근거하여 전반적인 점수를 높게 혹은 낮게 평가한다. 예를 들어, 교사들은 한 아동이 학급에서 반항적인 행동을 하여 눈에 띄게 되면, 주의력이나 공격적이지 않은 단순한 과다행동의 항목들도 객관적인 근거 없이 대체로 높게 평가하는 오류를 범할 수 있다. 또한 사회성이 좋아서 주의력결핍 문제를 잘 방어하고 있는 아동의 경우는 전반적으로 모든 항목에서 낮게 평가하는 경향이 있다.

● 논리적 오류(Logical error)

평정자는 자신의 주관적인 논리에 의거해서 앞선 항목에 점수를 높게 주게 되면, 다음 항목에도 높게 주어야 일관성이 있다고 생각한다.

● 대비 오류(Contrast error)

아동을 어떤 상대와 비교하여 평정하느냐에 따라 평정치가 달라질 수 있다. 예를 들어, 아동을 비교적 얌전한 동생과 비교하여 평정한다면 문제행동 점수가 더 높게 나올 것이다.

● 최신 오류(Recency error)

평정자는 아동이 가장 최근에 보인 행동에 기준하여 평정하기 마련이다. 따라서 평가하기 며칠 전 아동이 보인 문제 행동 때문에 속이 상했다면 평정척도에서 대부분의 항목에 대해 나쁜 쪽으로 평가할 가능성이 있다.

따라서 이러한 문제점을 극복하기 위해서는 평가척도 점수를 아동이 처한 맥

락에서 재평가하는 것이 필요하다.

2) 부모 보고에 의한 행동 평정과 행동 관찰에 근거한 임상가 평정

실제 상황이나 유사 상황(natural or analogue)에서 아동이 보이는 구체적인 행동에 대한 직접적인 행동 관찰 방법은 아동의 행동이나 특성에 대한 더 직접적이고 객관적인 평가를 가능하게 하므로 부모 평가척도를 사용한 평가 결과와 비교하는 데 도움이 된다. 하지만 행동 관찰은 짧은 시간 내에 매우 구체적인 (제한된) 상황에서 보이는 행동단위에 초점을 둔 것이다. 반면에 평가척도는 평정자가 더 긴 시간(일주일 내지 한 달) 동안에 다양한 상황(가정, 학교, 가타 사회적 상황 등)에서 관찰한 결과에 입각한 것이라는 점에서 사실상 방법론적인 차이가 있다. 따라서 부모 평정치와 직접 관찰에 근거한 평정치는 불일치하는 경우가 많다. 두 가지 방법으로 얻은 정보가 어떤 면에서는 일치하지만, 각각은 다른 방법이 평가하지 못하는 독특한 정보를 제공하기도 한다. 따라서 두 가지 평가 방법들이 완전히 일치하는 것은 기대하기 어렵다.

3) 행동평가척도의 장점

평가척도의 사용과 해석에서의 문제점에도 불구하고, 평가척도는 다른 방법들에 비해 장점이 많기 때문에 아동정신병리의 평가와 연구에 널리 사용하고 있다. 몇 가지 장점을 살펴보면 다음과 같다.

- 아동에 대해 여러 상황이나 환경에서 함께 경험을 해 온 정보제공자로부터 수량화된 정보를 얻을 수 있다.
- 매우 드물게 나타나서 실제 측정에서는 놓치기 쉬운 행동에 대한 자료를 수집할 수 있다.
- 평가척도를 사용하면 비교적 적은 비용과 짧은 시간 내에 아동에 대한 정보를 얻을 수 있다.
- 아동 행동 평정치를 비교할 수 있는 정상 규준 자료가 있다.

- 아동정신병리의 여러 차원에 초점을 두는 다양한 형태의 평가척도가 있다.
- 아동을 돌보는 중요한 사람들의 견해를 통합해서 결국에는 아동의 치료에 도움을 줄 수 있다.
- 상황 변인을 제거하고 가장 안정되고 지속적인 아동의 특성에 대한 자료를 얻을 수 있다.

3. 요약 및 제언

아동, 청소년기 정신병리를 평가하고 연구를 수행하는 데 비교적 쉽고 경제적으로 사용할 수 있는 다양한 종류의 평정척도들이 개발되어 있으며, 이러한 척도들에 대한 국내 표준화 연구도 꾸준히 이루어져 왔다. 평가척도들은 인구통계학적으로나 증상에서 동질적인 군으로 아동을 그룹화하여 어떤 장애에 대한 원인론이 되는 가정을 탐색하고, 장기간 동안 지속되는 장애에 대한 임상 집단의 예후를 결정하는 연구 등에서 여러 가지 유용한 기능을 한다. 또한 어떤 척도들은 치료 효과를 검증하는 연구에서 많이 사용되며, 치료 변화에 민감하다는 것을 보여 주었다. 제3부 장애별 평가방법 부분에서 각 아동기 장애별로 국내외에서 많이 사용되는 평가척도와 체크리스트들이 자세히 소개되어 있으므로, 보다 구체적인 내용은 제3부를 참고하기 바란다.

제5장

관찰법

일반적으로 진단을 의뢰하는 대부분의 아동들은 심각한 문제를 갖고 있다. 임상가들은 아동과 접촉하는 동안, 짧은 면접과 놀이치료 등을 시행하고 지능, 성격검사를 실시할 것이다. 그러나 이런 일반적인 접근법은 아동의 장애를 범주화하고 분류하는 데는 유용하지만, 원인을 이해하고 밝히는 데는 한계가 있다.

이런 문제는 아동 진단 절차가 성인 진단 절차를 기본으로 하여 이루어지고 있다는 데서 발생한다. 성인들의 경우는 임상 장면에서의 면접, 자기보고와 행동 관찰을 주로 사용한다. 그러나 대부분의 성인들은 시간과 상황에 일관적으로 문제를 나타내는 반면 아동들은 문제 행동이 비일관적으로 나타나기도 하고 스스로 인식하지 못하기도 한다. 아동의 경우, 아동 자신의 보고를 통해 정보를 얻기보다는, 대부분이 부모나 교사들로부터 얻게 된다. 또한 아동들은 임상 장면에서 일시적으로 증상 행동을 보이지 않기도 한다(예: 과잉행동, 공격성, 야뇨증, 유분증 등). 따라서 진료실 안에서 이루어지는 면접에는 한계가 있고, 아동에 대한 부모나 교사의 보고가 정확하지 않을 수도 있다는 점을 고려할 때, 아동을 직접 관찰하는 방법은 아동들을 진단, 평가하는 데 보다 정확하고 유용한 정보를 제공해 줄 수 있을 것이다.

1. 관찰 평가의 정의

관찰 평가는 자료 수집체계를 의미하는 것으로 특정한 시간 동안 특정한 장면에서 하게 되는 직접적인 관찰은 명확한 한정된 범주를 가지고, 관찰 시간의 길이는 관찰자가 기억할 수 있는 최소한이어야 하며, 관찰 평가 체계는 수집된 자료의 정확성과 신뢰도를 점검하는 몇 개의 절차를 갖고 있어야 하는 등 몇 가지 특성을 가진다.

1) 관련된 타인의 관찰

가장 경제적인 관찰 방법으로 부모(내원환자인 경우 치료진)에게 관찰할 목록들을 가르칠 수 있고 관찰될 행동들이 분명한 범주로 한정되어 있다면, 1시간 반 정도의 훈련으로 신뢰할 만한 자료를 얻을 수 있다. 자료는 전화나 우편을 통해 얻을 수도 있어 이에 대한 타당도도 일관성 있게 증명되었다. 부모나 교사 등 관련된 타인의 관찰 방법은 품행장애와 주의력결핍 과잉운동장애 아동들의 치료 효과에 관한 연구에서 유용한 것으로 보고되었다. 단점은 반응 편파(bias)에 가장 민감하다는 것이다. 따라서 신뢰성이 의심되면 독립적인 관찰을 하게 된다.

2) 독립적인 관찰

직접 관찰은 아동 행동의 매 순간을 정확하게 기술하기 때문에 장애를 더 잘 구분하고 분류할 수 있다. 독립적인 직접 관찰은 아동의 특정 행동이 사회적 체계 안에서 친밀한 타인들의 행동과 어떻게 상호작용하는가를 세부적으로 기술할 수 있게 한다. 또한 관련된 타인들의 전체적인(global) 보고와는 다른, 보다 세부적인 수준에서 아동 행동을 기술할 수 있다. 사회적 환경에서 아동의 특성에 관한 양적 정보와 매 순간 행동에 관한 세부적 자료를 통합할 수 있다면 더 정확하게 진단 분류가 이루어질 수 있고, 다양한 문제를 가진 아동들의 개인차들이 설명될 수 있을 것이다.

① 표준화된 장면에서 독립적인 관찰

클리닉이나 실험실 장면은 수집되는 자료가 특정한 상황 특성(가족, 교실, 집의 크기, 교실 크기)에 따라 영향을 받지 않는다. 단점은 실험실과 실제 상황에서 아동들의 행동에서 유의한 차이가 발견된다는 것이다.

② 실제 상황에서의 독립적인 관찰

실제 상황에서의 관찰법은 가장 풍부한 정보를 제공하지만 비싸고 불편하다는 단점이 있다. 그러나 아동 행동에 대한 신뢰롭고 타당한 정보를 얻을 수 있을 뿐만 아니라, 그 행동에 관련된 사회 체계의 반응에 관한 정보도 얻을 수 있다. 실제 상황에서의 관찰은 상황에 따라 변화가 큰 문제 행동과 부모나 교사가 관련되어 있을 수 있는 장애의 경우에 매우 유용한 방법이다.

2. 관찰법 사용 시 고려해야 할 점

1) 관찰 비용

관찰법은 비용 면에서 상당히 다양한데, 부모를 관찰자로 이용하는 경우 비용이 저렴하고, 한 시간 정도의 훈련만을 요한다. 15~30분가량 매일 전화를 통해 자료를 수집할 수 있다. 수집된 자료는 쉽게 채점되고, 양적 분석에 이용되기도 한다. 독립적 관찰인 경우, 비용이 비싸며 체계가 복잡한 경우 적어도 10시간 이상의 훈련이 요구된다. 독립적 관찰은 한 회기당 적어도 1시간이 소요되며, 사회적 상호작용 변인들을 측정하는 경우라면, 여섯 번 중 세 번은 행동평가에서 안정적인 평가치를 얻을 수 있어야 한다.

2) 평가 기간의 지속성

아동 관찰 평가는 짧은 시간 간격을 두고 시행하는 것이 바람직하다. 아동들은 빨리 변화하고 발달할 뿐만 아니라, 많은 아동들은 취학, 부모의 이혼, 신체적 학대 및 성적 학대와 같은 극적인 환경적 변화로 인해 행동장애를 보이기도 한다.

3) 도구

관찰 행동을 기록하는 데는 녹음기, 비디오카메라, 지필 방식의 체크리스트, 시계 등 다양한 도구들이 사용될 수 있다. 일반적으로 이러한 도구들은 관찰된 행동을 보다 빠르고 보다 경제적으로 기록하여 원 자료를 분석에 적합한 형태로 만들 수 있게 해 준다.

4) 측정치

기본적으로 관찰 자료들은 측정치로 요약된다. 각 행동의 발생 횟수를 세고(빈도), 소요된 시간(지속 시간)을 잰다. 보통 빈도는 아동의 행동 레퍼토리에 관한 정보를 제공해 주고, 지속 시간은 아동이 이런 행동들을 하는 데 얼마나 시간을 보내는지를 알려 준다. 이 두 가지 측정치는 전체 관찰 시간에 상대적으로 산출된다. 즉, 전체 행동 빈도를 전체 관찰 시간으로 나눔으로써 확률(상대적인 빈도)과 각 범주 행동의 지속 시간의 비율을 얻을 수 있다. 상대적 측정치들은 관찰 회기가 다양한 길이일 때 이용될 수 있다.

5) 실시간 기록

실시간 기록은 행동이 일어나고 있을 때 기록하는 것이다. 그러나 특정 행동이 정확하게 기록할 수 있는 것보다 더 빠르게, 더 자주 일어나는 경우, 만일 다른 관찰자를 더 고용하거나 부호화 체계를 단순화시킬 수 없다면 이때는 비디오나 오디오 녹화를 이용해서 행동을 부호화할 수 있다. 녹화의 장점은 행동을 포착할 때까지 여러 차례 반복해서 관찰할 수 있고, 부호화에 요구되는 시간을 늘릴 수 있다는 점이다. 또한 두 가지 이상의 다른 부호화 체계를 이용할 때 비디오로 녹화한 것이 장점이 될 수 있다.

6) 장면

일반적으로 관찰은 집, 진료실, 실험실, 교실 등에서 행해진다. 행동의 발생률은 환경에 따라 다양하게 나타날 수 있으나, 환경에 따른 행동 발생률이 유의하게 다를 때조차도, 이런 행동들 간의 상관은 높을 수 있다. 또한 환경과 연관된 행동의 변화를 통제하려고 하기보다는 어떤 다양한 사회적 환경에서 행동이 어떻게 변화되는지를 밝히는 것이 바람직하다.

3. 관찰법 선택 시 사용 기준

관찰법을 선택하는 데 주로 고려해야 할 것은 임상가가 알고자 하는 것을 얼마나 정확하게 측정할 수 있는가 하는 것이다. 이 부분에서는 관찰법을 선택하고 구성하는 데 발생할 수 있는 여러 가지 방법론적 문제들과 그 해결 방법에 대해 간략하게 살펴보고자 한다.

1) 관찰자 훈련

관찰자들은 일정 기간 주의력을 유지할 수 있어야 하고 당황하지 않고 높은 수준의 자극을 받아들일 수 있어야 한다. 충동적이지 않고 통찰력과 스트레스에 대한 내성을 갖추는 것이 관찰자에게 중요한 요인으로 간주되어 왔다. 다른 연구에 따르면 이상적인 관찰자는 영리하고, 창조적이며, 언변이 좋아야 하고,

조사하고 있는 행동의 특정한 가설을 모르고 있어야 한다. 정확한 자료를 얻기 위해서는 주의 깊은 훈련과 계속적인 감찰이 필요하다. 일단 한 관찰 부호가 개발되면 관찰자 훈련 시에는 각 부호의 정의를 기억하는 것, 부호들을 그들의 숫자 또는 알파벳 약자와 짝 짓는 것, 실제 장면에서 관찰을 하기 전에 점차 난이도와 길이를 증가시키는 일련의 예제 연습을 할 것 등이 포함된다. 신뢰도는 훈련 기간과 실제 자료를 수집하는 동안에 반복적으로 점검되며, 관찰자 훈련 기간은 관찰 부호화의 복잡성에 따라 다르나 보통 수주일이 소요된다.

2) 신뢰도

신뢰도는 다양한 방식으로 측정될 수 있는데, 관찰자 간 일치도는 두 관찰자가 같은 행동을 부호화하는 데 일치하는 정도다. 관찰자 내 신뢰도는 관찰자가 두 가지 상황에서 관찰한 같은 행동을 부호화하는 데 일치하는 정도를 말한다. 이것은 시간에 따른 부호화 체계의 안정성과 같은 범주 안에서 변동하는 관찰자의 경향성을 측정하는 것이다. 관찰자가 그들의 신뢰도가 평가되고 있다는 사실을 알고 있을 때 몰래 신뢰도를 평가할 때보다 더 신뢰도가 높았고, 파트너 없이 혼자 관찰할 때와 복잡한 부호화 체계를 사용할 때 신뢰도가 감소하였다.

3) 복잡성

관찰법을 선택할 때 주목하게 되는 것 중의 하나는 복잡성이다. 복잡성은 관찰 체계에 포함된 행동 범주의 개수로서 정의된다. 복잡성은 신뢰도와 부적으로 변화한다. 즉, 부호화 체계가 더 복잡해지고, 관찰된 행동의 변화율이 증가할수록 신뢰도는 감소한다. 일반적으로 사용되는 부호화 체계는 관련된 행동들을 범주화하는 데 필요한 것 이상으로 복잡하지 않아야 한다.

4) 반응성

행동은 환경에 따라 변화할 수 있으므로, 자신이 관찰되고 있다는 피관찰자의 지각에 따라 행동이 변화될 수 있다. 이를 '반응성'이라고 한다. 연구자들은 여러 가지 방식으로 반응성 문제에 접근하고 있는데, 한 가지는 관찰 기간 중 피관찰자에게 관찰되고 있다는 것을 알려 주거나 알리지 않는 상태에서 피관찰자의 행동을 측정하는 것이다. 또 다른 접근은 개인(또는 가족들)에게 관찰 기간 동안 좋게 또는 나쁘게 보이려고 행동했는가를 묻는 것이다. 실제로 임상가들은 관찰 상황에서 피관찰자들이 사회적으로 바람직하게 보이려고 하는 경향성에 주목한다.

5) 타당도

타당도는 관찰 체계가 측정하고자 하는 것을 정말 측정하고 있는지를 나타내준다. 타당도의 종류에는 구인타당도(Construct validity), 내용타당도(Content validity), 예언타당도(Predictive validity), 공존타당도(Concurrent validity)가 있다. 구인타당도는 측정하고자 하는 심리적인 개념과 부호화하는 행동 범주 간의 일치성을 의미하고, 내용타당도는 측정되는 행동을 기술하는 부호화 범주의 포괄성(completeness)을 의미하며, 예언타당도는 다른 환경과 다른 시간에서 행동을 예측할 수 있는 유용성에 관련된 것이다. 그리고 공존타당도는 다른 기준이나 일반적으로 인정된 측정치와 관련하여 관찰 체계의 정확성을 추정하는 것이다.

4. 요약 및 제언

아동의 평가에서 행동 관찰법은 중요한 위치를 차지하며, 때로는 부모의 보고나 평정척도에서 얻을 수 없는 귀한 정보를 제공해 주기도 한다. 따라서 아동의 진단 시 임상가는 아동이 주로 호소하는 문제와 관련하여 아동의 행동을 면밀히 관찰하고, 특히 감별 진단이 필요한 경우는 부모나 아동에 대한 면담 자료와 심리검사 결과 및 행동 관찰에서 얻은 정보를 취합하여 사려 깊게 결정을 내려야 한다. 발달장애 아동들의 사회적 결핍 행동이나 자해 행동 등과 같은 아동기 문제 행동들에 대한 치료 효과를 평가하는 연구를 수행할 때는 엄격한 관찰 절차에 입각한 행동평정치가 수집되어야 하므로, 임상진료와 연구에 관심이 많은 임상가들에게는 다양한 관찰법에 대한 이해와 훈련이 반드시 필요하다고 본다.

제 **6** 장

가족 평가

이 장에서는 아동, 청소년기의 정신병리와 관련된 가족 평가 방법을 알아본다.

1. 자료 원천

가족에 대한 평가 자료를 얻는 방법으로는 자기-보고 방법과 관찰법이 있다.

1) 자기-보고 방법

자기-보고 방법은 가족 구성원들이 직접 보고하는 것으로, 안면타당도가 높고 실시와 채점이 쉽다는 장점이 있다. 자기-보고 방법은 객관적 검사, 투사적 검사, 구조화된 면접, 행동 보고 등으로 구분할 수 있다.

2) 관찰법

가족의 상호작용을 직접 관찰하는 것으로, 가족 구성원의 실제적인 상호작용과 관련된 정보를 얻을 수 있고, 객관적 과제나 문제 해결을 가족들이 어떤 식으로 수행하는지를 알 수 있다. 관찰법은 실험실 관찰과 자연적인 관찰법으로 나눌 수 있는데, 실험실 관찰은 구조화된 과제나 놀이 상황 혹은 문제나 갈등 상황에 대해서 가족 구성원들이 상호작용하거나 토의하는 것을 관찰하는 방법이다. 자연적인 관찰은 가정 상황 내에서의 가족 상호작용을 직접 관찰하고 측정하는 방법이다.

2. 평가 단위

평가 단위는 개인적 측정, 상호관계에 대한 측정, 전체 가족에 대한 측정으로 구분된다.

1) 개인적 측정

- 성격이나 정신병리에 대한 전통적인 측정방법이다.
- 객관적인 절차와 투사적인 절차가 모두 포함된다.
- 각 개개인에 대한 정신과적인 문제나 심리 사회적 상태와 관련된 중요한 정보를 제공해 준다.

2) 상호관계에 대한 측정

- 부부 관계, 부모-자녀 관계, 형제 관계 등 가족 상호관계에 초점을 둔 것이다.
- 상호적인 지위와 기능에 대한 정보를 제공한다.

3) 전체 가족에 대한 측정

전체 가족을 측정하는 것으로, 이러한 단위에 대한 측정은 가족 구성원 간의 상호작용에 대한 보고, 실험적 절차, 실험실이나 자연스러운 상황에서의 관찰을 통한 과정이나 내용을 통해 얻어질 수 있다.

3. 평가의 구성요소

가족-아동의 정신병리의 복잡성을 이해할 수 있는 여러 개의 구성요소가 있으나, 다음의 네 가지가 가장 중요하다.

1) 정서

- 정서적 유대는 관계의 만족도를 결정하는 요인이다.
- 영아의 애착 연구와 집단 과정에 대한 연구에서, 부부관계의 불만족이나 아동기의 사회화 형태에 대한 연구에 이르기까지 지지적이고 양육적인 정서 관계의 중요성이 반복적으로 강조되고 있다.

2) 통제

- 성인의 관계에 대한 연구(특히, 부부관계에 대한 연구)에서 통제는 힘, 영향력, 지배 등의 용어로 많이 사용된다.
- 부모-자녀 관계와 같은 불평등한 지위의 구성원들에 대한 관계 연구에서는 양육 방식, 책략 같은 것에 초점을 두고 있다.
- 이러한 과정에서 최고의 관심사는 부모가 초기 아동기와 청소년기 때 자녀들의 행동을 통제하는 것에 있다.

3) 의사소통

- 의사소통상의 왜곡은 아동, 청소년기 인지적 장애의 발달 및 지속과 관련이 있다.
- 의사소통기술을 발달시킴으로써 가족 내 갈등을 효과적이고 만족스럽게 해결할 수 있다.

4) 가족 체계

- 가족 내에서의 관계/가족 간의 관계를 특성 짓는 가족 내 시스템/가족의 기능에 영향을 미치는 가족 내 시스템의 일반적인 특성과 원리에 관심을 갖는 것이다.
- 여기에는 시스템의 융통성과 적응 가능성이 포함된다. 즉, 구성원들의 요구를 변화시키거나 가족의 스트레스를 변화시키기 위해서 통제 패턴이나 정서 표현을 변화시킬 수 있는 능력이 포함된다.

4. 평가 방법

1) 부모-자녀 관계를 평가하는 질문지
(Questionnaires for assessing parent-child relationships)

(1) 부모 양육태도 척도(Maternal Behavior Research Instrument; MBRI)
MBRI는 부모의 양육태도를 알아볼 수 있는 검사 도구로, 총 28문항 154개의 하위 문항으로 구성되어 있으며, 7가지 요인(애정적 태도, 거부적 태도, 어머니의 외향적 특성, 의존성 조장 태도, 통제적 태도, 긍정적 평가 태도, 어머니의 의존성)을 측정하도록 되어 있다. 신뢰도는 0.84로 양호한 수준이다.

MBRI 일부 문항 예

다음 항목을 읽으신 후 어머니의 생각이나 행동에 가장 일치하는 곳에 표기하여 주십시오.

1-아주 그렇다. 2-그런 편이다. 3-그저 그렇다. 4-아닌 편이다. 5-아주 안 그렇다.

1. 어머니께서는 자녀에 대해 별로 아는 것이 없다고 생각하십니까?
2. 어머니께서는 어린이의 요구를 무시하는 편이십니까?
3. 어머니께서는 어린 자녀들이 놀고 있을 때 허물없이 끼어들어 어린이들이 노는 방식대로 놀아주십니까?
4. 어머니께서는 자녀의 행동이 자랑스럽게 느껴지고 또 칭찬도 하시는 편이십니까?
5. 자녀가 버릇없이 굴 때 어머니께서는 벌을 주겠다고 엄포를 놓으신 적이 있으십니까?
6. 자녀들은 부모의 말에 절대적으로 순종해야 한다고 생각하십니까?
7. 자녀가 바르게 성장하려면 부모를 어렵게 알고 두려워할 줄 알아야 한다고 생각하십니까?
8. 어머니의 도움을 거절하고 자녀 혼자서 무얼 하겠다고 할 때 그냥 내버려 두십니까?
9. 어머니께서는 자녀 스스로 혼자 행동하는 것을 관대하게 봐주시는 편이십니까?
10. 집이나 어머니를 떠나서 혼자 행동하는 것을 관대하게 봐주시는 편이십니까?

출처; Schaefer, E. S. (1959). A circumplex model for maternal behavior. *Journal of Abnormal and Social Psychology, 59,* 226-235.

이원영(1983). 어머니의 자녀교육관 및 양육 태도와 유아발달과의 관련성 연구. 이화여자대학교 대학원 박사학위논문.

(2) 부모-청소년 의사소통 척도(Parent-Adolescent Communication Scale; PAC)

PAC은 청소년이 그들의 부모와의 의사소통에 대한 지각과 기대와 관련된 부분을 측정한다.

총 20문항으로 구성되어 있으며, 청소년용과 부모용이 따로 분리되어 있다. PAC의 내적 일치도(Cronbach's alpha)는 .78~.88 범위다(개방적 가족 의사소통: .87, 가족 내 의사소통의 문제점: .78, 전체: .88). 검사-재검사 신뢰도는 .60~.78

범위다(4~5주 간격).

PAC 일부 문항 예

다음 질문들은 아버지와 자녀 간의 의사소통에 관한 질문입니다.
아버지와 여러분의 대화에 대해 잘 나타내 주는 번호에 표기하세요.

  1. 전혀 그렇지 않다. 2. 대체로 그렇지 않다. 3. 보통이다. 4. 대체로 그렇다.
  5. 항상 그렇다.

1. 나의 소신을 아버지와 거리낌 없이 의논할 수 있다.
2. 아버지가 나에게 하시는 말씀을 가끔은 믿기 어렵다.
3. 아버지는 늘 내 말씀을 귀담아 들어 주신다.
4. 내가 원하는 바를 아버지께 부탁드리려면 겁부터 난다.
5. 아버지는 내가 말하지 않아도 나의 감정이 어떤지 잘 아신다.

다음 질문들은 어머니와 자녀 간의 의사소통에 관한 질문입니다.

1. 나의 소신을 어머니와 거리낌 없이 의논할 수 있다.
2. 어머니가 나에게 하시는 말씀을 가끔은 믿기 어렵다.
3. 어머니는 늘 내 말씀을 귀담아 들어 주신다.
4. 내가 원하는 바를 어머니께 부탁드리려면 겁부터 난다.
5. 어머니는 내가 말하지 않아도 나의 감정이 어떤지 잘 아신다.

출처; Barns, H., & Olson, D. H. (1982). Parent-adolescent communication family inventories. *Family social science.* University of Minnesota.
  김윤희(1989). 부부관계·부모-자녀 의사소통·가족기능과 청소년자녀 비행과의 관계연구. 숙명여자대학교 대학원 박사학위논문.

(3) 부모-자녀 상호작용 척도(Parent-Child Interaction; PCI)

PCI는 어머니의 자기 보고를 통해 모자 간의 상호작용을 평가하는 척도다. PCI는 훈육행동 척도(Parent discipline behavior; PDB), 아동감찰 척도(Child Monitoring; CM), 애정표현 척도(Expression of affection; EAF)로 구성되어 있으며, 내적일치도 계수는 훈육행동 척도 .79, 아동감찰 척도 .88~.89, 애정표현 척도 .83이다.

훈육행동 척도

다음 질문들은 어머니와 아동이 상호작용하는 방식에 관한 것들입니다.
지난 한 달 동안 어머니께서 각각의 문항에서 나타내는 방식으로 행동했었는지를 예/아니요로 표시해 주십시오.
만약 지난 한 달 동안 각각의 문항에서 나타내는 방식대로 행동했다면, 얼마나 자주 그러한 행동을 했는지 두 번째 칸에 있는 적절한 번호에 표시해 주십시오. 예를 들어, 하루에 두 번 이상 그렇게 행동했다면 1번에, 지난 일주일 동안 3~4번 정도 그렇게 행동했다면 4번에 표시하십시오. 그리고 나서, 그 밑의 1번부터 5번까지의 척도를 사용하여 어머니께서 아이와 함께 있을 때 그러한 방식으로 행동하는 것이 얼마나 보편적인지를 표시해 주십시오.
만약 지난 한 달 동안 그러한 방식으로 행동한 적이 없다면, 다음 문항으로 넘어가 주십시오.

1. 아이의 잘못에 대해 아이에게 말했다.
2. 아이의 잘못에 대해 아이에게 소리를 질렀다.
3. 아이가 잘못했을 때, 하고 싶어 하는 일을 못하게 했다.
4. 벌로 아이를 자기 방으로 보내거나 혼자 있도록 했다.
5. 아이를 때렸다.

아동감찰 척도

다음 각각의 문항들은 어머니가 아동에게 관여하는 정도를 알아보는 것들입니다. 어머니의 아동에 대한 개입의 정도를 가장 잘 표현하고 있는 번호에 표시하여 주십시오. 첫 번째 칸에는 어머니께서 아이에 대해 알고 있는 정도를, 두 번째 칸에는 어머니께서 아이의 생활에 영향을 미치기 위해 노력하는 정도를, 세 번째 칸에는 어머니께서 실제로 아이의 생활에 얼마나 많은 영향을 미쳤는지를 표시하여 주십시오.

1. 아이가 사귀는 친구들이 누구고, 그들이 어떤 아이들인지에 대해
2. 아이의 지적흥미에 대해(학교 내에서, 학교 밖의 과외활동에서)
3. 유치원 밖에서의 아이들의 활동(운동, 취미 등)에 대해
4. 아이의 흥미와 친구들과 함께 하는 활동에 대해
5. 수면, 식사, 운동 등과 같은 아이의 건강습관에 대해
6. 유치원에서의 아이의 문제행동에 대해(무단결석, 수업 빼먹기, 과격한 행동, 지각 등)

7. 아이의 유치원 생활에 대해(선생님, 과제물 등 포함)
8. 아이의 과외활동, 운동, 놀이 등에 대해
9. 집 밖에서 아이가 어디에 있는지, 무엇을 하는지에 대해

애정표현 척도

다음 문항들은 어머니와 아동의 애정표현에 관한 것들입니다. 각각의 문항에 대하여 지난 한 달 동안 아동에게 그와 같은 행동을 했는지를 예/아니요로 표시해 주십시오. 만약 지난 한 달 동안 그러한 방식으로 행동했다면 얼마나 자주 그렇게 행동했는지를 두 번째 칸에 있는 적절한 번호에 표시해 주십시오. 예를 들어, 하루에 두 번 이상 그렇게 행동했다면 1번에, 지난주에 3~4번 정도 그렇게 행동했다면 4번에. 표시하십시오. 그리고 나서 그 밑의 1번부터 5번까지의 척도를 사용하여 어머니와 아이가 서로에게 이와 같은 행동을 하는 것이 얼마나 보편적인지를 표시해 주십시오.
만약 지난 한 달 동안 그러한 방식으로 행동한 적이 없다면 다음 문항으로 넘어가 주십시오.

1. 함께 시간을 보냈다.
2. 안아 주고, 뽀뽀해 줬다.
3. 게임이나 운동을 함께 했다.
4. 아이의 활동이나 취미, 유치원 생활 등에 대해 10분 이상 이야기했다.
5. 아이와 함께 친구집이나 친척집을 방문했다.

출처; Hetherington, M., & Clingempeel, W. G. (1992). Coping with marital transition. *Monographs of the Society for Research in Child Development.*
문경주, 오경자(1995). 어머니의 우울과 아동의 부적응 간의 관계: 모 · 자 상호행동관찰 연구. 한국심리학회지: 임상, 14(1), 41-55.

(4) 부모역할 스트레스 척도(Parent Stress Scale; PSS)

PSS는 부모역할과 관련된 스트레스에 대한 부모의 지각을 측정하는 척도로, 18문항으로 이루어져 있다. 정상아동과 정서적/행동 문제가 있는 아동, 발달장애가 있는 아동의 부모 1,276명을 대상으로 개발되었고, 내적 일치도 계수는 .83, 6주 간격의 검사-재검사 신뢰도 계수는 .81이다.

PAC 일부 문항 예

다음 문항들은 부모경험에 대한 느낌과 자각을 서술합니다. 각 문항에 대해 얼마
나 동의/반대하시는지 표시해 주십시오.

1. 강한 반대.   2. 반대.   3. 결정 못함.   4. 동의.   5. 강한 동의

1. 나는 부모로서의 내 역할이 행복하다.
2. 내 아이를 위해서라면 필요한 모든 것을 다하겠다.
3. 내 자녀(들)를 돌보는 일은 때때로 필요 이상으로 많은 시간과 에너지를 필요
   로 한다.

출처: Berry, J. O., & Rao, J. M. (1997). Balancing employment and fatherhood. *Journal of Family issues*. 김유숙, 전영주, 김수연(2003). 가족평가 핸드북. 학지사.

2) 전체 가족에 대한 평가
(Questionnaires for assessing whole families)

(1) 가족 환경 척도(Family Environment Scale; FES)
FES는 세 가지 주요 영역에서 가족을 측정한다.
① 관계 차원-응집력, 표현성, 갈등
② 개인적 성장 차원-독립성, 성취지향성, 지적-문화적 지향성, 활동-오락
   지향성, 도덕적-종교적인 강조
③ 체계 지속적인 차원-조직화, 통제

90문항으로 구성되어 있으며, 10개의 하위척도에 각 9문항씩 포함되어 있다.
10개의 하위척도들에 대한 내적 일치도는 .61~.78 범위이고, 검사-재검사 신
뢰도는 8주 간격에서 .78, 4개월 간격에서 .74, 12개월 간격에서 .73이었다(〈부
록 6-1〉 참고).

(2) 가족 적응력과 응집력 척도(Family Adaptability and Cohesion Evaluation Scales; FAECS)

원형회로 모델의 두 개 차원—가족 응집력과 가족 적응력—을 측정한다.

- 가족 응집력-가족 구성원들이 서로에게 정서적 유대감을 가지는 것과 한 사람이 가족 체계 내에서 경험하는 개인적 자율성의 수준

  범위) 이탈(disengagement) ~ 구속(enmeshed)

- 가족 적응력-상황적이고 발달적인 스트레스에 대한 반응에서 권력 구조, 역할 관계의 규칙을 변화시킬 수 있는 부부/가족체계의 능력

FACES 일부 문항 예

다음에 있는 문항들은 여러분이 평소에 가족들과의 생활에서 느끼고 있는 것들에 관한 것입니다. 각 문항을 읽고 그 내용이 현재 여러분의 가족과 가장 가깝다고 생각되는 번호에 표시하십시오.

1. 거의 아니다. 2. 대체로 아니다. 3. 반반이다. 4. 대체로 그렇다. 5. 항상 그렇다.

현재 가족체계에 대한 질문지

1. 우리 가족은 서로에게 도움을 청한다.
2. 우리 집에서는 문제를 해결할 때 자녀들의 의견도 받아들인다.
3. 우리 가족은 각자의 친구들을 서로 인정한다.
4. 우리 집에서는 자녀들도 자녀교육 문제에 대해 부모에게 이야기할 수 있다.
5. 우리 가족은 우리 가족의 일에만 관심이 있다.

이상적인 가족체계에 대한 질문지

1. 우리 가족은 서로에게 도움을 청하면 좋겠다.
2. 우리 집에서는 문제를 해결할 때 자녀들의 의견도 받아들이면 좋겠다.
3. 우리 가족은 각자의 친구들을 서로 인정하면 좋겠다.
4. 우리 집에서도 자녀들도 자녀교육 문제에 대해 부모에게 이야기할 수 있으면 좋겠다.
5. 우리 가족은 우리 가족의 일에만 관심이 있으면 좋겠다.

출처: Olson, Portner, & Lavee (1985). FACES III(Family Adaptability and Cohesion Evaluation Scale) *Family social science.* University of Minnesota, St Paul, Minnesota.

　　김윤희(1989). 부부관계·부모-자녀 의사소통·가족기능과 청소년자녀 비행과의 관계연구. 숙명여자대학교 대학원 박사학위논문.

범위) 구조화된 경직성 ~ 혼란에 가까운 융통성

　효과적인 가족 기능은 응집력과 적응력의 균형된 수준을 가진 가족에게서 발견될 수 있다. FACES는 20문항으로 구성되어 있으며, 5점의 Likert 척도로 평가한다. 홀수 문항 10문항은 가족 응집력을, 짝수 문항 10문항은 가족 적응력을 측정하며, 12세 이상을 대상으로 실시할 수 있다. 내적 일치도는 응집력 .87, 적응력 .78, 전체 척도 .90이다.

3) 보고식 방법과 관찰 방법에서의 일반적인 제한점

(1) 보고식 방법
- 장점
  - 편하고 비교적 비용이 적게 든다.
  - 큰 표집에서 자료 수집이 가능하고 개인과 관련된 규준 자료를 얻을 수 있다.
  - 관계와 사건에 대한 구성원의 지각이나 태도를 알 수 있다. 이러한 자료는 가족 과정과 결과를 이해하고 예측하는 데 필수적이다.
- 단점
  - 보고법은 자신과 타인에 대한 개인의 지각을 다루는 것인데, 이러한 지각은 부적절하고, 편향되고, 때로는 왜곡된 관점일 수 있다.
  - 각기 다른 가족 구성원들로부터 얻은 자료에서 나타나는 불일치성을 조정해야만 한다.
  - 보고 자료는 매일 순간순간 일어나는 가족 구성원들의 상호작용에 대한 정제된 세부적인 자료는 제공해 주지 못한다.

(2) 관찰 방법
- 장점
  - 가족 구성원들 간의 실제적인 상호작용에 대한 직접적인 정보를 제공한

다. 따라서 가족의 상호작용과 정신병리 이론에 대한 결정적이고 경험적인 자료를 제공해 준다.

- 단점
  - 복잡한 부호화 전략을 사용하여 비용과 노력이 많이 요구된다.

어떤 방법이 더 나은 방법인가에 대해서 고려하는 것보다는 어떤 문제에 대한 이해를 하기 위해서 어떤 방법을 써야 하는지를 결정하는 것이 좀 더 유용한 전략이다.

5. 요약 및 제언

아동의 문제는 아동이 자라 온 가정환경, 부모의 정신병리 및 양육태도, 형제 관계 등 가족 · 환경적인 요인을 고려하지 않고서는 충분히 이해할 수 없으며, 특히 아동들의 치료 시 부모의 도움과 지지가 필요하다. 따라서 부모-자녀 관계나 양육태도, 형제-자매 관계에 대한 평가는 아동의 진단 평가 시 필수적이다. 대개 임상 상황에서 입원한 환아들에 대해서는 가족 평가가 비교적 철저히 이뤄지고 있으나, 외래 환아들에 대해서는 아주 간략하게 이루어지고 있는 형편이다. 따라서 앞으로는 관찰법이나 질문지를 이용하여 가족 평가가 체계적으로 이루어져야 하겠다.

부록 6-1

가정 환경 설문지

작성자 성명 :　　　　　　　　　　작성날짜 :　　년　　월　　일

환 아 성 명 :

가족 내에서의 당신의 위치를 표시하십시오.

어머니(부인)　　　　　아버지 (남편)　　　　　아들 또는 딸　　　　　기타 :

가정 환경 설문지

　　다음 90개의 질문이 있습니다. 이것은 가족에 관한 것들입니다. 당신의 가족에 관한 질문내용에 대해 '예' '아니요'로 표시하면 됩니다. 만약 당신 가족이 정말 그렇다고 생각되면 '예'에, 만약 그렇지 않다고 생각이 되면 '아니요'에 표시하십시오.

　　몇 가지 질문들은 가족 중에 누구에게는 '예'이고 다른 사람에게는 '아니요'라고 느낄 수 있습니다. 이 경우에 그 질문이 대부분의 가족원에게 해당이 된다고 생각이 되면 '예'에, 대부분의 가족원에게는 해당되지 않는다고 생각이 되면 '아니요'에 표시하여 주십시오.

　　만약 가족들이 '예' '아니요'로 각각 반씩 나뉜다면 전반적으로 보다 강한 인상을 받는 것에 따라 표시하여 주십시오.

　　주의할 점은 다른 가족원들이 보고 있는 점을 표시하는 것이 아니라 각 질문마다 가족에 대한 당신의 전반적인 인상을 표시하여 주시면 감사하겠습니다.

	〈1〉	〈2〉
	예	아니요
1. 우리 가족은 진심으로 서로 돕고 어려울 때 힘을 북돋아 준다.	──	── 〈　〉
2. 우리 가족은 보통 자신의 감정을 속에 담아 두는 편이다.	──	── 〈　〉
3. 우리 가족은 잘 싸운다.	──	── 〈　〉
4. 우리 가족은 일을 자기 스스로 잘 하지 않는 편이다.	──	── 〈　〉
5. 우리 가족은 자신이 무엇을 하든 최고가 되는 것이 중요하다고 느낀다.	──	── 〈　〉
6. 우리는 정치와 사회 문제에 대해 자주 이야기하는 편이다.	──	── 〈　〉
7. 우리는 주말이나 밤 시간을 주로 집에서 보낸다.	──	── 〈　〉
8. 우리 가족은 교회, 성당 또는 절 등에 꽤 자주 다닌다.	──	── 〈　〉

9. 우리 가족은 활동들을 꽤 신중하게 계획한다. ___ ___ 〈 〉

10. 우리 가족은 무엇을 하도록 명령받지 않는다. ___ ___ 〈 〉

11. 우리는 자주 집에서 할 일 없이 시간을 보내는 것 같다. ___ ___ 〈 〉

12. 우리는 집안일에 대해 하고 싶은 이야기는 무엇이든 한다. ___ ___ 〈 〉

13. 우리 가족은 겉으로는 거의 화를 내지 않는다. ___ ___ 〈 〉

14. 우리 집에서는 각자가 독립적이 되도록 아주 강하게 격려받는다. ___ ___ 〈 〉

15. 우리 집에서는 인생에서 성공하는 것을 매우 중요하게 여긴다. ___ ___ 〈 〉

16. 우리는 강연, 연극 또는 음악회에 거의 가지 않는다. ___ ___ 〈 〉

17. 친구들이 저녁식사를 함께 하기 위해서 집에 오거나 자주 방문한다. ___ ___ 〈 〉

18. 우리 가족은 기도를 하지 않는다 ___ ___ 〈 〉

19. 우리는 대체로 매우 깔끔하고 정숙한 편이다. ___ ___ 〈 〉

20. 우리 집에서는 지켜야 할 규칙이 거의 없다. ___ ___ 〈 〉

21. 우리는 집안일을 하는 데 에너지를 많이 쏟는다. ___ ___ 〈 〉

22. 우리 집에서는 폭발적으로 화를 내면 누군가가 마음이 상하게 된다. ___ ___ 〈 〉

23. 우리 가족은 너무 화가 나면 때때로 물건을 집어던지기도 한다. ___ ___ 〈 〉

24. 우리는 우리 자신을 위해 할 일을 스스로 곰곰이 생각한다. ___ ___ 〈 〉

25. 사람이 돈을 얼마나 버는가는 우리에게 거의 중요하지 않다. ___ ___ 〈 〉

26. 우리 집에서는 새롭고 색다른 것에 대해 배우는 것을 중요하게 여긴다. ___ ___ 〈 〉

27. 우리 식구들은 아무도 야구, 볼링 등의 스포츠를 활발히 하지 않는다. ___ ___ 〈 〉

28. 우리는 크리스마스나 석가탄신일 혹은 다른 축제일의 종교적인 의미에
대하여 자주 이야기하곤 한다. ___ ___ 〈 〉

29. 우리 집에서는 자신이 필요한 물건을 찾으려면 찾기가 어려운 경우가
종종 있다. ___ ___ 〈 〉

30. 우리 집에서는 대부분의 중요한 결정을 한 사람이 한다. ___ ___ 〈 〉

31. 우리 가정에는 가족으로서의 공동체감이 있다. ___ ___ 〈 〉

32. 우리는 우리의 개인적인 문제에 대해 서로서로 이야기한다. ___ ___ 〈 〉

33. 우리 식구들은 거의 화를 내지 않는다. ___ ___ 〈 〉

34. 우리 가족들은 각자 자기가 원하는 대로 행동한다. ___ ___ 〈 〉

35. 우리는 경쟁에서 "가장 잘한 사람이 이긴다."고 믿는다. ___ ___ 〈 〉

36. 우리는 문화적인 활동에 흥미가 없다. ___ ___ 〈 〉

37. 우리는 영화, 운동경기, 캠프 등에 자주 간다. ___ ___ 〈 〉

38. 우리는 천당이나 지옥을 믿지 않는다. ___ ___ 〈 〉

39. 시간을 정확히 지키는 것이 우리 가족에게는 매우 중요하다. ___ ___ 〈 〉

40. 우리 집에는 일을 처리하는 정해진 방식들이 있다. ___ ___ 〈 〉

41. 꼭 해야 할 집안일이 있을 때 우리는 좀처럼 자발적으로 하지 않는다. ___ ___ 〈 〉

42. 우리는 뭔가 하고 싶어지면, 앞뒤 생각 없이 만사 다 제쳐 놓고
자주 그렇게 한다. —— —— 〈 〉

43. 우리 가족은 서로를 자주 비판한다. —— —— 〈 〉

44. 우리 집에서는 사생활이 거의 보장되지 않는다. —— —— 〈 〉

45. 우리는 항상 다음 기회에 좀 더 잘하기 위해 노력한다. —— —— 〈 〉

46. 우리는 지적인 토론을 거의 하지 않는다. —— —— 〈 〉

47. 우리 식구들은 누구나 한두 가지 정도의 취미를 가지고 있다. —— —— 〈 〉

48. 우리 식구들은 옳고 그른 것에 대해 엄격한 견해를 갖고 있다. —— —— 〈 〉

49. 우리 식구들은 자주 변덕을 부린다. —— —— 〈 〉

50. 우리 집은 규율을 지키는 것을 매우 강조한다. —— —— 〈 〉

51. 우리 식구들은 서로 진심으로 도와준다. —— —— 〈 〉

52. 우리 집에서는 불평을 하면, 보통 누군가가 화를 낸다. —— —— 〈 〉

53. 우리 식구들은 때때로 서로 주먹으로 때린다. —— —— 〈 〉

54. 우리 식구들은 문제가 생기면 거의 자신이 알아서 해결한다. —— —— 〈 〉

55. 우리 식구들은 서로의 승진, 학교, 성적 등에 대해 거의 걱정하지 않는다. —— —— 〈 〉

56. 우리 식구들 중 누군가는 악기를 다룰 줄 안다. —— —— 〈 〉

57. 우리 식구들은 직장일이나 학교 이외의 오락 활동을 거의 하지 않는다. —— —— 〈 〉

58. 우리는 때에 따라서는 그대로 받아들여야만 하는 어떤 일들이
있다는 것을 믿는다. —— —— 〈 〉

59. 우리 식구들은 방을 늘 깨끗하게 정리한다. —— —— 〈 〉

60. 누구나 가족의 결정에 똑같이 발언권을 갖는다. —— —— 〈 〉

61. 우리 가족은 공동체 의식이 거의 없다. —— —— 〈 〉

62. 우리 집에는 돈 문제가 공공연하게 이야기된다. —— —— 〈 〉

63. 우리 집에서는 의견이 일치되지 않는 경우에, 우리는 그것을 덮어 두고
화목을 유지하려고 열심히 노력한다. —— —— 〈 〉

64. 우리 식구들은 자신의 권리를 옹호하도록 서로를 매우 격려한다. —— —— 〈 〉

65. 우리 가족들은 성공하기 위해 그렇게 열심히 노력하지 않는다. —— —— 〈 〉

66. 우리 식구들은 자주 도서관에 나간다. —— —— 〈 〉

67. 우리 식구들은 때때로 어떤 취미나 관심사를 위해 학교 이외의 어떤
강좌에 등록하거나 수업을 받곤 한다. —— —— 〈 〉

68. 우리 식구들은 각자 옳고 그른 것에 대해 다른 견해들을 갖고 있다. —— —— 〈 〉

69. 우리 집에서는 식구 각자의 의무가 명확하게 규정되어 있다. —— —— 〈 〉

70. 우리는 우리 집에서 원하는 것은 무엇이든지 할 수 있다. —— —— 〈 〉

71. 우리는 정말로 서로 잘 지낸다. —— —— 〈 〉

72. 우리는 늘 서로에게 말하는 것에 대해 조심하는 편이다. —— —— 〈 〉

73. 우리 식구들은 자주 서로 앞서거나 더 잘 하려고 노력한다. ___ ___ 〈 〉
74. 우리 집에서는 자기 주장을 하게 되면 누군가가 감정이 상하게 된다. ___ ___ 〈 〉
75. "놀기 전에 일하거나 공부하는 것"은 우리 집에서 규칙이다. ___ ___ 〈 〉
76. 우리 식구들에게는 TV를 보는 것이 독서하는 것보다 중요하다. ___ ___ 〈 〉
77. 우리 식구들은 외출을 많이 한다. ___ ___ 〈 〉
78. 우리 집에서는 성경이 매우 중요한 책이다. ___ ___ 〈 〉
79. 우리 집에서는 돈이 매우 조심스럽게 사용되지 않는다. ___ ___ 〈 〉
80. 우리 집에서는 정해진 규칙에 대하여 매우 엄격하다. ___ ___ 〈 〉
81. 우리 식구들은 식구 모두에게 시간과 관심을 많이 쏟는다. ___ ___ 〈 〉
82. 우리 식구들은 자발적으로 토론을 많이 한다. ___ ___ 〈 〉
83. 우리 식구들은 언성을 높인다고 해서 원하는 결과를 얻을 수 없다는
    것을 알고 있다. ___ ___ 〈 〉
84. 우리 집에서는 자신을 위해 언성을 높이는 분위기가 실제로 되어 있지 않다. ___ ___ 〈 〉
85. 우리 식구들은 직장이나 학교에서 얼마나 잘 하고 있는지에 대해 남과 자주
    비교되곤 한다. ___ ___ 〈 〉
86. 우리 식구들은 음악, 미술 그리고 문학을 대단히 좋아한다. ___ ___ 〈 〉
87. 우리 가족의 오락은 주로 TV를 보거나 라디오를 듣는 것이다. ___ ___ 〈 〉
88. 우리 식구들은 만일 죄를 짓는다면 벌을 받게 될 것이라고 믿는다. ___ ___ 〈 〉
89. 우리 집은 보통 식사 후에 바로 설거지를 한다. ___ ___ 〈 〉
90. 우리 집에서는 각자가 해야만 하는 것들을 하지 않은 채 대충 지낼 수가 없다.
    ___ ___ 〈 〉

출처: 신윤오, 조수철(1995).

제3부

장애별 평가방법

제7장	주의력결핍 · 과잉행동장애
제8장	학습장애
제9장	품행장애
제10장	기분장애
제11장	불안장애
제12장	강박장애
제13장	틱장애
제14장	전반적 발달장애
제15장	섭식장애

제7장
주의력결핍·과잉행동장애

　주의력결핍·과잉행동장애(Attention deficit hyperactivity disorders; 이하 ADHD)는 '뇌손상 아동 증후군(Brain injured child)'이라는 개념에서 출발해 '미소대뇌기능장애(Minimal brain dysfunction; MBD)'라고 불렸고, 이후 과잉활동을 핵심증상으로 한 '과잉행동 증후군(Hyperkinetic syndrome)' '아동기 과잉행동반응(Hyperkinetic reaction of childhood)'이라는 용어로 사용되어 왔다. 이후 1970년대에 이르러서는 과잉행동보다는 주의력결핍과 충동성이 더욱 중요한 증상으로 간주되어, 현재는 DSM-IV에서 '주의력결핍·과잉행동장애(Attention deficit hyperactivity disorders)' 진단범주하에 주의력결핍(Inattention) 및 과잉행동-충동성(Hyperactivity-impulsivity)의 차원에 따라 주의력결핍 증상이 주된 경우와 과잉운동-충동성이 주된 장애인 경우를 세분하여 혼합형(Combined type), 부주의형(Predominantly inattentive type), 과잉운동-충동형(Predominantly hyperactivity-impulsivity type)으로 구분하고 있다.

　이렇듯 다양한 용어들이 사용되어 왔지만 과잉활동(hyperactivity), 짧은 주의폭(short attention span), 주의산만(distractability), 충동성(impulsivity), 반항(defiant), 학습문제(learning problem) 등은 여러 전문가들이 공통적으로 인정

하고 있는 핵심적인 증상이다. 특히, 과잉활동 또는 주의산만이 가장 핵심적인 증상으로 간주되고 있는데, 이는 단지 ADHD뿐만 아니라 다른 질병에서 혹은 정상적인 발달 과정에 있는 아동 및 청소년들에서도 흔히 관찰될 수 있는 증상이라 할 수 있다. 임상 장면에서 ADHD는 소아정신과적 장애 중에서 가장 유병률이 높은 장애의 하나로, 국내의 경우 소아정신과 외래 환아의 8.7%, 일반 아동의 7.6%에서 나타난 것으로 보고되었다(조수철, 신윤오, 1994).

Anastopoulos(1999)는 다른 소아정신과적 장애들에 비해 진단적 지침이 명확함에도 불구하고 임상 장면에서 ADHD 진단을 내리는 데 여전히 복잡한 문제들이 있음을 언급하고 있다. 그 이유는 첫째, 실제 진단에 활용 가능한 임상적 평가 절차들이 매우 많다는 점이다. 그런데 이러한 도구들의 신뢰도와 타당도에 관한 구체적인 정보들이 언제나 쉽게 활용 가능한 것은 아니므로 임상가들은 평가 대상 아동이나 청소년의 실제 일상생활 행동을 대표하는 행동 표본을 어떻게 가장 잘 추출해야 할지 어려워하는 경우가 많다. 둘째, ADHD 증상이 상황에 따라 다르게 나타난다는 점인데, ADHD의 주 증상은 언제나 존재하거나 존재하지 않는 실무율(all-or none) 현상이 아니라 요구되는 상황에 따라 상당한 차이가 있다는 점을 간과해서는 안 된다. 이러한 상황적 차이를 결정짓는 가장 중요한 요인은 ADHD 아동이 현재 하고 있는 활동에 대한 흥미 수준이다. ADHD 증상들은 새롭거나 자극적인 상황보다는 반복적이거나 지루하고 친숙한 상황에서 더 많이 나타난다(Barkley, 1977). 또 다른 상황적 변인에 영향을 주는 것은 '구조'가 얼마나 주어지는지(Imposed structure)의 정도다. 즉, 마음대로 자유롭게 행동할 수 있는 자유 놀이나 상황적인 요구가 적은 장면에서의 ADHD 아동의 행동은 정상 아동들의 행동과 구별되지 않는다(Luk, 1985). ADHD의 중요한 문제는 다른 사람의 요구나 행동 규칙이 정해진 상황, 일대일 상황에서보다는 자기 조절을 요하는 집단 장면에서 더욱 심해지며, 행동에 대한 피드백이 드물게 주어지거나 지연 후에 주어지는 상황에서 더욱 많이 나타날 가능성이 있다(Douglas, 1983).

ADHD 증상의 출현이 상황에 따라 다르다는 이러한 상황적 변산성으로 인해 ADHD 증상이 흔히 임상적으로 비일관적인 양상으로 나타날 수 있다. 그러므로 이러한 경우 임상가는 서로 다른 상황에서 아동 행동을 관찰할 수 있는 여러 사람들로부터 아동에 대한 정보를 얻어야 하며, 적어도 부모와 교사가 여기에 포함되어야 한다.

평가 과정에 영향을 주는 또 다른 중요한 요인은 ADHD 아동과 청소년들이 서로 다른 공존 병리를 보일 가능성이 많다는 데 있다. 예를 들어, 비순응, 논쟁, 감정 폭발, 거짓말, 도둑질이나 그 외 적대적 반항장애나 품행장애 행동 양상을 보이는 경우는 임상 장면에 의뢰된 ADHD 집단의 약 60%에 이른다. 실제로 모든 ADHD 아동들이 학교 적응에 어려움을 겪는다. 가장 흔한 문제는 아동의 잠재력에 비해서 유의미하게 저조한 학업 성취를 보인다는 점으로, ADHD 아동의 20~30%에서 읽기장애나 그 외 학습장애들을 보이며(Barkley, 1990), 김미경 등(1996)은 학습수행 평가척도를 이용하여 ADHD 아동의 46%가 학습에서 상당한 곤란을 겪는 것으로 보고하였다. 또래 관계에서의 문제 또한 흔한 경우로, 때로는 원만한 또래 관계를 맺고 유지하는 것이 임상적으로 더 중요한 관심이 되기도 한다. ADHD 아동ㆍ청소년들은 사회적 상황에서 자신의 행동을 통제하지 못하여 흔히 친구를 잘 사귀지 못하고, 사회적으로 거부나 회피를 당하게 된다(Anastopoulos, 1999 재인용). 이러한 행동적, 학업적, 사회적 문제로 인해 ADHD 아동ㆍ청소년들은 흔히 낮은 자기 존중감, 낮은 좌절에 대한 인내력, 우울과 불안 증상, 그 외 다른 정서적 문제들을 보인다.

이렇듯 ADHD 집단 내에 공존 병리 위험의 가능성이 매우 높기 때문에 일차적인 ADHD 증상뿐만 아니라 대상 아동이나 청소년의 심리사회적 기능과 관련되는 측면들을 포함한 종합적인 평가를 함께 하는 것이 중요하다.

추가적으로 자녀양육, 부부 그리고 가족 내 기능 평가를 위한 자료 수집도 중요하다. 많은 ADHD 아동의 부모는 자녀양육 방식이 매우 직접적이고 부정적이며, 자신들이 부모 역할에 대한 기술과 지식이 부족하다고 생각하고 있다. 또한 자녀양육에 대해서도 심각한 스트레스를 받는데, 특히 적대적 반항성장애가 공존 병리로 있는 자녀를 둔 부모의 경우가 더욱 많은 스트레스를 경험한다. 마찬가지로 십대의 ADHD 아동도 부모와의 갈등 위험률이 더욱 높아지는데, 특히 적대적 반항성장애가 공존하는 경우에 더욱 그렇다. 또한 우울증이나 부부 불화가 발생할 수 있는데, 이러한 부모와 가족 간의 복합적인 문제들이 직접적으로 아동이나 청소년의 ADHD에 따른 결과인지 현재로서는 분명하진 않다. 임상적 경험에서 볼 때 ADHD 아동이나 청소년들의 부모들이 자녀들에게 더욱 많은 주의와 관심을 갖고 대하는 것이 매우 중요하다. 특히, 모의 지시에 따르지 않고 불순종적인 아동의 경우에 더욱 적절한 자녀양육 기술이 요구된다.

결론적으로, ADHD 아동의 임상적 평가는 증상의 상황에 따른 변이, 공존하는 특성들, 가정, 학교 및 사회적 기능에 미치는 영향 등을 파악하기 위해 포괄적이고 다차원적으로 이루어져야 한다. 다차원적인 평가에는 부모와 아동의 면접뿐만 아니라 표준화된 아동 행동평정척도, 부모나 교사의 자기-보고 평정척도 그리고 실제 자연적 상황이나 아날로그 상황에서의 직접적인 행동관찰 및 임상 장면에서의 심리학적 평가가 포함되어야 한다. 또한 많은 ADHD 아동들이 청소년기에 이르러서도 여전히 학교, 가정, 사회 적응에 어려움을 겪는데, 청소년들은 인지 능력의 발달로 인해 스스로 자신의 어려움을 표현할 수 있게 되므로 아동들과 달리 직접 면접이나 자기 보고형 평정척도를 통해 많은 정보를 얻을 수 있다. 이 장에서는 임상 장면에서 쉽게 사용할 수 있는 면접, 부모나 교사 보고형 평정척도를 중심으로 평가 방법에 대해 간단히 소개하고자 한다.

1. 면 접

1) 부모나 아동의 면접

부모나 아동의 구조화된 면접을 통해 ADHD 아동의 심리사회적 기능에 관한 많은 정보를 얻을 수 있다. 구조화된 면접은 표준화된 실시 절차에 따라 자료를 수집해 임상 실제나 연구에 사용될 수 있다는 장점이 있다. ADHD 연구에 가장 많이 쓰이는 대표적인 것으로는 DISC, DICA와 K-SADS가 있다. 한국판 DISC는 현재 표준화 연구가 진행 중이며, 한국판 K-SADS는 표준화 연구가 완료되었다. 구조화된 면접 방법에 대한 자세한 설명은 제3장(구조화된 아동 면접)을 참조하기 바란다.

2) 교사 면접

학령기 아동의 경우는 부모 외에 아동과 많은 시간을 함께 보내며 아동의 행동을 관찰할 수 있는 교사의 의견이나 평가가 ADHD 아동 평가에 중요한 요소가 된다. 교사와의 개별적인 면접이 불가능하다면 평가자는 교사와 전화 통화를 시도해야 하며, 교사 면접도 부모나 아동 면접과 같은 목적을 갖는다. 교사들에게는 아동의 학교 장면에서의 학업 수행과 행동 문제에 대해 질문하는데, 과도한 안절부절못함, 소란스럽고 시끄러움, 수업에 집중하지 못함, 과소 성취, 교실 규칙 불순종 등을 주로 평가하며, 학급 아이들과의 관계에 대한 질문은 특히 공격적인 ADHD 아동의 또래 관계 문제들을 알게 해 준다. 미성숙한 행동, 파괴적이거나 충동적인 행동은 제한된 혹은 교사의 감독이 없는 상황에서 더 나타날 가능성이 있으며, 거짓말, 신체적인 싸움 등은 나중에 반사회적 행동을 발전시키는 소수 아동들에게 관찰된다. 이러한 행동들은 얼마나 자주 발생하는지, 선행 사건이 무엇인지 그리고 교사가 아동을 어떻게 다루는지 등도 면접 시 반드시 고려해야 한다.

2. 행동평정척도

표준화된 행동평정척도들은 사용하기 편리하고 여러 정보원들로부터 정보를 얻고 긴 시간 간격을 두고 정보를 반복적으로 수집할 수 있으며, 규준 준거 자료가 마련되어 있다는 이유에서 ADHD 아동 및 청소년에 대한 평가를 위해 임상 실제에서 가장 많이 활용되고 있다.

1) 부모 평정척도들

(1) 아동 행동 체크리스트

(Child Behavior Checklist; CBCL, Achenbach, 1991)

CBCL은 아동의 문제 행동과 사회 적응 능력을 포괄적으로 평가하기 위한 척도로 4~18세의 아동과 청소년을 대상으로 사용하기 위해 개발되었으며, 사회능력(Social competence)과 문제행동증후군(Behavioral problems)의 두 척도로 분류되어 결과를 보여 준다. 사회능력척도는 친구나 또래와 어울리는 정도, 부모와의 관계 등의 사회성을 평가하는 사회성(Social scale)척도, 교과목 수행정도, 학업수행상의 문제 여부 등을 평가하는 학업수행척도(School scale)의 두 개의 하위척도로 구성된다. 문제행동증후군 척도는 '말다툼을 자주 한다.' '자기 물건을 부순다.' 등의 119개 문항으로 이루어졌고, 위축(Withdrawn), 신체증상(Somatic complaints), 우울/불안(Depressed/Anxious), 사회적 미성숙(Social problems), 사고의 문제(Thought problems), 주의집중 문제(Attention problems), 비행(Delinquent), 공격성(Aggressive) 등의 8개 척도로 구성되어 있다. 이 가운데 위축, 신체증상, 우울/불안 등 3개 척도는 내재화 문제(Internalizing problems)로, 비행, 공격성 등 2개의 척도는 외현화 문제(Externalizing problems)로 구분하고, 4~11세까지만 적용되는 특수척도인 성문제(Sex problems)와 총 문제 행동 점수를 포함하여 모두 12개의 척도가 제시되어 있다.

국내에서는 표준화된 K-CBCL이 가장 널리 사용되고 있는데(오경자, 홍강의, 이혜련, 하은혜, 1997), CBCL의 12개의 척도에 우리나라 특유의 정서불안정 척도를 포함시켜 13개 척도로 구성되어 있다.

(2) 코너스 부모 평정척도(Conners Parent Rating Scale; CPRS)

ADHD를 대상으로 임상 장면과 연구에서 널리 사용되고 있는 척도로, 원래 개발된 93개의 문항 척도(1970), 48개 문항의 개정판(1978), 10개 문항의 단축형, 57문항 개정판의 4가지 버전이 있다. 원래의 93개 문항은 과잉활동, 우울증, 공격성과 같은 정신병리적 증상들의 평가를 위해 고안된 것으로 매우 많이 사용되어 왔다. 대부분의 문항이 내면화된 장애보다는 품행 문제나 외현화된 장애를 평가하는데, 최근에 개정된 코너스 부모 평정척도(CPRS-R, 1998)는 원래 93개 문항 중에서 우울이나 정신신체 증상 등의 내면화 증상에 관한 항목을 대폭 줄이고, 주로 행동 문제와 과잉행동을 평가하기 위해 57문항으로 개정된 것이다. 48문항으로 이루어진 개정판에 대한 요인 분석 결과에서는 품행 문제, 학습 문제, 정신신체 문제, 충동성-과잉활동성, 불안의 5개 요인이 추출되었다(Goyette 등, 1978). 국내에는 48개 문항으로 구성된 개정판에 대한 표준화 연구가 이루어졌다(박은희 등, 2003).

코너스 단축형 부모 평정척도(Conners Abbreviated Parent Rating Scale; CAPRS)(〈부록 7-1〉)는 10문항으로 이루어진 '과잉 행동척도'로서 ADHD 아동의 주요 정신 병리와 치료 효과에 따른 행동 변화를 측정하는 데 유용하다. 각 문항을 0, 1, 2, 3점으로 평가하며 미국에서는 총점이 15점 이상이면 ADHD의 진단기준으로 삼는데, 국내에서는 16점을 기준점으로 삼는다(오경자, 1990).

(3) 가정 환경 설문지(Home Situation Questionnaire; HSQ)

다양한 가정 내 상황에서 아동의 행동 문제에 대해 16개 항목에서 문제의 유무와 심한 정도를 간단하게 부모가 평정하는 척도다(〈부록 7-2〉). 부모와의 면담 이전에 가정에서 주로 문제가 되는 상황의 유형을 미리 파악하면 면담 진행에 도움이 될 수 있으며, 전체 항목 중 50% 이상에서 문제가 있으면 ADHD로 간주할 수 있다(Barkley, 1981). HSQ는 치료 효과에 매우 민감하며, 임상 집단과 정상 집단의 구별에도 유용한 것으로 알려져 있다. 그러나 행동 문제가 포함되기 때문에 순수한 집중력 문제를 평가하는 데는 제한이 있으므로, 이런 목적에서는 개정판(HSQ-R)을 사용하는 것이 좋다. 1990년의 개정판(DuPaul, 1990)은 원래 버전보다 4개 문항이 줄어들어 좀 더 구체적으로 집중력 문제를 평가하기 위해 고안되었다.

(4) Eyberg 아동 행동 질문지
(Eyberg Child Behavior Inventory; ECBI, Eyberg, 1980)

ECBI는 아동기 행동 문제, 특히 적대적 행동과 품행 문제에 대한 부모 평정 척도다. 연령 규준도 13~16세 범위로 제한되어 있고 남녀 성비도 고르지 못한 문제점이 있으나, 요인 분석 결과, 행동 문제 평가에 우세하고 그 외의 일반적인 척도로서의 신뢰도와 타당도도 비교적 높은 편이다. 그러나 평가 영역이 주로 행동 문제와 적대적 행동에 제한되어 있기 때문에, 부모 교육 프로그램의 효과 측정과 같은 목적으로는 특히 유용하지만 아동의 정신 병리에 대한 포괄적인 평가를 위해 일반적으로 사용하기에는 제한이 있다.

2) 교사 평정척도들

(1) 아동 행동 체크리스트-교사용(Child Behavior Checklist-TRF; CBCL-TRF, Edelbrock & Achenbach, 1984)

학교 상황에 필요한 몇 가지 문항을 제외한 나머지 문항과 기본적인 구성 및 소척도의 구성은 CBCL과 동일하며, 부모용에서의 사회적응능력(Social competence scale) 대신 적응기능척도(Adaptive functioning scale)를 평가한다.

(2) 개정판 코너스 교사 평정척도(CTRS-R, 1998)

CTRS는 현재 초판(1969, 1973), 개정판(1998), 단축형(1978), Iowa Conners 교사 평정척도(1981)의 네 가지 버전이 있다. CTRS-R은 38개 문항으로 구성되어 있으며, 6개의 요인을 완성하는 데 소요되는 시간은 5분 정도다. 요인분석 결과, 6개의 요인―적대적, 부주의/인지적 문제, 과잉행동-충동성, 불안/수줍음, 완벽주의, 사회적 문제―이 추출되었다. CTRS-R은 아동의 행동 문제와 과잉행동 문제를 간단하고 빠르게 선별하는 데 매우 유용하다. 그러나 문항 수가 적고 연령 규준의 제한, 내면화 증상에 관한 항목이 빠져 있으므로, 초기 진단에서는 오히려 CBCL-TRF의 사용이 추천되며, 흥분제 등의 약물이나 다른 치료 효과의 평가 시 교사들이 간편하게 평가하는 데 유용하다. 국내에서는 박은희 등(2003)이 신뢰도와 타당도 연구를 수행하였다.

단축형(CATRS, 1978)은 부모 평정척도와 같은 10개 항목으로 구성되어 있다. 미국의 경우, 15점을 ADHD 기준치로 설정하고 있는 데 비해 국내에서는 17점으로 보고하고 있다(오경자, 이혜련, 1989).

(3) IOWA 코너스척도(Loney & Milich, 1981)

IOWA 코너스 척도는 ADHD의 선별과 치료효과를 평가하기 위해 개발된 것으로, 10문항으로 이루어져 있다. '부주의/과잉행동'과 '적대적/반항' 하위척도로 구성되어 있으며, 각 하위척도는 5개의 문항으로 구성되어 있다. Pelham 등(1989)이 608명의 초등학생들을 대상으로 교사 평정치에 대한 규준을 산출하였고, 신뢰도 · 타당도가 우수함을 입증한 바 있으나 부모용 규준연구는 아직 수행되지 않았다. 국내에서는 신민섭 등(2004)이 번안하여 신뢰도, 타당도를 검증한 한국판 IOWA 코너스 부모 · 교사용 척도가 ADHD 약물효과 평가 연구에 사용된 바 있다(조수철 등, 2004). 이 척도는 ADHD 약물 치료 효과를 평가하는 데 유용한 것으로 입증되었다(〈부록 7-3〉).

(4) ADD-H 포괄적 교사 평정척도-개정판

ADD-H 포괄적 교사 평정척도의 첫판의 문제점으로 임상군에 대한 불확실한 적용과 지역사회 대상에 대한 부실한 타당도 및 규준화의 문제들이 지적되어서, ACTeRS 개정판(ACTeRS-R)에서는 유치원부터 8학년까지 연령 범위를 확장하고 교차타당화 연구를 하여 일부 개선이 이루어졌다.

Rina Ullmann과 그의 동료들이 개발한 ACTeRS의 두 가지 버전의 기본적인 이론적 개념은 부주의(inattention)가 ADHD의 핵심 증상이라는 것이다. 요인분석으로 추출된, 초기 버전의 하위척도는 주의력(attention), 과잉행동(hyperactivity), 사회기술(Social skills) 그리고 반항적 행동(Oppositional behavior)이었다. ACTeRS-R의 경우, 새로운 대상군을 대상으로 교차타당화와 재표준화 연구가 수행되었다. 그 결과, 이러한 요인들에 대한 타당도가 재확인되었다. 이 척도의 단점은 이를 사용한 연구가 매우 적다는 것이며, 규준에 대한 불확실성이 가장 큰 문제다. 하지만 부모용에서 초기 아동기 문제, 교사 및 청소년용에서 사회기술, 사회적응의 하위 요소는 ADHD의 조기 발병 및 사회기능에 대한 영역을 측정하는 데 유용하다.

(5) 뉴욕 교사 평정척도(NYTRS)

Miller 등(1995)은 품행 문제와 공격성 영역을 총망라하는 새로운 척도를 개발하였다. 현재 사용하고 있는 많은 협의의 척도들이 공격적/폭력적 혹은 은밀한 반사회적 행동들을 충분히 다루지 못하고 있다. 뉴욕 교사 평정척도는 공격성/품행 영역에서 충분하게 다루어지지 않은 문제를 평가할 수 있도록 특별히 개발되었다. 초기 연구에서 소규모 임상표본과 2,358명의 규준집단이 사용되었다. 이후의 연구에서, 이 척도는 반사회적 행동을 예측해 주었고, 교사용 아동 행동 체크리스트보다 우수한 타당도를 보여 주었다.

(6) 학교 상황 설문지(School Situation Questionnaire, Barkley, 1981)

학교 상황과 관련된 12개의 문항으로 이루어진 것으로, 교사가 평정하는 척도다(〈부록 7-4〉). 가정 상황 질문지와 유사한 방식으로, 학교 상황에서 보이는 문제 행동의 유무를 우선 평정한 후, 각 문항에 대해 1점에서 9점까지 평정하게 되는데, 12개의 상황 중 50% 이상에서 문제가 있으면 AD/HD의 가능성이 있다.

(7) 아동 주의력 문제 평가척도(Child Attention Problems Scale; CAPS, Barkley, 1988)

Barkley가 주로 중추신경 흥분제 효과를 평가하기 위해 개발한 척도로, CBCL-TRF의 주의산만(inattention) 영역에서 7개 문항, 과다행동(overactivity)에서 5개 문항을 선택해 만들어졌다. 현재까지 약물 효과 판정에 매우 우수한 것으로 알려져 있으며, 특히 ADD/＋H와 ADD/-H의 하위유형 구분에 유용하다는 보고가 있다. 국내에서는 서완석 등(1997)이 신뢰도 및 타당도 연구를 수행하였다(〈부록 7-5〉).

⑻ 학업수행 평정척도(Academic Performance Rating Scale; APRS, DuPaul 등, 1990)

이 척도는 다른 평정척도들이 아동의 학업 성적을 정확히 평가하지 못하는 제한점이 있으므로 다른 척도에 보완적으로 사용하기 위해 개발되었다. 초등 학생들에게 사용하는데, 학습능력, 학업성취, 충동조절, 사회적 철회의 4개 요인이 포함되어 있다. 특히, 다른 척도로는 평가되지 않는 학업성취도에 관한 약물 효과 평가에 탁월하다(〈부록 7-6〉).

3) 부모 혹은 교사 평정척도

⑴ ADHD 평정척도-4판(ADHD Rating Scale-IV; ADHD RS-IV, DuPaul 등, 1998)

ADHD RS는 DSM-III-R(1987)의 진단기준에서 추출된 14개 항목으로 구성된 척도로, 0~3점으로 평정하며, 평정치 2점 이상이면 비정상으로 간주하는데, ADHD RS-IV는 이 척도의 개정판이다. DSM-IV(1994)를 기본으로 하여 총 18문항으로 구성되어 있으며, 국내에서는 소유경 등(2002)이 신뢰도 및 타당도 연구를 수행하였고, 김영신 등(2003)이 7~12세 초등학생 연령층에 대한 규준 자료를 발표하였다. 부모용과 교사용 각각에 대해 성별과 연령에 따른 규준이 산출되어 있어 임상 장면에서 ADHD 진단이나 치료효과 평가에 유용하다(〈부록 7-7〉).

총점이 부모용은 19점 이상, 교사용은 17점 이상일 경우에 ADHD가 의심된다(김재원 등, 2004).

⑵ 스냅-4판(Swanson, Nolan and Pelham-IV; SNAP-IV, Swanson 등, 1992)

SNAP-IV는 Swanson, Nolan, Pelham이 1983년에 개발한 SNAP의 개정판으로, 문항들이 DSM-IV에 근거한 것이다. 부주의 항목은 1~9번까지, 과잉행동/충동성 항목은 11~19번까지 해당되며, 문항 10과 20번은 각각 부주의,

과잉행동/충동성 영역을 요약하기 위해 추가되었다. 적대적 반항장애 항목도 DSM-IV에 근거한 것으로 21~28번에 해당된다. 40번 이후의 문항들은 ADHD를 감별 진단하는 데 필요한 문항들이다. 행동장애(41~45번), 간헐적 폭발성장애(46번), 뚜렛장애(47번), 상동적 운동장애(48번), 강박장애(49~50번), 범불안장애(51~56번), 기면병(57번), 성격장애(58~60번), 조증(61~65번), 주요 우울증 및 감정부전증(66~76번), 외상후 스트레스장애(77~78번), 적응장애(79~80번), 학습장애(81~86번), 품행장애(87~90번) 등의 항목들이 공존장애의 평가 및 감별진단을 위해 추가되었다. 한국판 SNAP-IV의 표준화연구는 ADHD로 진단된 아동 392명을 대상으로 이루어졌다. 검사-재검사 신뢰도는 .85~.92 범위였고, 반분신뢰도, 내적일치도도 모두 양호하였다. 판별분석 결과, 한국판 SNAP-IV가 정상아동과 ADHD 아동을 판별하는 분류정확성은 87.5%인 것으로 보고되었다(서완석, 2004).

(3) Swanson, Kotkin, Ahler, M-Flynn, and Pelham 평정척도(SKAMP)

Swanson(1992)과 McBurnette 등(1997)은 SKAMP라고 불리는 간단한 10 항목 척도에 대한 예비 자료를 제시하였는데, 이것은 교실에서 정신사회적 치료에 대한 ADHD 아동의 반응을 모니터하기 위해 특수하게 제작된 것이다. 이 문항들은 이미 SNAP-IV에 모두 포함되어 있지만, 치료를 모니터하기 위한 독립적인 척도로 사용되기 때문에 문항 선택이 정신병리에 대한 진단기준에 근거하지 않았고, 특징적으로 행동치료 전략에 사용된 교실 내 목표행동의 유형에 근거하였다. SKAMP 항목은 주의력(attention) 요인과 처신(deportment) 요인으로 균등하게 나뉘는데, 이 두 요인은 중요한 학교 준거 변인들에 대한 타당도가 있음이 밝혀졌다(McBurnette 등, 1997). 이것은 규준 자료가 적기 때문에 평가자들이 진단 목적으로 사용할 때는 주의가 필요하지만, 치료 효과에 대한 간편한 반복 평가를 목적으로 사용할 경우는 유용한 것으로 보인다.

4) 청소년용 자기-보고척도

청소년기와 성인기의 ADHD 연구는 많지 않지만, Weiss 등(1985)의 15년 추적연구에서는 ADHD 진단 외에 약물남용, 반사회적 성격장애, 범죄자 발생률이 정상 대조군에 비해 높은 것으로 보고되었다. ADHD 진단을 위해서 부모와 교사가 보고한 평정척도가 평가 과정에 매우 중요하지만, 청소년의 경우는 이런 부모와 교사 평정이 덜 타당할 수가 있다. 십대, 특히 우울증이나 약물 사용이 있는 청소년의 경우는 자기-보고평정이 매우 중요하다. ADHD 청소년들에게 흔히 쓰이는 자기-보고척도는 다음과 같다.

(1) 청소년 자기-보고척도

(Youth Self-Report; YSR, Achenbach & Edelbrock, 1983; Achenbach, 1991)

YSR은 Achenbach와 Edelbrock(1983)이 개발한 것으로 청소년이 자신의 적응 및 정서, 행동 문제에 대해 평가하는 자기-보고형 척도다. 크게 사회 능력 척도와 문제행동증후군 척도로 구성되어 있는데, 119개의 문항으로 이루어진 문제행동증후군 척도 중 16개의 긍정적 문항과 4개 문항을 제외하면 CBCL의 내용과 대부분 공통된다. 한국판 YSR(K-YRS)은 Achenbach(1991)의 미국판 YSR을 토대로 오경자, 홍강의, 이혜련, 하은혜(1998) 등이 우리나라 청소년들에게 적합하도록 수정한 척도다.

K-YRS은 크게 사회 능력 척도와 문제행동증후군 척도로 구성되어 있으며, 문제행동증후군 척도로서는 위축, 우울/불안, 신체증상, 비행, 공격성, 사회적 미성숙, 사고의 문제, 주의집중 문제 등 여덟 가지 하위척도와 내재화 문제, 외현화 문제의 2개 척도로 분류된다. 각 항목은 전혀 그렇지 않다(0점), 가끔 그렇다(1점), 자주 그렇다(2점)의 3점 척도로 평가하게 되어 있다. 각 문제의 행동증후군 척도는 해당 문제 행동 항목들의 합으로 계산된다.

	K-YSR 문항 예

- 나는 사고를 잘 친다.
- 나는 싸움을 많이 한다.
- 나쁜 친구들과 어울려 다닌다.
- 나는 지나치게 겁이 많거나 불안해한다.
- 나는 가치가 없고 남보다 못하다고 생각한다.

출처: 오경자 등(1997).

(2) Conners-Wells 자기보고형 검사(CASS; Conners & Wells, 1985)

ADHD 진단을 위한 Conners Rating Scales-Revised(CRS-R)는 부모용 (CPRS), 교사용(CTRS), 청소년용(CASS)으로 구성되며, 세 검사는 각각 L(정규검사)형과 S(단축검사)형이 있다. CASS 단축형척도(S형)는 27개 문항으로 구성되어 있으며 평정은 0~3점으로 4점 척도다. '품행 문제' '인지 문제' '과잉행동' 'ADHD 지표' 이렇게 4개의 소척도로 구성되어 있으며, 12~14세 집단과 15~17세 집단별 규준이 별로로 확립되어 있다. 한국판 CASS는 S형을 번안하여 개발하였으며, 전국 8개 지역 중학교 1학년부터 고등학교 3학년까지 4,526명을 대상으로 표준화 연구가 수행되었다(반건호 등, 2001). 내적 일관성 계수는 .83, 검사-재검사 신뢰도는 .88이었고, K-YSR 문항들 중 주의력과 관련된 소척도와의 공존타당도는 .65로 만족할 만한 수준이었다. 요인분석 결과 한국판 CASS는 3개의 요인구조—요인 1 '인지적 요인', 요인 2 '과잉행동요인', 요인 3 '품행문제 요인'—를 가지는 것으로 나타나 구성타당도가 있음이 입증되었다. 연령별 한국판 CASS의 ADHD 진단분할점(Cut-off score)은 중학교 1학년 41점, 2학년 41점, 3학년 44점, 고등학교 1~3학년은 모두 42점으로 산출되었다(〈부록 7-8〉).

3. 요약 및 제언

주의산만 문제는 소아정신과를 방문하는 아동들의 대다수가 보이는 가장 흔한 증상 중의 하나로, ADHD 여부를 확인하기 위해 소아정신과를 방문하는 아동들의 수는 상당히 많은 편이다. 그러나 주의산만 문제를 보인다고 다 ADHD는 아니며, 아동들은 불안하거나 우울할 때도 이러한 정서적 문제를 안절부절못하거나 과제에 집중을 못하는 행동으로 표현하므로 주의산만하게 보일 수 있다. 또한 지능이 낮거나 언어 발달이 늦은 경우 혹은 품행장애나 반항장애와 같은 행동장애 아동들도 주의산만하고 충동적이며, 과잉활동적인 양상을 보인다(홍강의 등, 1996). 또한 ADHD 아동들이 다른 장애를 함께 보이는 공존질병률도 높으므로, ADHD 아동들을 정확히 진단하여 최적의 치료를 제공하고 그 효과를 평가하기 위해서는 주의력검사, 신경심리검사를 포함한 개별적인 심리검사 외에 부모나 교사 평정척도를 사용하여 다양한 정보를 얻는 것이 바람직하다.

부록 7-1

코너스 단축형 평정척도(부모, 교사용)

관찰된 행동	정 도			
	전혀 없음	약간	상당히	아주 심함
1. 차분하지 못하고 너무 활동적이다.				
2. 쉽사리 흥분하고 충동적이다.				
3. 다른 아이들에게 방해가 된다.				
4. 한 번 시작한 일을 끝내지 못한다: 주의집중 시간이 짧다.				
5. 늘 안절부절못한다.				
6. 주의력이 없고 쉽게 주의분산이 된다.				
7. 요구하는 것이 있으면 금방 들어주어야 한다: 쉽게 좌절한다.				
8. 자주, 또 쉽게 울어 버린다.				
9. 금방 기분이 확 변한다.				
10. 화를 터뜨리거나 쉽게 감정이 격해지고 행동을 예측하기 어렵다.				

부록 7-2

가정 상황 설문지

아동의 이름 _____
평가자 _____

위의 아동은 다음의 상황에서 문제가 되는 행동을 합니까? 문제가 된다면 얼마나 심한 정도입니까?

상 황	예 / 아니요	정 도 (가볍다) (심하다)
혼자 놀 때	예 아니요	1 2 3 4 5 6 7 8 9
다른 아이들과 놀 때	예 아니요	1 2 3 4 5 6 7 8 9
식사 중	예 아니요	1 2 3 4 5 6 7 8 9
옷을 입힐 때	예 아니요	1 2 3 4 5 6 7 8 9
씻길 때	예 아니요	1 2 3 4 5 6 7 8 9
어른이 전화 걸 때	예 아니요	1 2 3 4 5 6 7 8 9
TV 볼 때	예 아니요	1 2 3 4 5 6 7 8 9
손님이 오셨을 때	예 아니요	1 2 3 4 5 6 7 8 9
다른 집에 데리고 갔을 때	예 아니요	1 2 3 4 5 6 7 8 9
식품점, 가게, 교회, 식당 등 공공장소에서	예 아니요	1 2 3 4 5 6 7 8 9
집에서 심부름시킬 때	예 아니요	1 2 3 4 5 6 7 8 9
잠 재우려고 할 때	예 아니요	1 2 3 4 5 6 7 8 9
자동차 속에서	예 아니요	1 2 3 4 5 6 7 8 9
파출부 등 돌보는 사람과 있을 때	예 아니요	1 2 3 4 5 6 7 8 9
학교에서	예 아니요	1 2 3 4 5 6 7 8 9
숙제를 하라고 했을 때	예 아니요	1 2 3 4 5 6 7 8 9

부록 7-3

IOWA 코너스척도

번호	문 항	전혀 그렇지 않다(0)	약간 그렇다 (1)	상당히 그렇다 (2)	매우 그렇다 (3)
	부주의/과잉행동 하위척도				
1	안절부절못하거나 조바심을 낸다.				
2	혼자 콧노래를 부르거나 이상한 소리를 낸다.				
3	쉽게 흥분하고 충동적이다.				
4	부주의하고 쉽게 주의가 분산된다.				
5	한 번 시작한 일을 끝내는 데 어려움이 있다.				
	적대적/반항 하위척도				
6	싸움이나 말다툼을 잘한다.				
7	잘난 척한다.				
8	폭발적으로 화를 내다.				
9	반항적이다.				
10	비협조적이다.				

부록 7-4

학교 상황 설문지

아동의 이름 _____

평가자 _____

위의 아동은 다음의 상황에서 문제가 되는 행동을 합니까? 문제가 된다면 얼마나 심한 정도입니까?

상 황	예 / 아니요	정 도 (가볍다) (심하다)
등교하는 시간에	예 아니요	1 2 3 4 5 6 7 8 9
혼자 책상에서 자습할 때	예 아니요	1 2 3 4 5 6 7 8 9
소집단 활동에서	예 아니요	1 2 3 4 5 6 7 8 9
학급 내 자유놀이 시간에	예 아니요	1 2 3 4 5 6 7 8 9
학급 내 수업중에	예 아니요	1 2 3 4 5 6 7 8 9
쉬는 시간에	예 아니요	1 2 3 4 5 6 7 8 9
점심 시간에	예 아니요	1 2 3 4 5 6 7 8 9
복도에서	예 아니요	1 2 3 4 5 6 7 8 9
화장실에서	예 아니요	1 2 3 4 5 6 7 8 9
소풍 가서	예 아니요	1 2 3 4 5 6 7 8 9
조회시간에	예 아니요	1 2 3 4 5 6 7 8 9
학교 버스에서	예 아니요	1 2 3 4 5 6 7 8 9

부록 7-5

Child Attention Problems(CAP; Barkley, 1988)

아동 이름 _____   연령 _____   성별 _____
작성자 _____

지시: 다음 각 항목에 대하여 위 아동의 현재 또는 최근 1주 내에 행동을 그렇지 않다, 가
끔 혹은 때때로 그렇다, 매우 자주 그렇다 중 평가하여 해당란에 표시하십시오. 문
항이 아동에 해당되지 않는다고 생각되더라도 가능한 모든 문항에 대답하십시오.

	그렇지 않다	약간 / 때때로 그렇다	매우 자주 그렇다
1. 시작한 일을 끝마치지 못한다.	( )	( )	( )
2. 오랫동안 주의를 집중하지 못한다.	( )	( )	( )
3. 가만히 앉아 있지 못하고, 안절부절못하며, 과잉활동적이다.	( )	( )	( )
4. 안절부절못한다.	( )	( )	( )
5. 공상이나 혼자 생각에 빠져 있다.	( )	( )	( )
6. 충동적이거나 생각하지 않고 행동한다.	( )	( )	( )
7. 지시에 따르지 못한다.	( )	( )	( )
8. 경솔하게 이야기한다.	( )	( )	( )
9. 주변을 어지럽히며 일을 한다.	( )	( )	( )
10. 부주의하고 쉽게 주의분산된다.	( )	( )	( )
11. 말이 지나치게 많다.	( )	( )	( )
12. 주어진 일을 완수하지 못한다.	( )	( )	( )

부록 7-6

Academic Performance Rating Scale(APRS; DuPaul 등, 1990)

이 름 _____   날 짜 _____
연 령 _____   학 년 _____   교 사 _____

아래 항목에 따라 위 학생의 지난 한 주간 학업수행을 평정하십시오. 모든 항목에 해당란
에만 원을 그려 표시하십시오.

1. 다른 학급 아이들과 비교해 수학 공부를 완수한 비율(정확도와 무관하게)

1	2	3	4	5
0~49%	50~69%	70~79%	80~89%	90~100%

2. 다른 학급 아이들과 비교해 쓰기 공부를 완수한 비율(정확도와 무관하게)

1	2	3	4	5
0~49%	50~69%	70~79%	80~89%	90~100%

3. 완수한 쓰기 수학의 정확도

1	2	3	4	5
0~49%	50~69%	70~79%	80~89%	90~100%

4. 완수한 쓰기 작업의 정확도

1	2	3	4	5
0~49%	50~69%	70~79%	80~89%	90~100%

5. 지난 한 주간 학교 공부가 질적으로 안정적이고 일관성 있는가?

1	2	3	4	5
일관적으로 부진	잘할 때보다 부진	변화 있는	부진할 때보다 잘한	일관적으로 잘한

6. 학급 회의 같은 대규모 집단 상황에서 얼마나 자주 교사와 학급 의견에 정확하게 따르는가?

1	2	3	4	5
전혀 그렇지 않음	드문	때때로	자주	매우 자주

7. 읽기 집단 같은 소규모 집단 상황에서 얼마나 자주 교사와 학급 의견에 정확하게 따르는가?

1	2	3	4	5
전혀 그렇지 않음	드문	때때로	자주	매우 자주

8. 새로운 과제를 얼마나 빨리 학습하는가?

1	2	3	4	5
매우 느린	느린	보통	빠른	매우 빠른

9. 필체의 수준이나 질은 어떠한가?

1	2	3	4	5
저조한	적절한	보통	보통 상	우수한

10. 읽기 능력의 수준이나 질은 어떠한가?

1	2	3	4	5
저조한	적절한	보통	보통 상	우수한

11. 말하기 능력의 수준이나 질은 어떠한가?

1	2	3	4	5
저조한	적절한	보통	보통 상	우수한

12. 얼마나 자주 부주의하고 급하게 읽기 과제를 완수하는가?

1	2	3	4	5
전혀 그렇지 않음	드문	때때로	자주	매우 자주

13. 얼마나 자주 다른 아이들보다 과제를 완수하는 데 시간이 많이 걸리는가?

1	2	3	4	5
전혀 그렇지 않음	드문	때때로	자주	매우 자주

14. 얼마나 자주 교사의 자극이나 재촉 없이 주의집중할 수 있는가?

1	2	3	4	5
전혀 그렇지 않음	드문	때때로	자주	매우 자주

15. 학교 작업을 정확하게 수행하는 데 얼마나 자주 교사의 도움이 필요한가?

1	2	3	4	5
전혀 그렇지 않음	드문	때때로	자주	매우 자주

16. 얼마나 자주 지시를 이해하기 전에 쓰기를 시작하는가?

1	2	3	4	5
전혀 그렇지 않음	드문	때때로	자주	매우 자주

17. 얼마나 자주 전날 배운 내용을 기억하지 못하는가?

1	2	3	4	5
전혀 그렇지 않음	드문	때때로	자주	매우 자주

18. 얼마나 자주 지나치게 뚫어지게 쳐다보거나 멍하게 있는가?

1	2	3	4	5
전혀 그렇지 않음	드문	때때로	자주	매우 자주

19. 얼마나 자주 사회적 상황에서 철회되거나 정서적 반응이 부족해 보이는가?

1	2	3	4	5
전혀 그렇지 않음	드문	때때로	자주	매우 자주

부록 7-7

ADHD 평정척도-4판

지난 일주일 동안 아이가 집안에서 보인 행동을 가장 잘 기술한 번호에 동그라미 하십시오.

	전혀 그렇지 않다 (매우 드물다)	약간 혹은 가끔 그렇다	상당히 혹은 자주 그렇다	매우 자주 그렇다
1. 학교 수업이나 일 혹은 다른 활동을 할 때, 주의집중을 하지 않고 부주의해서 실수를 많이 한다.	0	1	2	3
2. 가만히 앉아 있지 못하고 손발을 계속 움직이거나 몸을 꿈틀거린다.	0	1	2	3
3. 과제나 놀이를 할 때, 지속적으로 주의집중하는 데 어려움이 있다.	0	1	2	3
4. 수업 시간이나 가만히 앉아 있어야 하는 상황에서 자리에서 일어나 돌아다닌다.	0	1	2	3
5. 다른 사람이 직접 이야기하는데도 잘 귀 기울여 듣지 않는 것처럼 보인다.	0	1	2	3
6. 상황에 맞지 않게 과도하게 뛰어다니거나 기어오른다.	0	1	2	3
7. 지시에 따라서 학업이나 집안일이나 자신이 해야 할 일을 끝마치지 못한다.	0	1	2	3
8. 조용히 하는 놀이나 오락 활동에 참여하는 데 어려움이 있다.	0	1	2	3
9. 과제나 활동을 체계적으로 하는 데 어려움이 있다.	0	1	2	3
10. 항상 '끊임없이 움직이거나' 마치 '모터가 달려서 움직이는 것처럼' 행동한다.	0	1	2	3

계속

11. 공부나 숙제 등 지속적으로 정신적 노력이 필요한 일이나 활동을 피하거나 싫어하거나 또는 하기를 꺼려한다.	0	1	2	3
12. 말을 너무 많이 한다.	0	1	2	3
13. 과제나 활동을 하는 데 필요한 것들(장난감, 숙제, 연필 등)을 잃어버린다.	0	1	2	3
14. 질문을 끝까지 듣지 않고 대답한다.	0	1	2	3
15. 외부 자극에 의해 쉽게 산만해진다.	0	1	2	3
16. 자기 순서를 기다리지 못한다.	0	1	2	3
17. 일상적인 활동을 잊어버린다(예: 숙제를 잊어버리거나 도시락을 두고 학교에 간다.).	0	1	2	3
18. 다른 사람을 방해하고 간섭한다.	0	1	2	3

Total Score: _____

Subscale Score: Inattention(홀수 문항의 합) : _____

Hyperactivity/Impulsivity(짝수문항의 합): _____

출처: 김영신 등(2003); 소유경 등(2002).

부록 7-8

Conners-Wells 자기보고형 검사

다음 항목을 읽고 자기 자신에게 맞는 점수에 동그라미를 쳐 주십시오.

0 = 전혀 그렇지 않다(절대 아니다)
1 = 약간 그렇다(때로 그렇다)
2 = 상당히 그렇다(자주 그렇다)
3 = 아주 그렇다(매우 흔하다)

	전혀 그렇지 않다	약간 그렇다	상당히 그렇다	아주 그렇다
1. 우리 부모님은 내 나쁜 행동만 지적하신다.	0	1	2	3
2. 나는 가능하면 내게 편리한 대로 규칙을 바꾼다.	0	1	2	3
3. 나는 내가 원하는 만큼 빨리 배우지(깨우치지) 못한다.	0	1	2	3
4. 나는 까다롭고 쉽게 짜증을 낸다.	0	1	2	3
5. 나는 오래 가만히 앉아 있기가 힘들다(있을 수가 없다).	0	1	2	3
6. 나는 때로 울고 싶다.	0	1	2	3
7. 나는 말썽을 부려서 경찰에 걸린 적이 있다.	0	1	2	3
8. 나는 학교공부를 정리하기가 어렵다.	0	1	2	3
9. 우리 부모님은 내게 기대가 너무 크다.	0	1	2	3
10. 나는 힘이 넘쳐서 오래 앉아 있지 못한다.	0	1	2	3
11. 나는 공부할 때 소음이 들리면 집중이 깨진다.	0	1	2	3
12. 나는 규칙을 어긴다.	0	1	2	3
13. 나는 배운 것을 잊어버린다.	0	1	2	3
14. 나는 몸을 비틀고 꼼지락거리는 편이다.	0	1	2	3
15. 나는 여러 면에서 옳은 판단을 내리지 못한다.	0	1	2	3
16. 나는 몇몇 사람들을 괴롭히는 것을 즐긴다.	0	1	2	3
17. 어떤 일을 수분 간 계속하는 게 어렵다.	0	1	2	3
18. 가만히 앉아 있다고 해도 속으로는 안절부절못한다.	0	1	2	3
19. 내 글씨는 형편없다.	0	1	2	3
20. 나는 정말로 나쁜 짓을 하고 싶은 충동을 느낀다.	0	1	2	3

21. 나는 한 번에 한 가지 일에 집중하기가 어렵다.	0	1	2	3
22. 나는 숙제할 때 일어서서 왔다갔다 해야 한다.	0	1	2	3
23. 나는 공부가 뒤처져 있다.	0	1	2	3
24. 나는 다른 사람 물건을 부순다.	0	1	2	3
25. 나는 책을 읽을 때 읽던 곳을 잊어버린다.	0	1	2	3
26. 나는 식사하는 동안 가만히 앉아 있기가 힘들다.	0	1	2	3
27. 우리 부모님은 내가 착한 행동을 해도 알지도 못하시거나 상도 주지 않으신다.	0	1	2	3

출처: 반건호 등(2001).

제 **8** 장

학습장애

1. 정 의

학습장애(Learning disorder)란 듣기, 말하기, 읽기, 쓰기, 셈하기와 관련된 특정 장애를 말한다. 흔히 정신지체나 정서장애, 시각이나 청각에 장애가 있을 때 학습 문제가 수반되나 이러한 장애가 없음에도 불구하고 일반 교수법으로 학습이 불가능한 아동들이 있으며, 이러한 이질적 장애를 진단, 분류하기 위해 학습장애란 진단명이 도입되었다. '학습장애(Learning disability)'라는 용어는 Kirk(1961)에 의해 처음 사용되었으며, 미국 NJCLD(The National Joint Committee for Learning Disability)는 학습장애란 "듣기, 말하기, 읽기, 쓰기, 추론 혹은 산술 능력의 습득과 사용에서 주된 어려움을 보이는 이질적인 장애 집단을 나타내며, 이는 중추신경계의 장애에 기인된 것으로 가정된다."(1990)라고 정의한다.

학습장애는 넓은 의미로는 정신지체나 뇌손상, 정서적 문제 등을 포함한 어떠한 요인에 의해서건 학습에 어려움을 보이는 경우를 모두 포함할 수 있으나,

좁은 의미로는 "정상 지능을 가진 아동이 학업적 기술을 학습하는 데 실패한 경우"를 말한다. 일반적으로 학습장애라고 할 때는 협의의 개념을 의미하는 경우가 많으며, 학업 실패가 낮은 지능에 기인된 '학습 지진'이나 우울, 불안 등 정서적 문제에 기인되어 학습에 어려움을 보이는 '학습 부진'과 구분하기 위해 이를 '특수학습장애'라고 명시하기도 한다(Sattler, 1992).

학습장애는 1987년 DSM-III-R에서 공식적인 소아정신과적 장애로 처음 인정되었다. DSM-IV에 따르면, 학습장애는 읽기, 쓰기, 산술을 평가하기 위해 개별적으로 시행된 표준화 검사에서 연령, 학교교육 그리고 지능에 비해 기대되는 수준보다 성적이 현저하게 낮을 때 진단되며, 현저하게 낮다는 것은 표준화된 검사 점수에서 2 표준편차 이상 차이가 날 때로 정의된다.

2. 학습장애의 유형 및 진단기준

학습장애를 분류하는 방식은 크게 두 가지가 있다. 하나는 DSM-IV에서와 같이 학업기술 측면에 초점을 맞추어 읽기, 쓰기, 산술 장애로 분류하는 것이며, 나머지 방식은 학업기술장애를 가져오는 지각 및 운동 차원의 학습 결함을 포함하여 분류하는 것으로 S. A. Kirk와 W. D. Kirk(1971)의 분류가 이에 해당된다.

1) 읽기장애

읽기장애(Reading disorder)는 아동의 연령, 지능 그리고 교육 수준에서 기대되는 정도보다 현저하게 읽기 능력이 부진하고 이러한 기능장애로 인하여 학업이나 일상 생활에서 뚜렷한 장애가 수반되는 경우를 말한다. 대개 아동이 초등학교에 입학한 후에 파악이 되는데, 언어장애나 철자장애가 동반되기도 한다. 과거의 난독증(Dyslexia), 독서불능증(Alexia), 발달성 단어맹(Developmental word blindness) 등이 이에 해당된다. 신경학적 장애가 동반된 경우에는 읽기 능력의 장애 정도가 신경학적 장애로 예측할 수 있는 장애의 정도보다 더 심하게 나타나야 한다. DSM-IV의 진단기준을 보면 다음과 같다.

A. 읽기의 정확도 또는 이해 능력을 평가하기 위해 개별적으로 실시된 표준화 검사에서, 읽기 능력이 개인의 생활 연령, 측정된 지능 그리고 나이에 적합한 교육에서 기대되는 정도보다 현저하게 낮다.
B. 기준 A항의 장해가 읽기 기술이 요구되는 학업성취나 일상생활의 활동을 현저하게 방해한다.
C. 감각 기관의 결함이 있는 경우, 읽기장애는 통상적으로 감각 결함에 동반되는 정도보다 더 심하게 나타난다.

2) 산술장애

산술장애(Mathematics disorder)는 아동의 연령, 지능 그리고 교육 수준에서 기대되는 정도보다 현저하게 산술 능력이 미치지 못하고 이러한 기능장애로 인하여 학업이나 일상생활에서 뚜렷한 장애가 수반되는 경우를 말한다. 산술 부호와 관련된 지각적 기능, 사칙 연산과 관련된 산술적 기능, 주의집중 기능과 관련된 장해들이 포함된다. 과거의 발달성 게르스트만 증후군, 계산능력장애, 계산 불능증 등이 이에 속한다. DSM-IV의 진단기준을 보면 다음과 같다.

A. 개별적으로 실시된 표준화 검사에서, 산수능력이 개인의 생활 연령, 지능 그리고 나이에 적합한 교육에 기대되는 정도보다 현저하게 낮다.
B. 준거 A항의 장해가 산술 능력이 요구되는 학업성취나 일상생활의 활동을 현저하게 방해한다.
C. 만일 감각 기관의 결함이 있는 경우, 산술장애는 일반적으로 감각 결함에 동반되는 정도보다 더 심하게 나타난다.

3) 쓰기장애

쓰기장애(Disorder of written expression)는 아동의 연령, 지능 그리고 교육수준에서 기대되는 정도보다 현저하게 쓰기 능력이 낮고 이러한 기능장애로 인하여 학업이나 일상생활에서 뚜렷한 장애가 수반되는 경우를 말한다. 일반적으로 문장 내의 문법이나 구두점의 오류, 빈약한 문단 구성, 철자법 오류, 악필 등으로 나타나며, 혼합적인 양상으로 나타난다. 만일 쓰기에서 다른 장애가 없고 단지 철자법 실수나 나쁜 필체만 있는 경우라면 이 장애에서 제외된다. DSM-IV의 진단기준을 보면 다음과 같다.

A. 쓰기 능력을 평가하기 위해 개별적으로 실시된 표준화 검사에서 쓰기 능력이 개인의 생활 연령, 지능 또는 교육에 기대되는 정도보다 현저하게 낮다.
B. 기준 A항의 장해가 쓰기 능력이 요구되는 학업성취나 일상생활의 활동을 현저하게 방해한다.
C. 만일 감각 기관의 결함이 있는 경우, 쓰기장애는 일반적으로 감각 결함에 동반되는 정도보다 더 심하게 나타난다.

---

3. 감별진단

1) 학업성취에서 정상범위 이내의 이탈 또는 학습 기회의 결여

학습장애는 정상범위 내의 학업성취의 이탈과 구별되어야 하며, 교육기회의 박탈이나 부적절한 교육방식 또는 문화적 요인 때문에 생기는 학업 문제와도 구별되어야 한다. 즉, 학교 문화와 인종적, 문화적 배경이 다르거나 교수방식이 부적절한 경우에도 표준화된 성취도 검사에서 점수가 낮게 나올 수 있다.

2) 시력 또는 청력 장애

시력 또는 청력 장애가 학습 능력에 영향을 줄 수 있으므로 청력, 시력 선별 검사를 실시해야 한다. 학습장애가 감각 결함과 동반되는 경우, 통상적으로 감각 결함에 동반되는 정도보다 학습 문제가 심한 경우만 학습장애로 진단된다.

3) 정신지체

지능발달이 지체된 경우에도 전반적인 지적 기능의 장해와 함께 학습장애가 나타난다. 그러나 읽기나 쓰기, 셈하기 능력의 저하가 지체된 지능으로 설명하기 어려운 정도로 현저하게 낮은 경우에만 학습장애가 추가적으로 진단된다.

4) 전반적 발달장애

전반적인 발달장애가 있는 경우에도 학습장애가 동반되는데, 이러한 경우에도 측정된 지능 수준에 비해 학습 능력이 현저하게 낮은 경우는 추가적으로 학습장애 진단을 내린다.

5) 의사소통장애

언어 발달이 적절하게 이루어지지 않는 아동들에게서도 학습장애가 나타날 수 있다. 이 경우, 표준화 검사로 비언어적 지적 능력이 평가되어야 하며 학업 성취도가 현저하게 낮은 경우에만 학습장애로 진단을 내릴 수 있다.

4. 학습장애 평가 지침

학습장애를 평가할 때 다음의 요인들을 평가하는 것이 중요하다: 발달적-인지적 변인들[(예: 구두의-언어학적인(verbal-linguistic), 시공간 구성(visual-spatial-constructional), 계열적 분석(sequential-analytic) 그리고 계획 능력(planning processes)); 학업성취 기술 변인들(예: 읽기(reading), 철자(spelling), 수학적 계산(mathematics), 쓰기(written expression)] 환경적인 변인들(예: 학교나 가정에서 아동에게 요구하는 것 또는 부모, 교사, 또래가 아동의 실패에 어떻게 대응하는가의 문제); 변인들 간의 상호작용(예: 위의 영역에 있는 변인들이 시간이 지남에 따라 아동의 수행과 적응에 영향을 미치기 위해서 어떻게 상호작용하는지에 대한 문제).

Barkley(1981)는 상기의 변인들을 평가하는 데 유용한 질문들을 다음과 같이 제시하고 있다.

① 학업적 성취에 중요한 인지 기술 결핍의 본질과 내용은 무엇인가?
   수행 시에 보인 오류의 특성은?
② 학습장애의 원인을 평가할 수 있는가?
③ 교실에서 어떤 특정한 과제들에서 인지적 결핍을 보이는가(수학, 읽기, 쓰기 등)?
④ 학습장애와 함께 발생되거나 이차적으로 발생되는 정서적인 문제의 특성은 어떠한가?
⑤ 학습장애와 수반되는 행동-정서적 장애가 부모, 교사 그리고 또래로부터의 반응과 아동의 상호작용에 어떤 영향을 미치는가? 이러한 상호작용에서의 문제가 어떠한 상황에서 가장 빈번하게 발생되는가?
⑥ 이러한 요소들이 시간이 지남에 따라 어떻게 아동의 문제를 호전시키거나 악화시키도록 상호작용하는가? 아동의 인지적인 '강점'은 무엇이며, 그것이 현재의 문제에 대처하거나 또는 교육시키는 데 어떻게 사용될 것인가?

⑦ 가족, 학교, 지역사회 내에 존재하는 자원들 중 교육에 도움이 될 수 있
  는 것은 무엇인가?

5. 평 가

학습장애 진단평가는 학습장애에 대한 치료적 개입을 위해 구체적으로 필요
한 것이 무엇인지를 결정하기 위하여 아동의 강점과 약점을 알아보기 위한 목
적으로 시행된다. 학습장애를 정확히 진단하고, 이에 대한 적절한 치료 및 교
육 프로그램을 계획하기 위해서는 학습장애에 관련된 여러 요인들—신경-생
리학적 요인, 인지적 요인, 현재의 학업 수행 수준, 정서적 문제, 환경적 요인
등—에 대한 체계적인 평가가 선행되어야 한다. 특히, 학습장애에 대한 최선
의 치료 방법을 모색하기 위해서는 아동이 보이는 여러 영역에서의 결함 외에
현재의 문제를 극복하는 데 사용될 수 있는 자산(resource)이 무엇인지를 파악
하는 것이 중요하다. 〈부록 1, 2〉에 국내외에서 사용되는 검사 목록들이 정리
되어 있다.

1) 학업수행 수준의 평가

학습장애 아동은 학업수행에서 어려움을 보이므로, '기초학습능력검사(한국
교육개발원, 1989)'나 '학업성적' 등을 통하여 학습 부진의 정도가 아동의 생
활 연령이나 학년에서 기대되는 학업수행 수준에 비해 얼마나 심각한지를 평
가하는 것이 중요하다. 학업성취를 평가하기 위해 외국에서 널리 사용하고 있
는 대표적인 평가도구로는 피바디 개별 성취검사(Peabody Individual
Achievement Test; PIAT), 광범위 성취검사(Wide-Range Achievement Test;
WRAT)를 들 수 있으며, 특히 읽기 능력을 평가하기 위해서는 그레이 읽기검사
(Gray Oral Reading Test), 우드콕-존슨 단어공략검사(Woodcock-Johnson Word
Attack Test)가 사용될 수 있고, 비공식적인 약식검사(Informal test)로는 '단어

예측능력검사'(Word prediction ability test), '음운적 상이성검사'(Phonological oddity test) 등이 이용될 수 있다. 이러한 검사들은 언어와 교육 내용의 차이 때문에 국내에서 그대로 사용할 수 없으며, 국내에서 개발된 학습 능력 평가도구는 제한되어 있다.

● 기초학습기능검사

현재 우리나라에서 가장 많이 사용하고 있는 아동용 표준화 학습기능검사다. 교육개발원에서 1986년에 표준화한 개인검사로, 대상자는 유치원이나 초등학교 수준의 정상 아동 및 장애 아동이며, 학업에 기초가 되는 능력을 평가하는 데 사용된다. 검사는 다음의 다섯 가지 소검사로 구성되어 있다(정보처리, 셈하기, 읽기 I(문자와 낱말의 재인), 읽기 II(독해력), 쓰기(철자의 재인)).

2) 인지기능의 평가

학습장애 아동의 인지기능 평가에 가장 널리 사용되고 있는 검사는 Wechsler 아동용 지능검사다. 한국판 아동용 Wechsler 지능검사에서 산출된 전체 지능지수(FSIQ)와 아동의 학업성취 수준을 비교하여 학습장애의 여부와 심한 정도를 판단할 수 있다. 또한 언어성-동작성지능의 차이와 WISC 소검사들 간의 수행 수준을 비교함으로써 아동의 인지기능의 강점과 약점을 파악할 수 있으며, 이는 학습장애 아동을 위한 교육 프로그램을 계획하는 데 중요한 정보를 제공한다.

● Wechsler 아동용 지능검사(WISC)

WISC는 전 세계적으로 많이 쓰이는 아동지능평가도구로 연령이 5세 1개월에서 15세 11개월인 경우에 사용한다. 이 검사는 피검사자의 지적 능력에 대한 다양한 정보를 제공하며, WISC-R은 언어성 영역과 동작성 영역에서 12개의 소검사로 구성되어 있다. 먼저 언어성검사는 상식, 공통성, 산수, 어휘, 이해, 숫자외우기 소검사로 이루어져 있으며, 동작성검사는 빠진곳찾기, 차례맞추기, 토막짜기, 모양맞추기, 기호쓰기, 미로의 소검사로 이루어져 있다.

WISC 소검사들의 수행수준을 비교 분석하여 피검자의 인지적 약점과 강점 영역을 찾아낼 수 있다. 그러나 수용성 언어장애나 표현성 언어장애가 있다면, 아동이 검사 지시를 제대로 이해하지 못하거나 옳은 답을 알았더라도 이것을 제대로 표현하지 못하기 때문에 지능지수가 낮게 나올 수 있다. 이러한 이유로 인해서 지능검사의 결과에만 의존해서는 안 된다.

학습장애 아동의 약 1/3은 언어성지능이 동작성지능보다 낮은 경향이 있으며, 이는 언어기능의 결함이 학습장애와 관련되어 있다는 견해와 일치한다. 그러나 지각-운동적 문제가 핵심적인 비언어적 학습장애 아동들은 이와는 반대로 동작성지능이 언어성지능보다 낮은 경향을 보인다(Pennington, 1991).

읽기장애 아동의 경우 소검사 프로파일에서 ACID 패턴을 보인다. 즉, 산수(A: Arithmetic), 기호쓰기(C: Coding), 상식(I: Information), 숫자외우기(D: Digit Span) 소검사에서 저조한 수행을 보인다(Sattler, 1982). 그러나 우반구 기능장애가 있어 주로 시-공간적인 조직화와 시각-운동 협응에 어려움을 보이는 아동들은 오히려 토막짜기, 모양맞추기, 기호쓰기 소검사에서 저조한 수행을 보이는 경향이 있다. 따라서 언어성-동작성지능의 차이와 ACID 패턴과 같은 양적인 특성만을 고려할 경우, 많은 진단 오류(긍정, 부정 오류)가 발생할 수 있으므로 WISC 결과만으로 학습장애 진단을 내리는 것은 불충분하다고 할 수 있다. 학습장애의 하위유형에 대한 충분한 지식과 더불어 아동이 검사 수행 중에 보인 오류 패턴과 수행 속도 등 질적인 특성도 함께 면밀하게 관찰하여 고려해야 한다.

(1) 한국판 아동용 웩슬러 지능검사-수정판(Korean Educational Development Institute Wechsler Intelligence Scale For Children- Revised; KEDI-WISC)

KEDI-WISC는 WISC의 개정판인 WISC-R(1974)을 우리나라의 실정에 맞게 표준화한 것이다. KEDI-WISC는 5~15세 11개월에 해당하는 아동들에게 실시할 수 있다. 언어성검사(상식, 공통성, 산수, 어휘, 이해, 숫자외우기)와 동작성

검사(빠진곳찾기, 차례맞추기, 토막짜기, 모양맞추기, 기호쓰기, 미로)로 구성되어 있으며, 언어성 소검사와 동작성 소검사를 교대로 실시한다. KEDI-WISC 소검사 중 숫자외우기와 미로 소검사는 보충 검사인데, 두 개의 보충 검사는 다음과 같은 경우에 실시한다. 첫째, 시간적인 여유가 충분하거나, 피검자로부터 임상적으로 가치 있는 진단적 자료를 얻을 필요가 있을 때, 둘째, 10개의 정규 검사 중 어느 한 소검사를 실시하는 과정에서 외부의 지나친 소음이나 피검자의 개인적인 문제 때문에(예: 언어 표현의 어려움 등), 검사 수행에 지장이 초래되어 검사 결과가 타당하지 않은 것으로 판단될 때다. 5개의 언어성 소검사 환산점수를 합산하여 언어성 지능(Verbal IQ)이, 5개의 동작성 소검사 환산점수를 합산하여 동작성 지능(Performance IQ)이 산출되며, 언어성지능 환산점수와 동작성지능 환산점수의 합에 대해 연령 규준에 따라 전체 지능지수(Full Scale IQ)를 산출한다.

(2) 아동용 웩슬러 지능검사-3판(WISC-Ⅲ)

곽금주 등(2000)이 WISC-Ⅲ의 한국 표준화 연구를 수행하였다. K-WISC-Ⅲ의 두 가지 두드러진 특징 중 첫 번째는 실시 연령인데, KEDI-WISC가 5~15세 11개월을 대상으로 한 반면, K-WISC-Ⅲ는 6~16세 11개월의 아동을 대상으로 하여, 연령의 범위에서 변화를 보인다. 두 번째, KEDI-WISC에서 평가되는 언어성, 동작성, 전체 지능에 더해, K-WISC-Ⅲ는 요인에 근거한 네 개의 지표 점수들을 추가로 측정한다. 요인 Ⅰ(VCI)은 언어적 이해로 상식, 공통성, 어휘, 이해가 포함되어 있으며, 요인 Ⅱ(POI)는 지각적 조직화를 측정하는 영역으로 빠진곳찾기, 차례맞추기, 토막짜기, 모양맞추기가 포함되어 있다. 주의집중 및 산만성을 평가하는 요인 Ⅲ(FDI)에서는 산수와 숫자문제가, 처리 속도와 관련된 요인 Ⅳ(PSI)에는 기호쓰기와 동형찾기가 속한다.

(3) 한국 유아용 웩슬러 지능검사

(Korean Wechsler Preschool & Primary Scale of Intelligence; K-WPPSI)

K-WPPSI는 만 3세~7세 3개월 아동의 지능을 측정하기 위해 개발된 WPPSI-R(1989)을 박혜원 등(1989)이 우리나라 실정에 맞게 표준화한 유아용 지능검사다. K-WPPSI는 유아의 교육, 치료, 연구를 위해 사용되며, 특히 특수교육이 필요한 영재 아동이나 지체 아동을 변별하는 데 사용될 수 있다. 만 3세~7세 3개월 된 아동을 대상으로 개발되었지만 매우 뛰어난 능력을 가지고 있는 영재 아동이나 나이가 많으나 발달상 문제를 보이는 지체 아동은 연령 범위를 벗어나더라도 사용할 수 있다.

(4) 한국 Kaufman 아동용 개별지능검사

(Korean Kaufman Assessment Battery for Children; K-ABC)

한국판 K-ABC는 미국 앨라배마 대학교 교육심리학과 교수인 Kaufman 부처가 2세 6개월~12세 5개월 아동의 지능과 습득도를 평가하기 위해 만든 종합 지능검사인 K-ABC를 국내에서 사용할 수 있도록 표준화한 것이다. K-ABC는 인지심리학과 신경심리학의 지능이론에 근거하여 문항을 개발하였고 비언어적 과제에 비중을 두어 의사소통에 문제가 있는 특수아동이나 타 문화권 아동에게도 실시할 수 있도록 제작되었다. K-ABC는 총 16개의 하위검사로 구성되어 있는데, 이 검사들은 크게 아동의 인지처리 능력(10개의 소검사)과 습득도(6개의 소검사)를 평가한다. 인지처리 능력은 다시 순차처리 능력과 동시처리 능력으로 나누어지는데, 순차처리를 측정하는 소검사에는 손동작, 수회생, 단어배열이 있다. 동시처리 능력을 측정하는 소검사에는 마법의 창, 얼굴기억, 그림통합, 삼각형, 시각유추, 위치기억, 사진순서 등이 포함된다. 표현어휘, 인물과 장소, 산수, 수수께끼, 문자해독, 문장이해는 습득도를 평가하는 소검사들이다.

K-ABC의 장점은 아동의 지능과 성취를 구분하여 측정할 수 있다는 것이다. 즉, 지능과 성취를 별개로 측정하고 있기 때문에 능력과 성취의 불일치를 파악

할 수 있게 해 준다. 각 하위척도는 평균이 100, 표준편차가 15이다. 인지 처리 과정 척도에 있는 10개 하위검사의 원점수는 각각 평균이 10, 표준편차 3으로 WISC와 동일하다.

(5) 그림 지능 검사(Pictorial Test of Intelligence; PTI)

PTI는 미국의 임상심리학자인 Joseph L. French가 제작한 그림지능검사다. PTI는 그림으로 이루어진 보기카드를 보여 준 다음에 제시된 네 개의 문제 그림 중에서 보기카드의 그림과 같은 것 혹은 다른 것을 골라내도록 되어 있기 때문에 정상 아동은 물론 언어나 동작에 장애를 가진 정서장애, 자폐증, 뇌성 마비 그리고 기타 발달장애 아동들에게도 손쉽게 사용할 수 있다.

PTI는 앞서 나열한 다른 지능검사와 비교하여 몇 가지 장점을 가지고 있다. 4~7세에 해당하는 아동이라면 정상 아동과 장애 아동 모두에게 사용할 수 있으며, 검사 문항이 그림으로 되어 있기 때문에 학령 전 아동이나 학습에 홍미가 없는 아동들도 쉽게 검사에 참여할 수 있다. 질문이 간단하고 그에 대한 응답은 손가락으로 가리키거나 눈짓을 해도 되기 때문에 언어로 표현할 수 없는 아동이라도 쉽게 자신이 아는 것을 충분히 나타낼 수 있다. PTI는 지능지수와 정신연령 두 가지 규준을 제시하고 있으므로, 아동의 지능수준이 같은 나이 또래의 집단과 비교해 볼 때, 어느 정도 수준인지도 알아볼 수 있다. 또한 지능을 지역 규준으로도 나누어 아동의 지능수준을 다각도로 비교할 수 있다는 장점이 있다.

3) 주의력평가

학습장애와 주의력결핍·과잉운동장애의 공존 병리는 자주 관찰되는 현상이다. 학습장애 아동이 주의집중의 문제를 함께 보이는 경우에, 학습 문제가 주가 되고 주의산만한 행동은 부차적인 문제인지, 아니면 주의력결핍장애가 더 핵심적인 문제이므로 아동이 보이는 학습 문제는 주로 주의집중의 어려움에 기인된 것인지 혹은 두 장애를 함께 공존 병리로 보이는지를 평가하는 것이 적절한 치료법을 선택하는 데 매우 중요하다. Wechsler 지능검사의 주의 산만성 요인(산수, 숫자외우기, 기호쓰기 소검사)에서의 저조한 수행을 통해 주의집중의 어려움이 어느 정도인지를 평가할 수 있으며(Kaufman, 1979), 보다 전문화된 주의력 검사로는 TOVA(Test of the Variables of Attention; Dupuy & Greenberg, 1993)와 ADS(ADHD Diagnosis System; 신민섭, 홍강의, 조성준, 1999)를 들 수 있다.

4) 신경심리학적 평가

WISC 외에 Bender-Gestalt 검사(Bender, 1938), 한국판 아동용 Luria-Nebraska 신경심리검사(신민섭, 1994), Wechsler Memory Scale(1945), Frostig 시-지각발달검사(특수교육, 1982), 좌-우 변별검사(Belmont & Birch, 1965), Wisconsin 카드분류검사(Grant & Berg, 1948) 등을 사용하여 신경학적 문제나 뇌손상에 기인된 지각-운동적 장애, 읽기, 쓰기, 산수, 기억 능력, 집행 기능(executive function) 등 여러 가지 인지적 영역에서의 장애를 평가할 수 있다.

5) 정서적, 행동적 문제의 평가

학습장애 아동들은 학습의 어려움과 관련하여 이차적으로 정서적, 행동적 문제 등 다양한 심리적 어려움을 보일 수 있으며, 이러한 심리적 문제들이 학습 문제를 더욱 심화시킬 수 있으므로, 이에 대한 평가와 진단이 효과적인 치료를 위해 매우 중요하다. 이를 위해 Rorschach, TAT, Michigan Picture Test, 집-나무-사람 그림검사(HTP), 운동성 가족화 검사(Kinetic Family Drawing), 운동성 학교 검사(Kinetic School Drawing), 다면적 인성 검사(MMPI), 행동 평정 척도(CBCL), 아동기 우울척도(CDI) 등이 유용하게 사용될 수 있다.

6) 환경적 요인의 평가

신경 생리학적 요인 때문에 학습장애가 발생한 경우에도, 장애의 심한 정도와 유형 및 이차적인 정서적 문제가 나타나는 데 환경이 중요한 역할을 하므로, 적절한 치료 계획을 세우기 위해서는 환경적 요인을 이해하는 것이 중요하다. 따라서 가정과 학교의 교육 환경, 학업성취에 대한 부모의 기대 수준, 학습 문제에 대한 부모의 태도 등에 대한 평가가 이루어져야 한다.

7) 한국판 학습장애 평가척도
(Learning Disability Evaluation Scale; K-LDES)

K-LDES는 미국에서 가장 보편적으로 받아들이는 '미 공법 94조 42항'의 학습장애에 대한 정의를 토대로 개발된 교사용 척도(학습장애 평가척도: Learning Disability Evaluation Scale; LDES)를 우리나라 언어와 교육실정에 맞게 번안, 수정하여 개발한 도구다(신민섭, 홍강의, 김중술, 조수철, 1998). 특수학습장애란 언어, 즉 구어와 문어의 이해 및 사용과 관련된 기본적인 심리과정상의 한 가지 이상의 장애를 말하며, 이는 듣기, 생각하기, 말하기, 읽기, 쓰기, 철자 및 수학적 계산 능력에서의 장애로 나타난다고 정의한다. 이에 따라 7개의 하위영역─듣기, 사고력, 말하기, 읽기, 쓰기, 철자, 수학─에서 아동들이 보이는 문제를 3점 척도로 평가하도록 되어 있다. 각 하위척도별 원점수는 연령 규준에 따라 평균이 10(표준편차=3)인 평가치로 환산되는데, 각 하위척도 평가치가 7점 미만일 때, 그 영역에 학습 문제가 있는 것으로 간주되며, 7개의 하위척도 평가치를 합산하여 학습 지수(Learning Quotient; LQ)가 산출되는데, 이는 아동의 총체적인 학습 문제에 대한 측정치를 제공한다.

학습장애를 진단하기 위해 현재 주로 사용되고 있는 개별적인 기초학습 기능검사는 그 검사가 제공하는 정보에 비해 실시 시간이 많이 소요되고 있으며 전문가가 실시해야 하는 제한점이 있다. 그러나 K-LDES는 기초학습 기능검사와 유의미한 상관이 있으면서도 임상 장면에서 학습장애 아동의 진단이나 연

한국판 학습장애 평가척도(K-LDES) 문항 예			
	전혀 그렇지 않다	가끔 그렇다	항상 그렇다
〈듣기〉			
• 말한 내용을 정확히 다 듣지 못하고 중간에 빠뜨리고 듣는다.	1	2	3
• 선생님의 지시나 방송 등에 주의를 기울이거나, 지속적으로 주의를 기울이지 못한다.	1	2	3
• 발음이 비슷한 음들을 구별하는 것이 어렵다.	1	2	3
〈생각하기〉			
• 단기 기억력이 떨어진다(단기적 기억을 요하는 과제를 하지 못한다.).	1	2	3
• 연속적인 순서를 기억하지 못한다. (일상적인 일과나 수업 시간표)	1	2	3
• 공간적인 관계를 이해하지 못한다(위-아래, 가까운-먼).	1	2	3
〈말하기〉			
• 발음을 모방하는 데 어려움이 있다.	1	2	3
• 말할 때 음을 빠뜨리거나 첨가하거나 다른 것으로 대체하거나 혹은 순서를 바꾸어서 말한다.	1	2	3
• 음이나 단어를 전혀 틀리게 말하거나 잘못 발음한다.	1	2	3
〈읽기〉			
• 새로운 단어를 알지 못한다.	1	2	3
• 자기 학년 수준의 단어를 알지 못한다.	1	2	3
• 독해 문제에서 정확하게 대답을 하지 못한다.	1	2	3
〈쓰기〉			
• 바로 앞에 써 있는 것을 보고 글자, 단어, 문장, 숫자를 베껴 쓰지 못한다.	1	2	3
• 먼 곳에 써 있는 것을 보고 글자, 단어, 문장, 숫자를 베껴 쓰지 못한다.	1	2	3
• 문단의 시작을 적절히 표시하지 못한다.	1	2	3
〈철자〉			
• 철자법에 맞게 쓰지 못한다.	1	2	3

• 받아쓰기를 할 때, 소리에 적절한 철자를 쓰지 못한다.	1	2	3
• 단어를 쓸 때, 글자를 빠뜨리거나 대체하거나 더하거나 재배치한다.	1	2	3
〈산수〉			
• 말로 표현되어 있는 산수문제를 푸는 데 어려움이 있다.	1	2	3
• 한 가지 계산 방식에서 다른 계산 방식을 요하는 문제로 넘어가면 제대로 풀지 못한다.	1	2	3
• 구체적인 예 없이는 추상적인 수학적 개념을 이해하지 못한다.	1	2	3

출처: 신민섭 등(1998).

구를 위한 피험자 선발 시 간편하게 활용할 수 있다. K-LDES는 학습장애를 진단하는 데 매우 신뢰롭고 타당한 검사로 나타났으며, 교사나 부모가 평가하는 척도이므로 아동의 학습 문제를 조기에 발견하여 조속한 치료적 도움을 받도록 하는 데 유용하게 사용할 수 있다. 그리고 학습장애 아동의 진단이나 연구를 위한 피험자 선발 시 스크리닝 검사로서 유용하게 활용할 수 있다.

6. 요약 및 제언

학습장애를 보이는 아동들은 학습의 어려움 외에도 이차적으로 우울, 불안, 품행 문제 등 여러 가지 정서적, 행동적 문제를 보이기 쉽다. 따라서 학습장애 아동들을 효과적으로 돕기 위해서는 우선 부모들이나 치료자들이 학습장애가 무엇인가에 대한 정확하고 충분한 지식을 지니고 있어야 하며, 아동의 학습 문제와 관련된 신경심리학적 결함 외에도 그에 수반된 정서적 문제의 평가도 반드시 필요하다. 9, 10, 11장에 소개한 다양한 평가척도는 아동들의 정서적 문제와 품행 문제를 평가하는 데 유용하게 사용될 수 있을 것이다.

학습장애의 평가와 관련된 검사도구 목록

1. 일반적인 학업성취검사

Kaufman Test of Educational Achievement(KFEA)	6~17세	Brief form: math; reading; spelling; comprehensive form: reading/decoding; reading comprehension; spelling; math computation;math application
Peabody Individual Achievement Test-Revised(PIAT-R)	5~18세	information; reading recognition; spelling; reading comprehension; written expression
Weschler Individual Achievement Test(WIAT)	5~19세	listening comprehension; oral expression; reading recognition; reading comprehension; spelling, written expression; math
Wide-Range Achievement Test-3(WRAT-3)	5세~성인	reading; spelling; arithmetic
Woodcock-Johnson Psycho-educational Battery-Revised(WJPBER)	5세~성인	letter/word identification; word attack; passage comprehension; dictation; proofing; writing fluency; writing samples; math calculation; applied problem; quantitative concept

* 주로 미국에서 사용되는 평가도구이므로 검사명과 소검사명을 영어로 제시

2. 읽기 능력에 대한 전문적인 평가

Decoding Skills Test(Richardson & Dibenedetto, 1985)	1~5학년	basic reading, phonics, oral reading
Durrell Analysis of Reading Difficulty(Durrell & Catterson, 1980)	1~6학년	oral reading; silent reading; listening comprehension; word recognition/ analysis; listening vocabulary; word elements; visual memory; auditory analysis
Gates-MacGinitie Reading Tests	1~12학년	silent reading; vocabulary and comprehension
Gray Oral Reading Tests-3(GORT-3)(Wiederholt & Bryand, 1992)	7~17세	oral reading accuracy/comprehension
Woodcock Reading Mastery Tests-Revised(WRMT-R)	5세~성인	word identification; word attack; word comprehension; passage comprehension

3. 철자와 쓰기에 대한 전문적인 평가

Oral & Written Language Scales: Written Expression	5~21세	conventions; syntactical forms; communication
Test of Early Written Language-2	4~10세	spelling, capitalization, punctuation, sentence construction, story format, thematic maturity
Test of Written Expression(McGhee, Bryant, Larsen, & Rivera, 1955)	6~15세	items(capitalization, punctuation, spelling, ideation, semantics, syntax); essay(ideation, vocabulary, grammar, capitalization, punctuation, spelling)
Test of Written Language-3(TOWL-3)(Hammill & Larsen, 1996)	7~18세	spontaneous(thematic maturity, contextual vocabulary, syntactic maturity, contextual spelling, contextual style); contrived(vocabulary, style, & spelling, logical sentences, sentence combining)
Test of Written Spelling3(TWS-3)(Larsen & Hammill, 1994)	6~18세	predictable and unpredictable words

4. 산술 능력에 대한 전문적인 평가

Key Math-Revised: Diagnostic Inventory of Essential Mathematics	1～8학년	basic concept; operation; application
Sequential Assessment of Mathematics Inventories	유치원～ 8학년	mathematical language; ordinality; number & notation; measurement; math application; ordinality; computation; geometric concept; word problem
Stanford Diagnostic Mathematics Test	1～12학년	number system and numberals; computation; applications
Test of Mathematical Abilities(TOMA-2)	8～18세	vocabulary; computation; general information; story problem
Test of Early Mathematical Abilities(TEMA-2)	3～8세	concepts; counting; calculation; reading and writing numbers; number facts; calculation algorithms; base-ten concept

5. 운동 기술에 대한 전문화된 평가

Bender-Visual Motor Gestalt Test	5세~성인	visual-motor integration
Bruininks-Oseretsky Test of Motor Proficiency	4~14세	running speed/agility; balance; bilateral coordination; strength; upper-limb coordination; response speed; visual-motor control; upper-limb speed/dexterity
Peabody Developmental Motor Scales(Folio & Fewell, 1983)	유아~7세	gross-motor and fine-motor skills
Sensory Integration and Praxis Tests(Ayer, 1989)	4~9세	praxis(verbal, constructional, postural, oral, sequencing); bilateral motor coordination; standing & walking balance; motor accuracy; postrotary nystagmus
Beery-Buktenica Developmental Test of Visual-Motor Integration(VMI) (Beery, 1997)	3~18세	visual-motor integration; motor coordination
Wide-Range Assessment of Visual-Motor Abilities(Adams & Sheslow, 1995)	3~17세	visual-spatial(matching); visual-motor (drawing); motor(pegboard)

부록 8-2

상업화된 국내 심리검사도구 목록

학 지 사	
분류	검 사 도 구
지능검사	K-ABC(카우프만 아동용 개별 지능검사)
	종합인지능력검사
	읽기검사(BASA : Reading)
한국적성연구소 · 한국교육개발원	
초등 학생용	지능검사(1~6학년)
	창의성 사고력 검사
	자아개념검사
	성격특성(양육 · 육성)검사
	적성특성 종합검사
	논리적 사고력 검사
	탐구기능검사
	수학 창의력 문제 해결력 검사
	과학 창의력 문제 해결력 검사

한국 가이던스	
분류	검 사 도 구
지능검사	KISC(유아지능검사)
	KIT-P(초) / KIT-M(중) / KIT-A(고) 지능검사
	K-WAIS(웩슬러 지능검사)
학습방법 진단검사	학습방법진단검사
신경심리검사	BNA 신경심리검사
	MAS 특수기억검사
	Halstead-Reitan Battery(HRB)
	Wisconsin Card Sorting Test Kit(WCST)
	벤더-게스탈트검사(BGT)

중앙적성연구소	
지능검사	진단성 지능검사
	지능진단검사
	유아지능검사
	그림지능검사(PTI)
흥미검사	학습흥미검사
	직업흥미검사

도서출판 신경심리	
신경인지검사	KIMS 전두엽 관리기능 신경심리검사
	Rey-Kim 기억검사

제 **9** 장

품행장애

1. 서 론

품행장애(Conduct disorder)는 소아 또는 청소년기에서 가장 흔히 관찰되는 질환 중의 하나로서, 지속적으로 다른 사람의 권리를 침범하며 자신의 나이에서 지켜야 할 사회적 규범을 어기는 행동이 특징적으로 나타난다. 이러한 행동으로 사회적, 학습적 또는 직업적인 영역에서 기능의 손상을 초래한다. 인지적인 기능이 떨어지는 경우도 많고 충동적이거나 지루함을 참지 못하고 계속해서 자극을 찾으려는 특징이 있다.

DSM 분류체계에 따르면 DSM-I부터 '사회병질적 인격' 이라는 병명으로 되어 있었으나, 아동/청소년의 장애를 포함하고 있지는 않았다. DSM-II는 '소아기 집단 비행반응(Group delinquent reaction of childhood)' 과 '소아 또는 청소년기의 비사회화된 공격적인 반응(Unsocialized aggressive reaction of childhood)' '소아기의 가출반응' 의 세 가지 아형으로 기술하였다. DSM-III에서는 두 가지 양극성 차원인, '공격성-비공격성' 차원과 '사회화되지 않은-

사회화된' 차원에 따라 네 가지 아형으로 분류하였다. DSM-III-R에서는 품행장애의 필수적인 특징들은 여전히 그대로 남아 있었지만, 세 가지 아형(집단형, 단독형, 달리 분류되지 않는 형)으로 대치되었다. DSM-IV에 이르러서는 발병 시기에 따라 '소아기발병형(10세 이전 발병)'과 '청소년기발병형(10세 이후 발병)'으로 분류하고 있다. 조기발병군에서는 예후가 더 불량한 것으로 보고되고 있다. 또한 ICD(International Classification of Diseases) 분류체계에서도 ICD-7에서는 '청소년 비행'이라고 하였고, ICD-8에서는 '청소년 무단결석'이라는 병명을 사용하였으며, ICD-9에서는 뚜렷한 정신질환을 보이지 않으면서 비사회적 또는 반사회적 행동을 보이는 소아 또는 청소년들을 지칭하였다. ICD-10에서는 '품행장애'라는 범주를 정하고 6가지 아형을 기술하고 있는데, '가정에 국한된 품행장애' '사회화되지 않은(unsocialized) 품행장애' '사회화된(socialized) 행동장애' '적대적 반항장애' '기타 품행장애' '품행장애, 특정 불능'이 그것이다.

품행장애는 성인기가 되면 호전되지만, 약 30~50%에서 성인기의 반사회적 성격장애 또는 약물남용으로 이행되며, 장기 추적연구에서 기분장애, 불안장애, 신체형장애의 위험성이 높았다는 보고도 있다.

품행장애의 유병률은 18세 이하의 남아에서는 6~16%, 여아에서는 2~9%로 남아에게 더 흔히 발병된다. 사회경제적 수준이 낮은 가정에서 더 흔히 발병되며, 빈곤, 대가족, 가혹한 훈육, 신체학대, 폭력적 부모, 부모의 알코올중독증, 반사회적 인격장애와 깊은 관련이 있다고 보고되고 있다.

2. 진 단

DSM-IV의 진단기준에 따르면, 품행장애는 타인의 권리를 침해하거나 나이에 적절한 사회적 규범이나 규칙을 파괴하는 만성적인 행동 패턴으로 사회적, 학업적, 직업적 기능에 중요한 손상을 초래하는 것이다. 지난 12개월 동안 15개의 행동 준거 중 3개 이상이 나타나야 하고, 적어도 1개 항목은 지난 6개월 동안 보였어야 한다. 이 준거는 4개의 관련된 군으로 나뉠 수 있는데, (1) 사람과 동물에 대한 공격성, (2) 재산 파괴, (3) 사기나 도둑질, (4) 심각한 규칙 위반이다. 두 개의 하위유형은 아동기-발병 유형(10세 이전에 적어도 한 가지 준거의 발병)과 청소년기-발병 유형(10세 이전에 특정적인 준거의 부재)으로 기술되고 있다. DSM-IV의 진단준거는 〈표 9-1〉에 제시되어 있다.

표 9-1 ▶ DSM-IV의 진단기준

• 진단기준

　A : 다른 사람의 기본적 권리를 침해하고 나이에 맞는 사회적 규범이나 규칙을 위반하는, 지속적이고 반복적인 행동 양상으로, 다음 가운데 3개(또는 그 이상) 항목이 지난 12개월 동안 있어 왔고, 적어도 1개 항목이 지난 6개월 동안 있어 왔다.

• 사람과 동물에 대한 공격성

　① 흔히 다른 사람을 괴롭히거나, 위협하거나, 협박한다.

　② 흔히 육체적인 싸움을 도발한다.

　③ 다른 사람에게 심각한 신체적 손상을 일으킬 수 있는 무기를 사용한다.
　　(예: 곤봉, 벽돌, 깨진 병, 칼 또는 총)

　④ 사람에게 신체적으로 잔혹하게 대한다.

　⑤ 동물에게 신체적으로 잔혹하게 대한다.

　⑥ 피해자와 대면한 상태에서 도둑질을 한다.
　　(예: 노상 강도, 날치기, 강탈, 무장 강도)

　⑦ 다른 사람에게 성적 행위를 강요한다.

• 재산의 파괴

　⑧ 심각한 손상을 입히려는 의도로 일부러 불을 지른다.

　⑨ 다른 사람의 재산을 일부러 파괴한다(방화는 제외).

• 사기 또는 도둑질

　⑩ 다른 사람들의 집, 건물, 차를 파괴한다.

　⑪ 물건이나 호감을 얻기 위해 또는 의무를 회피하기 위해 거짓말을 흔히 한다.
　　(예: 다른 사람을 속인다.)

　⑫ 피해자와 대면하지 않은 상황에서 귀중품을 훔친다.
　　(예: 파괴와 침입이 없는 도둑질, 위조 문서)

• 심각한 규칙 위반

⑬ 13세 이전에, 부모의 금지에도 불구하고 밤 늦게까지 집에 들어오지 않는다.

⑭ 친부모 또는 양부모와 같이 사는 동안 적어도 두 번 가출한다(또는 오랫동안 돌아오지 않는 한 번의 가출).

⑮ 13세 이전에 시작되는 무단결석

B : 행동의 장해가 사회적, 학업적 또는 직업적 기능에 임상적으로 심각한 장해를 일으킨다.

C : 18세 이상일 경우, 반사회성 성격장애의 진단기준에 맞지 않아야 한다.

• 발병 연령에 따라 유형을 세분한다

소아기 발병형 : 10세 이전에 행동장애 특유의 진단기준 가운데 적어도 한 가지가 발생한 경우

청소년기 발병형 : 10세 이전에는 품행장애의 어떠한 진단기준도 충족시키지 않는다.

• 심각도의 세부 진단

가벼운 정도 : 진단을 내리기 위해 요구되는 정도를 초과하여 나타나는 문제가 매우 적고, 다른 사람에게 단지 가벼운 해를 끼친다.

중간정도 : 품행문제의 수와 다른 사람에게 끼치는 영향의 정도가 '가벼운 정도'와 '심한 정도'의 중간이다.

심한 정도 : 진단을 내리기 위해 요구되는 정도를 초과하여 나타나는 품행 문제가 많거나 또는 다른 사람에게 심각한 해를 끼친다.

3. 평 가

파괴적인 품행장애를 가진 아동들은 다양한 범위의 행동 문제들을 나타내며, 집, 학교, 일상생활 장면을 포함하는 대부분의 장면에 걸쳐 행동적, 감정적 문제를 나타낼 수 있다. 따라서 반항적이고 공격적인 아동의 평가는 다양한 상황에 걸쳐서 아동이 보이는 문제의 특성과 관련된 정보들에 의존한 다양한 평가 방법들의 통합으로 이루어진다. 이를 위해서 부모, 아동, 교사 면담이 수행되고, 아동 행동에 대한 부모와 교사의 평정척도와 아동의 적응기능에 대한 평

정척도나 자료가 수집되어야 하며, 부모와 가족기능에 대한 자기-보고 평가치
가 수집되어야 한다.

1) 부모면접

부모면접은 아동의 임상적 평가에서 꼭 필요한 부분이다. 부모 보고는 아동
의 품행 문제와 관련된 정보 중 가장 타당하고 중요한 요소다. 부모면접의 신
뢰도와 정확성은 면접자가 행하는 방식과 질문의 구체성에 달려 있다. 진단적
신뢰도는 정신병리 증상에 관한 매우 구체적인 질문을 활용한 면접으로 향상
된다. 또한 면접은 아동의 심리적 적응에 대한 구체적 어려움과 아동의 문제와
관련된 기능적 요인들에 초점을 맞추어야 한다(〈표 9-2 참조〉).

표 9-2 ▶ 집과 공공장소에서 보이는 아동 행동 문제를 평가하기 위한 부모면접의 예

논의되어야 할 상황들	만약 문제가 있다면, 뒤따라야 할 질문들
전반적인 부모-아동 상호작용 혼자 놀 때 다른 아동들과 함께 놀 때 점심시간 때 옷을 입거나 벗을 때 씻고 목욕할 때 부모가 전화하고 있을 경우 아동이 텔레비전을 보고 있을 때 집에 손님이 방문했을 경우 다른 사람 집에 방문하였을 경우 공공장소에서(상점, 식당, 교회 등) 아빠가 집에 있을 경우 아동에게 심부름을 시켰을 때 아동에게 학교 숙제를 하도록 했을 경우 잠잘 시간에 아동이 차에 타고 있을 경우 아동이 애 봐 주는 사람하고만 있을 경우 다른 문제 상황들에서	1. 문제가 있습니까? 있다면, 다음 질문을 진행한다. 2. 아동이 당신을 괴롭히는 상황에서 어떻게 합니까? 3. 이에 대한 당신의 반응은 어떻습니까? 4. 아동은 당신에 대한 반응으로 어떻게 합니까? 5. 만약 문제가 계속된다면, 당신은 다음에 어떻게 할 것입니까? 6. 보통 이와 같은 상황의 결과는 어떻습니까? 7. 이 같은 문제가 이 상황에서 얼마나 자주 일어납니까? 8. 당신은 이 문제를 어떻게 느낍니까? 9. 1(문제없음)에서 9(심각하다)까지의 척도로 사용한다면 당신에게는 이 문제가 얼마나 심각하다고 평가합니까?

가장 일반적으로 이용되는 면접으로는 아동 평가 스케줄(Child Assessment Schedule; CAS, Hodges, Kline, Stern, Cytryn, & McKnew, 1982), 아동과 청소년용 진단면접(Diagnostic Interview for Children and Adolescent; DICA, Herjanic & Reich, 1982), DSM-IV 아동용 진단면접스케줄(Diagnostic Interview Schedule for Children-IV; DISC-IV, Shaffer 등, 2000), K-SADS(Puig-Antich & Chambers, 1978)가 있다. 이에 대한 자세한 설명은 제3장을 참고하기 바란다.

2) 아동면접

부모면접과 더불어 언제나 의뢰된 아동과의 직접적인 면접이 이루어져야 한다. 면접 시간은 아동의 나이, 지적수준, 언어능력에 따라 다르다. 취학 전 아동의 경우는 아동의 외모, 행동, 발달적 특징, 일반적인 태도를 언급할 만한 정도의 시간만 요구된다. 초등학교 고학년 아동과 청소년의 경우는 의뢰와 평가에 대한 아동의 관점, 가족 기능에 대해서 어떻게 보고 있는지, 추가적인 문제점들, 학교에서 얼마나 잘 수행하고 있는지, 또래와 학급 친구들이 수용하는 정도에 관해 질문하는 데 충분한 시간을 할애해야 한다.

특히, 9~12세 이하의 아동들의 경우 자신의 파괴적인 행동에 대한 아동의 보고는 신뢰롭지 않은 경우가 많다. 반항적인 아동들은 흔히 검사자의 질문에 대해 깊이 생각하여 대답하지 않고 피상적으로 대답하거나 거짓으로 또는 사회적으로 바람직한 방향으로 대답할 수 있다.

따라서 품행장애 진단 시 아동의 보고는 덜 중요할 수 있으나, 불안과 우울과 같은 내면적 증상에 대한 아동의 보고는 신뢰로울 수 있어서 불안이나 기분장애와의 공존장애를 진단 내릴 때는 아동의 면접 자료가 중요한 역할을 수행할 수 있다.

많은 반항장애나 품행장애 아동들은 진료실에서 문제 행동을 보이지 않기 때문에 관찰에 강하게 의존하는 것은 진단을 하는 데 거짓 음성오류(False negatives)를 일으킬 수 있다. 일부 아동의 경우는 대기실에서 기다리고 있는 동안에 보인 부모와 아동의 행동이 임상가에게 아동의 문제를 알려 주는 더 좋은 지표가 된다.

3) 교사면접

교사와의 면담은 아동의 문제 특성을 더 명확하게 하기 위해서 필수적이다. 임상가가 아동의 학교 내에서 근무하고 있지 않다면 면접은 대개 전화로 하게 된다. 교사면접은 학교 장면에서 아동의 적응에 관해 두 번째로 타당한 정보를 제공함으로써, 부모면접과 거의 동일한 가치를 가진다. 부모 보고와 마찬가지로, 교사의 보고도 주관적으로 편파되어 있기 때문에, 부모나 교사의 정보를 통합해서 정보의 타당성을 판단해야 한다.

많은 반항적인 아동들은 학업수행과 교실에서 문제를 일으키므로, 교사면접은 교실 환경에서 보이는 아동의 특수한 문제 특성에 초점을 맞추어야 한다. 이를 통해 주요 행동 문제의 특성, 빈도, 유발 사건, 결과들을 파악할 수 있다.

4) 행동평정척도

아동 행동 체크리스트와 평정척도는 행동 문제를 가진 아동의 평가와 진단에 필수적인 요소로서, 보통 부모나 교사 등 아동의 환경에서 중요한 사람이 지각하는 아동의 전반적인 행동에 대한 관점을 제공한다. 행동평정척도는 짧은 시간 동안에 풍부한 정보를 얻을 수 있고, 평정자의 의견을 수치화할 수 있을 뿐만 아니라 질적인 정보도 제공할 수 있으며, 규준 점수와 비교할 수 있다는 장점이 있다. 또한 평정자에게 아동의 행동을 전문적인 각도에서 생각해보도록 하므로, 초기에 논의되지 않았던 또 다른 문제 행동들을 자각할 수 있도록 하며, 아동의 문제행동을 재개념화하는 기회를 제공한다. 그럼에도 불구하고, 행동평정척도는 평정자의 주관적인 견해나 편견이 개입될 수 있고, 신뢰도와 타당도의 한계점을 가지고 있다.

우울, 불안, 위축, 공격성, 비행, 품행, 부주의와 과잉활동-충동적 행동과 같은 아동 정신병리의 주요 차원들에 대한 평정치를 제공하는 전반적인 아동 행동평정척도로는 아동용 행동평가시스템(Behavior Assessment System for Children; BASC), 아동 행동평정척도(Child Behavior Checklist; CBCL) 등이 있는데, 각기 부모용과 교사용이 있다.

(1) 한국판 아동 · 청소년 행동평가척도(K-CBCL)

K-CBCL은 Achenbach와 Edelbrock(1983)이 제작한 아동 · 청소년 행동평가척도(Child Behavior Checklist; CBCL)를 오경자, 이혜련, 홍강의, 하은혜 (1997)가 번역하여 표준화한 행동평가도구로, 4~17세 아동 및 청소년의 부모가 대상 아동이나 청소년의 사회능력 영역과 문제행동증후군 영역에 대해 평가한다. K-CBCL은 미국판 CBCL/4-18을 토대로 하여 크게 사회능력척도(Social Competence Scale)와 문제행동증후군척도(Behavior Problem Scale)로 구성되어 있다. 사회능력척도는 친구나 또래와 어울리는 정도, 부모와의 관계 등의 사회성을 평가하는 사회성척도, 교과목 수행정도, 학업수행상의 문제 여부 등을 평가하는 학업수행척도의 2개 척도와 총 사회능력 점수 등 모두 3개로 이루어져 있다. 문제행동증후군척도는 문제행동에 관한 119개의 항목으로 구성되어 있는데, 각 항목에 대해서 3점 척도(0점: 전혀 없다-2점: 자주 있거나 심한 경우)로 평가하도록 되어 있으며, 각 문제행동증후군척도는 해당 문제행동항목들의 합으로 계산된다. 이 원점수를 기준으로 성별과 나이에 따라 구분된 4개 규준집단에서 백분위점수와 표준점수를 구하도록 되어 있다. 문제행동증후군척도는 위축척도(9개 문항), 신체증상척도(9개 문항), 불안/우울척도(14개 문항), 사회적 미성숙 문제척도(8개 문항), 사고의 문제척도(7개 문항), 주의집중문제척도(11개 문항), 비행척도(13개 문항), 공격성척도(20개 문항)와 내재화 문제척도, 외현화 문제척도 등 모두 10개의 문제행동증후군척도와 4~11세에만 적용되는 특수척도인 성문제척도(6개 문항), 우리 나라 특유의 정서불안정척도(10개 문항) 그리고 총 문제행동척도 등 모두 13개의 척도로 구성되어 있다.

K-CBCL의 Cronbach의 내적 합치도 계수는 .62~.86으로 비교적 양호하였다. 사회능력척도의 검사-재검사 신뢰도는 평균 r = .38로 낮았으나 문제행동증후군척도는 평균 r = .68로 비교적 양호하였다. 또한 각 척도의 변별타당도

와 하위척도 간의 수렴타당도는 상당히 높았다(오경자 등, 1997).

　Tackett 등(2003)은 CBCL의 하위척도 중 공격성척도와 비행척도가 각각 독립적으로 DSM-IV에 따른 품행장애를 예측할 수 있음을 보고한 바 있다. 이러한 결과는 이후 Huzdiak 등(2004)과 Ferdinand 등(2003)의 연구에서도 재현된 바 있으나 아직 K-CBCL에 대한 국내 연구는 없는 실정이다.

(2) 한국판 청소년 자기-보고척도(Korean-Youth Self-Report; K-YSR)

　K-YSR은 Achenbach(1991b)가 개발한 척도를 오경자 등(2001)이 번안하여 표준화한 것이다. 이 척도는 CBCL과 동일한 체계를 가지고 있으나 평정자가 부모와 교사가 아닌 청소년 자신이라는 점이 가장 큰 차이다. 대상 연령은 11~18세이며 K-CBCL의 문항 중에서 이 연령대에 맞지 않거나 응답자를 당황하게 만드는 문항은 제외하고 대신 자신에 대한 긍정적인 점을 이야기할 수 있는 문항 16개를 추가하여 구성되었다. 문제행동증후군척도는 K-CBCL과 마찬가지로 119개이나 총 문제행동증후군 점수는 바람직한 긍정문항 16개와 문항 2, 4번을 제외한 101개 문항의 합으로 구성하도록 되어 있다.

　K-CBCL 총점과 YSR 총점 간의 상관은 r = .51로 중등도의 상관을 나타내었다. 그중 품행장애와 관련이 높은 비행/공격성 요인 간의 상관은 r = .41로 나타났다. 이와 같이 비교적 낮은 일치도는 문제행동에 대한 개념화에 있어 부모와 청소년 자신이 중요하게 고려하는 요인이 상당히 다르다는 요인분석 결과와 일치하며, 문제행동으로 판단하고 규정하는 데도 서로 다른 요인의 영향을 받는다는 점을 시사한다. Achenbach는 소아·청소년의 행동 문제를 평가할 때 '경험에 기반한 다축 평가(Multiaxial empirically-based assessment)'를 강조한 바 있다. 이는 소아·청소년의 행동 문제는 한 가지 보고나 관찰만으로 평가하는 것은 위험하며 다양한 상황과 장면에서 관계 있는 여러 사람들이 평가한 자료를 통합해야 한다는 의미다. 이러한 점에서 K-YSR과 K-CBCL을 동시에 실시하는 것은 보다 정확한 평가를 내리는 데 도움을 줄 수 있을 것이다.

(3) IOWA 코너스 척도

IOWA 코너스 척도는 두 가지 행동 문제—부주의/과활동성, 공격행동—를 평가하기 위해 개발되었다. 이 척도에 대한 자세한 설명은 제8장에 기술된 ADHD 아동용 평정척도를 참고하기 바란다.

(4) 파탄적 행동장애 평정척도(Disruptive Behavior Disorder Rating Scale; DBDRS)

DBDRS는 부모용과 교사용으로 구분되는데, ADHD, 반항장애, 품행장애에 대한 DSM-IV 증상들에 대한 평정치를 얻기 위한 것이다. DBDRS의 1~15번 문항이 품행장애와 관련된 항목들이다. 채점 방법은 단순히 "예"라는 반응수를 세는 것이며, 품행장애 진단은 DSM-IV 진단기준의 진단분할점(3개 이상)이 이용된다. DBDRS는 〈부록 9-1〉에 제시되어 있다.

파탄적 행동장애의 한국판 부모평가척도는 표경식 등(2000)이 개발하고 그 신뢰도와 타당도를 확인하였다.

(5) 반응적 공격성과 주도적 공격성에 대한 교사-평정 도구

이는 Dodge와 Coie가 공격성의 두 유형인 반응적(reactive) 공격성과 주도적(procative) 공격성을 구분하기 위해서 개발한 교사-평정 도구다. 반응적 공격성은 지각된 위협이나 도발상황에 반응해서 공격 행동을 일으키는 것으로 공격성의 정서 유형인 분노와 밀접한 관련성을 가지고 있다. 주도적 공격성은 특정한 보상을 얻기 위하여 일으키는 공격 행동으로 다른 사람에게 영향력을 행사하거나 강요하는 혐오적인 방법을 사용하는 등 매우 목표 지향적이다. 이 측정 도구는 교사들이 5점 척도를 이용해서 자신의 학급 학생을 평정하도록 되어 있다. 이 측정 도구는 반응적 공격성 척도에 대한 3문항, 주도적 공격성 척도에 대한 3문항, 일탈된 공격 행동에 대한 관심을 숨기기 위해 사회적 행동을 기술하는 filler 문항 3개로 구성되어 있다. Dodge와 Coie(1987)가 259명의 초등학교 학생들을 대상으로 실시한 연구에서 반응적 공격성과 주도적 공격성의 내적 일치도는 각각 .91과 .90으로 높았으며, 수렴 타당도와 변별 타당도가 입증되었다. 측정 도구는 〈부록 9-2〉에 제시되어 있다.

(6) 아동 행동화 경향 척도(Children's Action Tendency Scale; CATS)

CATS는 아동의 공격적인, 주장적인, 순종적인 행동을 측정하기 위해 Robert H. Deluty(1979)가 개발한 평정척도다. 이 척도는 총 39개의 항목으로 13개의 갈등 상황 각각에 대해 3쌍의 가능한 반응들로 이루어져 있다. 3쌍의 반응들은 갈등 상황에서 주장적으로, 공격적으로, 순종적으로 행동하는 방식들을 섞어 놓은 것으로, 각각 두 개의 대안 중에서 아동들이 자신의 행동을 가장 잘 기술하고 있는 것을 선택하도록 되어 있다. 각 3차원의 점수는 선택된 공격적, 주장적, 순종적 대안의 총점수다. 가장 높은 점수가 공격성, 주장성, 순종성을 더 반영한다. 이 검사는 6~12세 아동을 대상으로 시행하며 측정 도구는 〈부록 9-3〉에 제시되어 있다.

(7) 충동성 척도(Impulsivity Scale; IS)

IS는 아동의 충동성을 측정하기 위한 것으로 Paul P. Hirschfield(1965), Brian Sutton-Smith와 B. G. Rosenberg가 개발하였다. 19개 항목으로 "예-아니요" 형태의 이분 척도다. IS는 충동성을 과활동적이고, 규칙을 어기고, 야단법석을 떨면서 즐기는 경향성으로 정의하였다. 이 측정 도구는 통제력결함이나 반항성과 행동화 문제를 가진 아동에게 사용될 수 있다. 채점은 반응자의 대답이 항목 답(Item key)과 일치할 때, 1점이 제공된다. 괄호가 없는 항목들이 "예"로 채점되는 반면, 괄호 안의 항목들은 "아니요"로 채점된다. 측정 도구는 〈부록 9-4〉에 제시되어 있다.

(8) 자기-통제력 평정척도(Self-Control Rating Scale; SCRS)

SCRS(Kendall & Wilcox, 1979)는 초등학교 학생들의 자기-통제에 대한 충동성 차원을 평가하기 위해 개발된 것으로, 교사나 부모가 평정한다. 이 척도는 자기-통제의 인지적-행동적 개념화에 근거를 두고 있는데, 이는 자기 통제를 잘하는 아동은 원하지 않는 행동을 억제하고 바람직한 행동을 수행하는데 필요한 대안들과 행동 기술들을 소유하고 있다고 가정한다. 총 33항목 중 10개 항목은 자기-통제를 기술하고 있으며, 13개 항목은 충동성을 나타내며, 나머지 10개 항목은 자기-통제와 충동성 두 개의 가능성을 제시한다. 각 항목들은 7점 척도로 평정되며, 모든 항목들의 합계가 총점이 된다. 점수가 높을수록 아동은 더 충동적이거나 자기-통제가 부족한 것을 나타내 준다. SCRS의 평균은 대략 100이다.

Kendall과 Zupan, Braswell(1981b)은 SCRS 점수들이 교실 행동과 의미 있게 관련되어 있다는 것을 발견했다. 즉, 높은 점수가 교실에서의 파괴 행동과 많이 관련되어 있는 것으로 나타났으며, Kendall과 Wilcox(1979)도 동일한 결과를 보고하였다. SCRS는 〈부록 9-5〉에 제시되어 있다.

(9) 아동 공격성 척도(Children's Aggression Scale; CAS)

CAS는 아동의 공격성을 평가하기 위한 척도로 Halperin, McKay, Grayson, Newcorn이 개발하였다. 이 척도는 성인의 공격성을 평가하는 척도인 Overt Aggression Scale(Yudorfsky 등, 1986), Buss-Durkee Hostility Inventory(Buss & Durkee, 1957)를 부분적인 모델로 삼고 있으며, 부모용인 CAS-P(Halperin 등, 2002)와 교사용인 CAS-T(Halperin 등, 2003)가 있다. CAS-P는 33문항으로 구성되어 있는데 5개의 별개 영역에서 공격적인 행동이 나타나는 빈도를 평가한다. 5개 영역은 각각 언어적 공격, 동물이나 사물에 대한 공격, 유발된 육체적 공격, 유발되지 않은 육체적 공격, 무기의 사용이다. 각 항목별로 공격적인 행동이 나타나는 빈도에 따라 0~4점으로 대답하여 전체를 합산하여 점수를 내게 된다. CAS-P가 가정 내부와 외부에서 나타나는 공격성을 각각 평가하는 데 비해 CAS-T는 학교에서의 폭력만을 평가하므로 문항 수가 10개 적은 것을 제외하고는 내용은 같다.

CAS-P와 CAS-T의 내적 일치도는 Cronbach alpha 값이 .93으로 높은 편이다. CAS-P를 실시한 결과 품행장애 아동들이 적대적 반항장애 아동보다 높은 점수를, 적대적 반항장애 아동들은 ADHD만을 가진 아동보다 높은 점수를 획득하였다. 또한 CBCL의 비행 및 공격성 소척도, IOWA 코너스 척도의 공격성 소척도와의 높은 상관이 있었다. CAS-T는 ADHD 아동과 적대적 반항장애 아동을 구분하지는 못하였지만 이 두 군과 품행장애 아동 간에는 유의한 점수 차이를 볼 수 있었다. 이런 점을 볼 때 CAS는 소아기 외현화장애를 보이는 아동들에게서 비공격적인 파탄 행동과는 구분되는 공격적 행동의 빈도와 정도를 평가하는 좋은 방법이 될 수 있다. 또한 그러한 공격성이 주로 나타나는 영역을 확인하는 면에서도 도움을 줄 수 있다. CAS-P는 〈부록 9-6〉에 제시되어 있다.

(10) 청소년 비행행동 측정도구
(Scale for Measuring Delinquent Behavior; SMDB)

김헌수와 김현실(2000)이 개발한 측정도구로, 청소년 비행행동을 조기에 평가하기 위한 측정도구다. 총 31개 문항, 3개 요인으로 구성되어 있으며 청소년이 직접 자신의 비행, 범죄행동의 자행이나 충동정도를 평가하는 방식이다. 각 문항에 대한 대답은 6점 Likert 척도를 사용하고 있으며 점수가 높을수록 비행행동이 심각한 것을 의미한다. 검사의 신뢰도는 Cronbach alpha 값이 .95, 검사-재검사 신뢰도는 .83, 문항 간 상관계수는 0.25~0.75 정도로 비교적 높은 편이다. 특별한 문제 없이 중·고등학교에 재학 중인 학생 1,206명과 소년원에 재소 중인 청소년 971명을 대상으로 변별력을 파악하기 위한 차이검정을 실시한 결과, 총점수를 기준으로 양 군은 p=0.0001 수준에서 차이를 보였다. 단, 자기-보고 평가라는 특성상 비행청소년이 자신의 문제행동의 심각성과 상황에 대한 인지에서 정상적인 반응을 보이지 않을 가능성이 있다고 볼 때 신뢰도에는 다소 문제가 있을 것이다. 이 도구의 문항은 〈부록 9-7〉에 제시되어 있다.

4. 요약 및 제언

DSM-IV에서는 '품행장애'를 하나의 독립된 질환으로 다루고 있으며, ICD-10에서는 행동장애라는 큰 범주 내에 '가정에 국한된 품행장애'(Conduct disorder confined to the family context), '사회화되지 않은 품행장애' (Unsocialized conduct disorder), '사회화된 품행장애'(Socialized conduct disorder), '적대적 반항장애'(Oppositional defiant disorder), '기타 품행장애' (Other conduct disorder), '품행장애, 특정불능'(Conduct disorder, unspecified) 의 6개 아형을 두고 있다. 따라서 분류에서는 DSM-IV와 ICD-10 간에 상당한 차이가 있다고 할 수 있다. 이 중 '사회화되지 않은 품행장애'나 '사회화된 품행장애'는 과거에 DSM 분류체계에서 사용되었던 진단명이었으나 DSM-IV에서는 삭제되었다. '적대적 반항장애'는 DSM-IV에서는 독립된 장애로 다루고 있는 데 반하여 ICD-10에서는 '행동장애'의 한 아형으로 다루고 있다. '가정에 국한된 품행장애'는 ICD-10에만 존재하는 진단으로 이 질환군이 일반적인 품행장애와 임상적인 특징 외에 구별되는 점이 있는가에 대하여는 지속적인 연구가 필요하다. 품행장애의 원인으로 가정환경적인 요인이나 사회적 요인이 가장 중요한 원인으로 추정되지만, 생물학적인 또는 생리적인 요인도 중요한 역할을 하고 있는 것으로 보고되고 있다.

품행장애에 대한 우리나라의 연구는 외국에 비해 아직 활발하지 않은 수준이다. 현상론, 역학, 원인, 치료 또는 예후에 관한 모든 연구들이 앞으로 시행되어야 할 것이다. 추적 연구에서 품행장애 아동들이 대부분 호전되는 경향을 띠고 있지만, 일부에서는 청소년 비행을 거쳐 반사회적 성격장애로 이행된다는 점에서 조기 치료와 예방책이 필요하다.

부록 9-1

파탄적 행동장애 평정척도 – 부모용

아동의 이름 _____   나이 _____   날짜 _____
평정자 _____   아동과의 관계 :   부   모   양부모

지시: 당신의 아이가 지난 12개월 동안 아래 행동들 중에서 행한 것을 표시하시오.

1. 흔히 다른 사람들을 괴롭히거나 위협하거나 협박한다.   아니요   예
2. 흔히 신체적인 싸움을 일으킨다.   아니요   예
3. 다른 사람들에게 심각한 신체적 해를 가할 수 있는
   무기를 사용한다(예: 곤봉, 벽돌, 깨진 병, 칼 또는 총).   아니요   예
4. 사람에게 신체적으로 가혹하게 대한다.   아니요   예
5. 동물에게 신체적으로 가혹하게 대한다.   아니요   예
6. 피해자와 대면한 상태에서 도둑질을 한다.
   (예: 노상 강도, 날치기, 강탈, 무장 강도)   아니요   예
7. 다른 사람에게 성적 행위를 강요한다.   아니요   예
8. 심각한 손상을 입히려는 의도로 일부러 불을 지른다.   아니요   예
9. 다른 사람의 재산을 일부러 파괴한다(방화는 제외).   아니요   예
10. 다른 사람의 집, 건물, 차를 파괴한다.   아니요   예
11. 흔히 물건이나 호의를 얻기 위해 또는 의무를 회피하기
    위해 거짓말을 한다(예: 다른 사람을 속인다.).   아니요   예
12. 피해자와 대면하지 않은 상황에서 귀중품을 훔친다
    (파괴와 침입이 없는 도둑질, 위조문서).   아니요   예

13. 흔히 부모님의 금지에도 불구하고 밤 늦게까지 집에
    돌아오지 않는다. 만약 있었다면,   아니요   예
    몇 살 때부터 그랬는가? _____

14. 친부모, 양부모 또는 고아원에서 같이 사는 동안 적어도
    두 번 가출한다. 만약 있었다면, 몇 번이나? _____   아니요   예

15. 흔히 학교를 무단결석한다.   아니요   예
    만약 그렇다면, 몇 살 때부터 그랬는가? _____

출처: 표경식 등(2000).

부록 9-2

반응적 공격성과 주도적 공격성에 대한 교사-평정 도구

_____초등학교 ____ 학년 ____ 반 ____ 번 이름: _____ 성별: 남/여

1. 이 아이는 괴롭힘이나 위협을 당할 때, 쉽게 화를 내고 반격을 가한다. (R)

거의 아님		중간 정도		매우 자주
①	②	③	④	⑤

2. 이 아이는 동료와 잘 협동한다. (F)

거의 아님		중간 정도		매우 자주
①	②	③	④	⑤

3. 이 아이는 다른 아이들을 지배하기 위해 물리적인 힘을 사용한다(혹은 힘을 사용해 위협한다.). (P)

거의 아님		중간 정도		매우 자주
①	②	③	④	⑤

4. 이 아이는 언제나 싸움을 다른 아이의 탓이라고 주장하고 그들이 먼저 모든 문제를 일으켰다고 느낀다. (R)

거의 아님		중간 정도		매우 자주
①	②	③	④	⑤

5. 이 아이는 일부의 동료들하고만이 아니라 다수의 동료들과 다 잘 어울려 논다. (F)

거의 아님		중간 정도		매우 자주
①	②	③	④	⑤

6. 이 아이는 다른 아이들을 끌어들여서 집단으로 자신이 좋아하지 않는 동료를 괴롭힌다. (P)

7. 동료가 잘못해서 그 아이를 다치게 하였을 때(그 아이와 부딪힌 경우), 이 아이는 동료가 일부러 그렇게 했다고 생각하기 때문에, 화를 내며 싸우려 드는 과민반응을 한다. (R)

8. 이 아이는 어려운 동료를 잘 도와준다. (F)

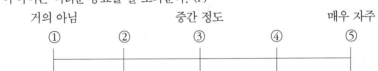

9. 아이는 바라는 것을 얻기 위해 다른 아이들을 위협하거나 괴롭힌다. (P)

(P) : Proactive aggression, (R) : Reactive aggression, (F) : Filler item

출처: 전선영(2000).

부록 9-3

Children's Action Tendency Scale; CATS

지시: 아래에 13개의 상황이 있습니다. 각각을 읽은 후, 그 상황에서 당신이 어떻게 행동할 것인지를 두 개의 대답 중에서 하나를 선택하여 동그라미를 하십시오. 이는 당신이 어떻게 해야만 하는가가 아니라 어떻게 할 것인가와 관련해서 대답하십시오. 여기에는 맞거나 틀린 대답은 없습니다.

1. 친구와 게임을 하면서 놀고 있었다. 최선을 다했지만 실수를 하고 말았다. 친구들이 놀리면서 욕을 하기 시작하였다. 당신은 어떻게 하겠는가?

   a. 나를 가장 많이 놀린 친구를 때린다. 또는 (Agg)
   b. 게임을 그만두고 집으로 간다. (Sub)

   a. 만약 내가 너희들에게 똑같이 한다면 너희들도 기분 나쁘지 않겠냐면서 그만두라고 말한다. 또는 (As)
   b. 나를 가장 많이 놀린 친구를 때린다.

   a. 게임을 그만두고 집으로 간다.
   b. 만약 내가 너희들에게 똑같이 한다면 너희들로 기분 나쁘지 않겠냐면서 그만두라고 말한다.

2. 친구와 집에서 놀고 있었다. 친구가 어지럽혔지만, 부모님들이 당신을 꾸짖고 혼낸다. 당신은 어떻게 하겠는가?

   a. 치우는 것을 도와 달라고 친구에게 부탁한다. 또는 (As)
   b. 다음날 부모님과 말을 하지 않거나 부모님의 말을 듣지 않는다. (Agg)

   a. 치운다. 또는 (Sub)
   b. 치우는 것을 도와 달라고 친구에게 부탁한다.

   a. 다음날 부모님과 말을 하지 않거나 부모님의 말을 듣지 않는다. 또는
   b. 치운다.

3. 어느 날 아침, 교실 앞에서 친구가 당신에게 오더니 숙제를 보여 줄 수 있는지를 묻는

다. 만약 답을 보여 주지 않는다면, 모든 친구들한테 정말 치사한 놈이라고 말할 것이라고 말한다. 당신은 어떻게 하겠는가?

a. 자신의 일은 스스로 하라고 말한다. 또는 (AS)
b. 답을 보여 준다. (Sub)

a. 모든 친구들에게 사기꾼이라고 말할 것이라고 그 친구에게 말한다, 또는 (Agg)
b. 자신의 일은 스스로 하라고 말한다.

a. 답을 보여 준다. 또는
b. 모든 친구들에게 사기꾼이라고 말할 것이라고 그 친구에게 말한다.

4. 물을 마시기 위해 줄을 서 있었다. 당신 또래의 나이와 당신 정도의 키를 한 아이가 걸어 와서는 당신을 줄에서 밀어낸다. 당신은 어떻게 하겠는가?

a. 줄 밖으로 그 아이를 밀어낸다. 또는 (Agg)
b. 그 아이에게 "그렇게 행동하는 것은 옳지 않다."고 말한다. (As)

a. 줄 끝으로 걸어간다. 또는 (Sub)
b. 줄 밖으로 그 아이를 밀어낸다.

a. 그 아이에게 "그렇게 행동하는 것은 옳지 않다."고 말한다. 또는
b. 줄 끝으로 걸어간다.

5. 좋아하는 책을 친구에게 빌려 주었다. 몇 달 후 되돌려 받았지만, 몇 장이 찢어져 있었고 겉표지는 더럽혀지고 모양이 찌그러져 있었다. 당신은 어떻게 하겠는가?

a. 나의 친구에게 "어떻게 된 거야." 하고 묻는다. 또는 (As)
b. 그 아이에게 욕을 한다. (Agg)

a. 무시한다. 또는 (Sub)
b. 나의 친구에게 "어떻게 된 거야." 하고 묻는다.

a. 그 아이에게 욕을 한다. 또는
b. 무시한다.

6. 학교에서 나오고 있었다. 당신보다 작고 어린 아이가 머리 오른쪽으로 눈덩이를 던졌다. 당신은 어떻게 하겠습니까?

a. 아이를 때린다. 또는 (Agg)
b. 무시한다. (Sub)

a. 사람의 머리 쪽으로 던지는 것은 매우 위험하다고 아이에게 말한다. 또는 (As)

b. 아이를 때린다.

a. 무시한다. 또는

b. 사람의 머리 쪽으로 던지는 것은 매우 위험하다고 아이에게 말한다.

7. 아이들이 게임하면서 놀고 있는 것을 보았다. 다가가서 함께 놀 수 있는지를 물었다. 당신이 잘하지 못하기 때문에 같이 놀 수 없다고 말한다. 당신은 어떻게 하겠습니까?

a. 나에게 기회를 달라고 부탁한다. 또는 (As)

b. 불쾌하게 여기고, 그냥 간다. (Sub)

a. 그들의 게임을 방해해서 놀 수 없게 만든다. 또는 (Agg)

b. 나에게 기회를 달라고 부탁한다.

a. 불쾌하게 여기고, 그냥 간다. 또는

b. 그들의 게임을 방해해서 놀 수 없게 만든다.

8. 당신은 텔레비전으로 정말 멋진 쇼를 보고 있었다. 쇼 중간에, 부모님들이 잠잘 시간이라면서 TV를 끄라고 말한다. 당신은 어떻게 하겠습니까?

a. "싫어." 하고 부모님들에게 소리를 친다. 또는 (Agg)

b. 울기 시작한다. (Sub)

a. 만약 오늘 밤 늦게까지 있게 해 준다면, 내일 밤에는 더 일찍 잠자러 가겠다고 약속한다. 또는 (As)

b. "싫어." 하고 부모님들에게 소리를 친다.

a. 울기 시작한다. 또는

b. 만약 오늘 밤 늦게까지 있게 해 준다면, 내일 밤에는 더 일찍 잠자러 가겠다고 약속한다.

9. 식당에서 점심을 먹고 있었다. 친구가 디저트로 큰 봉지의 맛있는 초콜릿을 먹는다. 단한 조각만 먹을 수 있는지를 물었는데, 친구가 "안 돼." 하고 대답한다. 당신은 어떻게 하겠습니까?

a. 초콜릿과 나의 것들 중에서 교환하자고 제안한다. 또는 (As)

b. 이기적이라고 욕한다. (Agg)

a. 그것에 대해서는 잊어버리고 점심을 계속 먹는다. 또는 (Sub)

b. 초콜릿과 나의 것들 중에서 교환하자고 제안한다.

a. 이기적이라고 욕한다. 또는
b. 그것에 대해서는 잊어버리고 점심을 계속 먹는다.

10. 당신 학급 친구가 그들이 당신보다 더 똑똑하다고 자랑을 한다. 그러나 사실 당신은 그 아이가 틀렸고 당신이 정말로 더 똑똑하다는 것을 안다. 당신은 어떻게 하겠습니까?

a. 그 아이에게 입 다물라고 말한다. 또는 (Agg)
b. 누가 더 똑똑한지를 알아보기 위해 서로 질문을 해 보자고 제안한다. (As)

a. 그 아이를 무시하고 그냥 간다. 또는 (Sub)
b. 그 아이에게 입 다물라고 말한다.

a. 누가 더 똑똑한지를 알아보기 위해 서로 질문을 해 보자고 제안한다. 또는
b. 그 아이를 무시하고 그냥 간다.

11. 당신과 또 다른 아이가 게임을 하고 있다. 게임의 승자가 정말 멋진 상품을 타게 될 것이다. 당신은 정말로 열심히 했으나, 단 한 점 차이로 졌다. 당신은 어떻게 하겠습니까?

a. 그 아이에게 사기꾼이라고 말한다. 또는 (Agg)
b. 연습해서 다음번에는 내가 이길 것이다. (As)

a. 집에 가서 운다. 또는 (Sub)
b. 그 아이에게 사기꾼이라고 말한다.

a. 연습해서 다음번에는 내가 이길 것이다. 또는
b. 집에 가서 운다.

12. 부모님이 당신을 정말로 괴롭히는 것을 한다. 부모님은 그것이 당신을 괴롭힌다는 것을 알지만, 당신이 어떻게 느끼는지에 대해서 무시하고 계속 그것을 한다. 당신은 어떻게 하겠습니까?

a. 부모님을 괴롭히는 것으로 앙갚음을 한다. 또는 (Agg)
b. 나를 괴롭히고 있다고 부모님께 말한다. (As)

a. 이를 무시하기 위해 노력한다. 또는 (Sub)
b. 부모님을 괴롭히는 것으로 앙갚음을 한다.

a. 나를 괴롭히고 있다고 부모님께 말한다. 또는
b. 이를 무시하기 위해 노력한다.

13. 집에서 친구들과 놀면서 많은 소리를 내었다. 부모님이 매우 화를 내시면서 그렇게 소리가 많이 나는 것에 대해 당신을 꾸짖기 시작한다. 당신은 어떻게 하겠습니까?

  a. 다른 것을 찾아본다, 또는 (Sub)
  b. 부모님의 꾸짖음을 무시하고 계속 소리를 낸다. (Agg)

  a. "죄송합니다. 그러나 소리를 내지 않고는 게임을 할 수 없습니다."라고 말한다. 또
· 는 (As)
  b. 다른 것을 찾아본다.

  a. 부모님의 꾸짖음을 무시하고 계속 시끄럽게 한다. 또는
  b. "죄송합니다. 그러나 소리를 내지 않고는 게임을 할 수 없습니다."라고 말한다.

공격성의 대안 : 1a, 4b, 8a, 10a, 13b, 16a, 20a, 25b, 28a, 31a, 34a, 37b
주장성의 대안 : 2a, 4a, 7a, 10b, 13a, 17a, 19a, 23a, 25a, 28b, 31b, 34b, 38a
순종성의 대안 : 1b, 5a, 7b, 11a, 14a, 16b, 19b, 22b, 26a, 29a, 32a, 35a, 37a
As : Assertivenss,   Agg : Aggressiveness,   Sub : Submissive

부록 9-4

충동성 척도

지시 : 각 문장이 당신에게 적용되는 것인지 적용되지 않는 것인지를 결정하시오. 문장이
       당신에 적용되는 것이라면 T(True)에 동그라미, 당신에게 적용되지 않는 것이라면
       F(False)에 동그라미 하시오.

T F   1. 나는 돌아다니는 것을 좋아한다.
         (나는 돌아다니는 것을 좋아하지 않는다.)

T F   2. 나는 친구들을 금방 사귄다.
         (나는 친구들을 금방 사귀지 못한다.)

T F   3. 나는 싸우고 법석 떠는 것을 좋아한다.
         (나는 싸우고 법석 떠는 것을 좋아하지 않는다.)

T F   4. 나는 총과 화살 쏘는 것을 좋아한다.
         (나는 총과 화살 쏘는 것을 좋아하지 않는다.)

T F   5. 나는 내가 좌담의 명수라는 것을 인정한다.
         (나는 내가 좌담의 명수가 아니라는 것을 인정한다.)

T F   6. 소방차가 언제, 어디를 지나가든지, 소방차 따라가는 것을 좋아한다.
         (만약 소방차가 어디를 지나고 있다면, 나는 보통 따라가는 것을 좋아하지 않는다.)

T F   7. 우리 집은 언제나 행복하지 않다.
         (우리 집은 언제나 행복하다.)

T F   8. 조용할 때, 나는 소란을 일으키는 것을 좋아한다.
         (나는 보통 조용할 때, 소란 일으키는 것을 좋아하지 않는다.)

T F   9. 나는 활동적이다.
         (나는 활동적이지 않다.)

T F   10. 나는 내가 다른 사람처럼 행복하다고 생각하지 않는다.
         (나는 다른 사람처럼 행복하다고 생각한다.)

T F   11. 나는 할로윈 데이(Halloween day)에 장난을 즐긴다.
         (나는 할로윈 데이에 장난하지 않는다.)

T F   12. 나는 우리가 그런 종류의 게임을 할 때 그것 자체를 좋아한다.
         (나는 우리가 그런 종류의 게임을 할 때 그것 자체를 좋아하지 않는다.)

T F   13. 나는 사람들을 풀 가장자리로 미는 것이 재미있다.

(나는 사람들을 풀 가장자리로 미는 것이 재미있지 않다.)

T F   14. 나는 때때로 학교를 빼먹는다.

(나는 결코 학교를 빼먹지 않는다.)

T F   15. 나는 한 사람하고만이 아니라, 많은 다른 아이들과 함께 어울리는 것이 좋다.

(나는 보통 많은 사람들보다는 한 아이하고만 노는 것을 좋아한다.)

T F   16. 나는 표적에 돌 던지는 것을 좋아한다.

(나는 표적에 돌 던지는 것을 좋아하지 않는다.)

T F   17. 만약 게임에서 지고 있다면 규칙을 지키는 것이 어렵다.

(나는 게임에서 지고 있을 때조차도 규칙을 지키는 것이 어렵지 않다.)

T F   18. 나는 아이들에게 어떤 것을 할 수 있거든 해 보라고 덤비는 것을 좋아한다.

(나는 아이들에게 어떤 것을 할 수 있거든 해 보라고 덤비는 것을 좋아하지 않는다.)

T F   19. 나는 견실하고 착실한 일꾼으로 알려져 있지 않다.

(나는 견실하고 착실한 일꾼으로 알려져 있다.)

부록 9-5

자기-통제력 평정척도

이 름 _____   학 년 _____
평정자 _____   날 짜 _____

아래 진술문에 따라서 이 아동에게 알맞은 번호에 동그라미를 치십시오. 각 줄의 중앙에 있는 줄쳐진 4는 보통을 나타내는 것입니다.

1. 아동이 어떤 것을 하기로 약속을 했을 때, 당신
은 아동이 그것을 했을 것이라고 생각하는가?

1 2 3 <u>4</u> 5 6 7
언제나   결코 아님

2. 자신이 참여하지 않았을 때조차도 아동은 게임
이나 활동에 참견을 하는가?

1 2 3 <u>4</u> 5 6 7
결코 아님   언제나

3. 흥분했거나 감정이 상했을 때, 아동은 침착하게
진정할 수 있는가?

1 2 3 <u>4</u> 5 6 7
예   아니요

4. 아동의 학습 능력은 거의 동일한가? 혹은 매우
다양한가?

1 2 3 <u>4</u> 5 6 7
동일   다양

5. 아동은 장기간의 목적들을 위해 노력하는가?

1 2 3 <u>4</u> 5 6 7
예   아니요

6. 아동은 질문을 하고 나서, 대답을 기다리고 있
는가? 혹은 대답을 기다리기 전에 또 다른 질문
을 하는가?

1 2 3 <u>4</u> 5 6 7
기다림   건너뜀

7. 아동은 또래들과 대화할 때 부적절하게 끼어드
는가? 혹은 자신이 말할 순서를 기다리는가?

1 2 3 <u>4</u> 5 6 7
기다림   방해함

8. 아동은 하던 일을 끝마칠 때까지 하고 있는 일
에 충실한가?

1 2 3 <u>4</u> 5 6 7
예   아니요

9. 아동은 자신을 책임지고 있는 어른의 지시를 따
르는가?

1 2 3 <u>4</u> 5 6 7
언제나   결코 아님

10. 아동은 모든 것을 즉시 행하는가?

1 2 3 <u>4</u> 5 6 7
아니오   예

11. 줄을 서서 기다리고 있을 때, 아동은 인내심을
가지고 기다리고 있는가?

1 2 3 <u>4</u> 5 6 7
예   아니요

12. 아동은 가만히 앉아 있는가? 1 2 3 <u>4</u> 5 6 7
예 아니요

13. 아동은 집단 계획에서 다른 사람의 지시를 따 1 2 3 <u>4</u> 5 6 7
를 수 있는가? 혹은 자신의 생각을 강압적으로 따라할수있음 강압적
주장하는가?

14. 아동은 어떤 것을 행하기 전에 몇 번 상기시켜 1 2 3 <u>4</u> 5 6 7
야 하는가? 결코 아님 언제나

15. 꾸짖었을 때, 아동은 부적절하게 말대꾸를 하 1 2 3 <u>4</u> 5 6 7
는가? 결코 아님 언제나

16. 아동은 사고를 일으키는 경향이 있는가? 1 2 3 <u>4</u> 5 6 7
아니요 예

17. 아동은 규칙적인 일상의 일들이나 과제들을 1 2 3 <u>4</u> 5 6 7
무시하거나 잊어버리는가? 결코 아님 언제나

18. 아동이 공부에 몰두할 수 없어 보이는 날이 있 1 2 3 <u>4</u> 5 6 7
는가? 결코 아님 종종

19. 만약 선택이 주어졌다면, 아동은 오늘 더 작은 1 2 3 <u>4</u> 5 6 7
인형을 당장 집을 것 같은가? 혹은 내일 더 큰 기다림 집음
인형을 기다릴 것 같은가?

20. 아동은 다른 사람의 소유물을 빼앗는가? 1 2 3 <u>4</u> 5 6 7
결코 아님 종종

21. 다른 사람들이 무엇을 하기 위해 노력하고 있 1 2 3 <u>4</u> 5 6 7
을 때, 아동은 사람들을 귀찮게 하는가? 아니요 예

22. 아동은 기본적인 규칙을 어기는가? 1 2 3 <u>4</u> 5 6 7
결코 아님 언제나

23. 아동은 자신이 가고 있는 곳을 주시하는가? 1 2 3 <u>4</u> 5 6 7
언제나 결코 아님

24. 질문에 대답할 경우, 아동은 심사숙고해서 한 1 2 3 <u>4</u> 5 6 7
가지를 대답하는가? 혹은 한 번에 몇 가지 대 한 번 몇 번
답들을 불쑥 말하는가?

25. 아동은 쉽게 자신의 공부나 일에서 주의가 분 1 2 3 <u>4</u> 5 6 7
산되는가? 아니요 예

26. 당신은 이 아이를 주의깊은 아이로 혹은 부주 1 2 3 <u>4</u> 5 6 7
의한 아이로 기술하겠는가? 주의깊은 부주의한

27. 이 아이는 또래들과 잘 노는가(규칙을 따르고, 1 2 3 <u>4</u> 5 6 7
순서를 기다리고, 협동하면서)? 예 아니요

28. 이 아이는 한 번에 한 가지를 꾸준히 하기보다
는 한 활동에서 다른 활동으로 건너뛰거나 전
환하는가?

    1   2   3   <u>4</u>   5   6   7
꾸준히   전환

29. 만약 과제가 처음에 이 아이에게 너무 어렵다
면, 이 아이는 좌절하고 포기하는가? 혹은 문
제를 풀기 위해 도움을 요청하는가?

    1   2   3   <u>4</u>   5   6   7
도움 요구   포기

30. 아동은 게임을 망치는가?

    1   2   3   <u>4</u>   5   6   7
결코 아님   종종

31. 아동은 행동하기 전에 생각하는가?

    1   2   3   <u>4</u>   5   6   7
언제나   결코 아님

32. 만약 그 아이에게 공부에 더 많은 주의를 기울
이도록 한다면, 당신은 아동이 현재보다 더 잘
할 것이라고 생각하는가?

    1   2   3   <u>4</u>   5   6   7
아니요   예

33. 아동은 한 번에 너무 많은 것들을 하는가? 혹
은 한 번에 한 가지에만 집중을 하는가?

    1   2   3   <u>4</u>   5   6   7
한 가지   많이

출처: 이경임(2001).

부록 9-6

아동 공격성 척도 – 부모용

생년월일 : _____ 이름 : _____ 성별 : 남/여

I. 언어적 공격성

1. 같이 사는 다른 아이에게 소리를 지른다.

전혀 없음	월 1회 이하	주 1회 이하	주당 2~3회	거의 매일
①	②	③	④	⑤

2. 같이 사는 어른에게 소리를 지른다.

전혀 없음	월 1회 이하	주 1회 이하	주당 2~3회	거의 매일
①	②	③	④	⑤

3. 같이 살지 않는 또래나 친구에게 소리를 지른다.

전혀 없음	월 1회 이하	주 1회 이하	주당 2~3회	거의 매일
①	②	③	④	⑤

4. 같이 살지 않는 어른에게 소리를 지른다.

전혀 없음	월 1회 이하	주 1회 이하	주당 2~3회	거의 매일
①	②	③	④	⑤

5. 같이 사는 다른 아이에게 욕이나 악담을 한다.

전혀 없음	월 1회 이하	주 1회 이하	주당 2~3회	거의 매일
①	②	③	④	⑤

6. 같이 사는 어른에게 욕이나 악담을 한다.

전혀 없음	월 1회 이하	주 1회 이하	주당 2~3회	거의 매일
①	②	③	④	⑤

7. 같이 살지 않는 또래나 친구에게 욕이나 악담을 한다.

전혀 없음	월 1회 이하	주 1회 이하	주당 2~3회	거의 매일
①	②	③	④	⑤

8. 같이 살지 않는 어른에게 욕이나 악담을 한다.

전혀 없음	월 1회 이하	주 1회 이하	주당 2~3회	거의 매일
①	②	③	④	⑤

9. 같이 사는 다른 아이에게 때리겠다고 말로 위협을 한다.

전혀 없음	월 1회 이하	주 1회 이하	주당 2~3회	거의 매일
①	②	③	④	⑤

10. 같이 사는 어른에게 때리겠다고 말로 위협을 한다.

전혀 없음	월 1회 이하	주 1회 이하	주당 2~3회	거의 매일
①	②	③	④	⑤

11. 같이 살지 않는 또래나 친구에게 때리겠다고 말로 위협을 한다.

전혀 없음	월 1회 이하	주 1회 이하	주당 2~3회	거의 매일
①	②	③	④	⑤

12. 같이 살지 않는 어른에게 때리겠다고 말로 위협을 한다.

전혀 없음	월 1회 이하	주 1회 이하	주당 2~3회	거의 매일
①	②	③	④	⑤

II. 사물이나 동물에 대한 공격

13. 화가 나면 문을 두드리거나 의자를 차거나 물건을 집어던지고 부순다.

전혀 없음	월 1회 이하	주 1회 이하	주당 2~3회	거의 매일
①	②	③	④	⑤

14. 남의 물건을 부순다.

전혀 없음	월 1회 이하	주 1회 이하	주당 2~3회	거의 매일
①	②	③	④	⑤

15. 애완동물 또는 다른 동물을 놀리고 집적대고 귀찮게 한다.

전혀 없음	월 1회 이하	주 1회 이하	주당 2~3회	거의 매일
①	②	③	④	⑤

16. 애완동물 또는 다른 동물을 상처 입히고 고문한다.

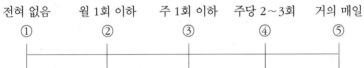

전혀 없음	월 1회 이하	주 1회 이하	주당 2~3회	거의 매일
①	②	③	④	⑤

III. 유발된 신체적 공격

17. 자극을 받으면 같이 사는 다른 아이와 싸운다.

전혀 없음	월 1회 이하	주 1회 이하	주당 2~3회	거의 매일
①	②	③	④	⑤

18. 자극을 받으면 같이 사는 어른과 싸운다.

전혀 없음	월 1회 이하	주 1회 이하	주당 2~3회	거의 매일
①	②	③	④	⑤

19. 자극을 받으면 또래나 친구와 싸운다.

전혀 없음	월 1회 이하	주 1회 이하	주당 2~3회	거의 매일
①	②	③	④	⑤

20. 자극을 받으면 같이 살지 않는 어른과 싸운다.

전혀 없음	월 1회 이하	주 1회 이하	주당 2~3회	거의 매일
①	②	③	④	⑤

21. 이러한 싸움이 얼마나 자주 약한 부상(멍이나 찰과상)을 일으키는가?

전혀 없음	월 1회 이하	주 1회 이하	주당 2~3회	거의 매일
①	②	③	④	⑤

22. 지난 1년간 이러한 싸움이 얼마나 자주 심한 부상(골절, 열상, 의사의 치료가 필요한 경우)을 일으켰는가?

전혀 없음	월 1회 이하	주 1회 이하	주당 2~3회	거의 매일
①	②	③	④	⑤

IV. 유발되지 않고 스스로 시작하는 신체적 공격

23. 자극 없이도 같이 사는 다른 아이와 싸운다.

전혀 없음	월 1회 이하	주 1회 이하	주당 2~3회	거의 매일
①	②	③	④	⑤

24. 자극 없이도 같이 사는 어른과 싸운다.

전혀 없음	월 1회 이하	주 1회 이하	주당 2~3회	거의 매일
①	②	③	④	⑤

25. 자극 없이도 또래나 친구와 싸운다.

전혀 없음	월 1회 이하	주 1회 이하	주당 2~3회	거의 매일
①	②	③	④	⑤

26. 자극 없이도 같이 살지 않는 어른과 싸운다.

전혀 없음	월 1회 이하	주 1회 이하	주당 2~3회	거의 매일
①	②	③	④	⑤

27. 이러한 싸움이 얼마나 자주 약한 부상(멍이나 찰과상)을 일으키는가?

전혀 없음	월 1회 이하	주 1회 이하	주당 2~3회	거의 매일
①	②	③	④	⑤

28. 지난 1년간 이러한 싸움이 얼마나 자주 심한 부상(골절, 열상, 의사의 치료가 필요한 경우)을 일으켰는가?

전혀 없음	월 1회 이하	주 1회 이하	주당 2~3회	거의 매일
①	②	③	④	⑤

V. 무기의 사용

29. 칼이나 총과 같은 무기를 들고 다닌다.

전혀 없음	월 1회 이하	주 1회 이하	주당 2~3회	거의 매일
①	②	③	④	⑤

30. 무기로 다른 사람을 위협한다.

전혀 없음	월 1회 이하	주 1회 이하	주당 2~3회	거의 매일
①	②	③	④	⑤

31. 지난 1년간 싸울 때 무기를 사용한 횟수는 몇 번인가?

      전혀 없음   월 1회 이하   주 1회 이하   주당 2～3회   거의 매일
        ①   ②   ③   ④   ⑤

32. 지난 1년간 무기로 다른 사람을 몇 번이나 다치게 하였는가?

      전혀 없음   월 1회 이하   주 1회 이하   주당 2～3회   거의 매일
        ①   ②   ③   ④   ⑤

33. 29～32번의 행동이 조직 폭력집단의 소속원으로 벌인 일이다. (예 / 아니요)

＊교사용 CAS에는 1, 2, 5, 6, 9, 10, 17, 18, 23, 24번이 없다.

부록 9-7

청소년 비행행동 측정도구

이 름 _____   생년월일 _____

아래 항목을 읽고 자신에게 가장 적합한 정도를 찾아 표시를 하십시오.

1 = 전혀 그렇지 않다   2 = 그렇지 않다   3 = 약간 그렇지 않다
4 = 약간 그렇다   5 = 그렇다   6 = 매우 그렇다

1. 아동기 때 학교 가기를 거부한 적이 있다.	1 2 3 4 5 6
2. 청소년기에 심한 비행행동을 한 적이 있다.	1 2 3 4 5 6
3. 상습적으로 과음을 해서 술 끊기가 어려웠다.	1 2 3 4 5 6
4. 미루지 못하고 즉각적으로 행동해야 속이 편하다.	1 2 3 4 5 6
5. 15세 전에 위법행위를 하여 법적 처벌을 받은 적이 있다.	1 2 3 4 5 6
6. 칼로 자신을 약간 베거나 타박상 또는 경미한 화상을 스스로에게 입힌 적이 있다.	1 2 3 4 5 6
7. 고등학교 때 나쁜 짓을 하여 물의를 일으킨 적이 있다.	1 2 3 4 5 6
8. 자제를 못하고 충동적으로 행동할 때가 흔하다.	1 2 3 4 5 6
9. 중·고등학교 때 싸움을 하여 문제를 일으켰던 적이 있다.	1 2 3 4 5 6
10. 타인에게 경미한 또는 중등도의 신체적 손상을 입힌 적이 있다.	1 2 3 4 5 6
11. 15세 전에 너무 거짓말을 잘한다고 야단맞은 적이 있다.	1 2 3 4 5 6
12. 설사 나쁜 일이라도 필요하면 죄의식 없이 해 버린다.	1 2 3 4 5 6
13. 15세 전에 타인의 물건을 허락 없이 부수거나 손해를 입혀 야단맞은 적이 있다.	1 2 3 4 5 6
14. 남이 나를 비판하면 참지 못하는 편이다.	1 2 3 4 5 6
15. 어렸을 때 권위적 대상에 대해 심한 반항을 했다.	1 2 3 4 5 6
16. 청소년기 때 학교 가기를 거부한 적이 있다.	1 2 3 4 5 6
17. 15세 이전에 상점에서 물건을 훔친 적이 있다.	1 2 3 4 5 6
18. 18세 전 심한 싸움을 하여 문제를 일으킨 적이 있다.	1 2 3 4 5 6
19. 15세 전에 집 물건을 훔쳐 야단 맞은 적이 있다.	1 2 3 4 5 6
20. 필요하다면 거리낌 없이 거짓말을 할 때도 있다.	1 2 3 4 5 6

21. 타인에게 심한 신체적 손상(골절, 열상, 내부장기 손상)을
    입힌 적이 있다.   1 2 3 4 5 6
22. 나의 행동에 대해 깊게 생각한 적이 없다.   1 2 3 4 5 6
23. 자해하거나 자신을 칼로 깊게 베거나 피가 나도록 문 적이 있다. 1 2 3 4 5 6
24. 18세 전에 법을 어겨 처벌받은 적이 있다.   1 2 3 4 5 6
25. 초등학교 때 나쁜 짓을 하여 물의를 일으킨 적이 있다.   1 2 3 4 5 6
26. 1년에 2번 이상 학교에 안 가고 무단결석을 한 적이 있다.   1 2 3 4 5 6
27. 습관성 약물을 상습적으로 복용한 적이 있다.   1 2 3 4 5 6
28. 중·고등학교 때 정학이나 퇴학을 당한 경험이 있다.   1 2 3 4 5 6
29. 중학교 때 나쁜 짓을 하여 물의를 일으킨 적이 있다.   1 2 3 4 5 6
30. 15세 전에 부모 허락 없이 2일 이상 가출한 적이 있다.   1 2 3 4 5 6
31. 방화하고 물건을 집어던져 위험한 일을 일으킨 적이 있다.   1 2 3 4 5 6

출처: 김헌수, 김현실(2000).

제**10**장

기분장애

1. 우울장애

1) 서 론

소아 청소년기에 우울증이 존재하는가 그렇지 않은가에 대해 학자들 간에 많은 논란이 있어 왔다. 1960년대 중반까지만 해도 많은 정신분석학자들은 소아기에는 성인에게서 볼 수 있는 것과 같은 우울증은 이론적으로 존재할 수 없다고 생각하였다. 이는 소아기에는 초자아(superego) 발달이 충분히 일어나지 않은 상태이기 때문에 초자아와 자아의 갈등으로 유발되는 우울증은 존재할 수 없다고 보았기 때문이다(Mahler, 1961; Rie, 1966; Rochlin, 1959).

이러한 주장에도 불구하고 "Group for the Advancement of Psychiatry (GAP)"는 소아의 정신질환 분류에 우울증을 포함시킨 바 있으며(1966), 많은 임상가들이 소아 또는 청소년기 우울증에 대하여 임상 사례를 보고해 왔다(Cytryn 등, 1980; Foster, 1967; Frommer, 1967; Lucas 등, 1965; Poznanski 등, 1970; Weinberg 등, 1973). 이 결과 DSM-III(1980)에 이르러서는 이들의 임상적

보고의 타당성이 인정되어 소아 정신질환 분류에서 공식적으로 소아기에도 우울증이 있음이 받아들여졌다. DSM-III에서는 우울증상의 양상이 비록 연령에 따라 다소 차이는 있을 수 있으나, 기본적으로 성인기의 임상양상과 크게 차이가 없다 하여 성인기의 우울증에 대한 진단기준을 그대로 적용하도록 권유하고 있다.

이후의 연구에서도 소아 청소년기의 우울증이 성인기의 정신병리와 기본적으로 차이가 없다고 보고된 바 있다(Kashani 등, 1981). DSM-IV(1994)도 기본적으로 같은 입장을 취하고 있으나 일부 소아기와 관련된 특정 증상을 포함하고 있으며, 21세를 기준으로 하여 21세 이전의 발병을 조기 발병군, 21세 이후의 발병을 후기 발병군으로 세분하고 있다.

흔히 동반되는 질병으로는 주의력결핍 · 과잉운동장애, 품행장애, 불안장애 등이 있다. 역학 연구로는 Kashani와 Sherman(1988)이 학령전기 아동 0.9%, 학령기 아동 1.9%, 청소년기 4.7%로 보고한 바 있다. Lewinsohn 등(1993)은 1,710명의 고등학생들을 대상으로 단극성 우울장애 평생유병률이 여학생 22.3%, 남학생 11.4%라고 보고한 바 있다. Garrison 등(1997)은 11~16세 소아 또는 청소년들을 대상으로 주요우울증의 1년 유병률이 3.3%, 기분부전장애는 3.4%로 보고한 바 있다. Kashani 등(1981)은 소아 입원환자의 7%에서 우울증이 동반되었다고 보고하였다. Carlson과 Cantwell(1980)은 소아정신과 외래환자의 28%가 우울증을 앓았다는 보고를 하였다.

2) 진 단

(1) DSM-IV 진단기준

DSM-IV에서는 우울장애(Depressive disorders)를 주요우울장애(Major depressive disorder), 기분부전장애(Dysthymic disorder), 달리 분류되지 않는 우울장애(Depressive disorder, not otherwise specified)의 세 아형으로 나누고 있다. 또한 기분 삽화(Mood episode) 내에 주요 우울증 삽화(Major depressive episode)가 포함되어 있다.

① 주요 우울증 삽화(Major depressive episode)

A. 과거 기능에 비하여 뚜렷한 변화가 야기되면서, 다음의 증상 중 5개 혹은 그 이상의 증상들이 최소한 2주일 동안 같은 시기에 존재한다. 이 중 (1) 우울 기분(Depressed mood)이나 (2) 흥미나 즐거움의 상실 중 하나는 반드시 존재하여야 한다.

주의: 분명히 일반적인 내과적 질환과 관련이 있거나, 기분과 일치하지 않는(mood-incongruent) 망상이나 환각과 관련된 증상이 있는 경우는 포함되지 않는다.

• 거의 하루 종일, 거의 매일 우울한 기분이 있다. 이러한 우울감은 본인이 슬프다거나 공허감을 느낀다는 등, 주관적으로 이야기하기도 하고 눈물을 흘리는 등 객관적으로 관찰되기도 한다(주의: 소아나 청소년기에는 과민한 기분(Irritable mood)의 형태로 표현되기도 한다.).
• 거의 하루 종일, 거의 매일 모든 활동에서, 흥미를 잃거나 관심을 잃는다. 이러한 행동은 주관적으로 표현되기도 하고, 객관적으로 관찰되기도 한다.
• 체중 조절을 하지 않는데도 뚜렷한 체중의 감소가 있거나 또는 체중의 증가가 있고(예를 들면, 한 달에 5% 이상의 체중의 변화가 있는 경우), 또는 거의 매일 입맛이 좋아지거나 나빠진다(주의: 소아인 경우, 체중의 증가가 기대치에 미치지 못한다.).
• 거의 매일 불면증(insomnia) 또는 과다수면(hypersomnia)이 있다.
• 정신운동 초조(Psychomotor agitation) 또는 정신운동 지체(Psychomotor retardation)가 나타나는데, 단순히 환자 자신이 주관적으로 불안하고 초조하다고 이야기하는 것 외에 객관적으로 관찰되어야 한다.
• 거의 매일 피로감을 느끼거나, 에너지의 상실이 있다.
• 자신이 쓸모없다는 느낌 또는 거의 망상에 가까울 정도의 죄의식이 거의 매일 나타난다. 자신이 병이 들었다는 것에 대한 단순한 자책감 또는 죄의식의 수준을 넘는다.
• 거의 매일 사고 또는 집중력의 장애가 있으며, 우유부단한 면을 보이는데, 주관적으로 호소할 수도 있고 객관적으로 관찰될 수도 있다.
• 죽음에 대한 단순한 공포의 수준을 넘어서 반복적으로 죽음에 대한 생각을 하거나, 특별한 계획은 가지고 있지 않으나 자살 생각에 사로잡히거나, 실제 자살 기도를 하거나, 자살에 대한 특별한 구체적인 계획을 가지고 있다.

B. 이러한 증상들이 혼재성 삽화(Mixed episode)의 진단기준을 만족시키지는 않는다.

C. 이러한 증상들로 인하여 사회적, 직업적 또는 일상생활의 다른 중요한 면에 뚜렷한 불편감을 주거나, 장애를 야기한다.

D. 이러한 증상들이 약물남용이나 투약의 직접적인 효과 또는 일반적인 내과적 질환(갑상선기능저하 등)에 의한 것은 분명히 아니어야 한다.

E. 이러한 증상들이 가까운 사람이 죽었을 때 느끼는 슬픔의 정도를 넘는다. 예를 들면, 가까운 사람이 죽었을 때 애도하는 기간이 2개월 이상 지속된다거나, 일상적인 기능의 뚜렷한 장애가 있다거나, 자신이 가치가 없다는 생각이나 자살에 대한 생각, 정신병적인 증상들 또는 정신운동 지체 등의 증상들이 병적일 정도다.

② ICD-10 진단기준

● **우울증 삽화**(Depressive episode)

다음에 기술된 경도, 중등도 혹은 중증의 세 가지 전형적인 우울증 삽화에서 환자는 우울한 기분, 흥미와 즐거움의 상실, 피로감의 증대, 활동성 저하를 초래하는 기력감퇴 등으로 고통을 겪는다. 조금만 애를 써도 굉장히 지치게 되는 일이 흔하다. 그 밖에 흔히 나타나는 증상은 다음과 같다.

- 집중력과 주의력의 감소
- 자존감과 자신감의 감소
- 죄의식과 자신이 쓸모없다는 생각
- 미래를 황량하고 비관적으로 바라봄
- 자해나 자살 행위 혹은 생각
- 수면장애
- 식욕감퇴

● **F32.0 경도 우울증 삽화**(Mild depressive episode)

진단지침:

우울한 기분, 흥미와 즐거움의 상실, 피로감의 증가 등이 일반적으로 우울증의 가장 전형적인 증상으로 간주되고 있다. 확실한 진단을 위해서는 이 셋 중 최소한 두 가지와 상술한 F32에 기술된 다른 증상들 중 최소한 두 가지가 더 있어야 한다. 우울증 에피소드는 최소한 2주간은 지속되어야 한다. 경도 우울증 삽화를 겪는 환자는 보통 증상 때문에 괴로워하고, 일상적인 업무나 사회활동을 계속하는 데 약간의 어려움을 느끼지만 그 기능이 완전히 중단되는 경우는 거의 없다.

● **F32.00 정신증적 증상이 없는 것**(Without psychotic symptoms)

경도 우울증 삽화의 기준을 충족시키고 정신증적 증상이 거의 또는 전혀 없을 때

● **F32.01 정신증적 증상이 있는 것**(With psychotic symptoms)

경도 우울증 삽화의 기준을 충족시키면서 정신증적 증상들 중 4개 이상이 있을 때(정신증적 증상이 두세 가지만 있더라도 아주 심할 경우는 이 범주를 사용해도 무방함)

● **F32.1 중등도 우울증 삽화**(Moderate depressive episode)

경도 우울증 삽화의 가장 전형적인 증상 세 가지 중 최소한 두 가지가 있어야 하며 여기에 덧붙여 다른 증상들 중 최소한 세 가지가 더 있어야 한다. 대개 몇 가지 증상이 심한 정도로 나타나는 것이 보통이지만, 만약 여러 개의 다양한 증상이 전반적으로 나타난다면 꼭 그럴 필요는 없다. 전 삽화의 최소한의 기간은 약 2주간이다. 중등도 우울증 삽화 환자는 대개 사회활동, 일상적인 업무 혹은 가사 등을 계속하는 데 상당한 어려움을 겪는다.

● **F32.10 정신증적 증상이 없는 것**(Without psychotic symptoms)

중등도 우울증 삽화의 기준을 만족시키고 신체 증상이 거의 또는 전혀 없을 때

● **F32.11 정신증적 증상이 있는 것**(With psychotic symptoms)

중등도 우울증 삽화의 기준을 충족시키면서 정신증적 증상들 중 4개 이상이 있을 때(정신증적 증상이 두세 개만 있더라도 특히 심할 경우는 이 범주를 사용해도 무방하다.)

● **F32.2 정신병적 증상이 없는 중증 우울증 삽화**(Severe depressive episode without psychotic symptoms)

경도 및 중등도 우울증 삽화에 기록된 전형적인 증상 세 가지가 모두 있어야 하며 여기에 덧붙여 적어도 네 가지 이상의 다른 증상들이 있어야 하고 그중 몇 가지는 중등 심각도를 보여야 한다. 그러나 만일 초조성 흥분이나 정신운동 지체처럼 중요한 증상들이 현저하게 있을 경우에 환자는 자기가 겪는 많은 증상을 자세히 진술하기를 꺼려하거나 못할 수 있다. 그런 경우 역시 중등 삽화로 개략적인 등급을 매겨도 된다. 우울 삽화는 일반적으로 최소한 2주간은 지속되어야 하지만, 만일 증상이 특히 중증이고 매우 갑작스런 발병일 경우 2주 이하의 기간에서 이 진단을 내려도 무방하다. 중증 우울증 삽화 기간에 환자는 매우 제한된 범위 외에는 사회활동, 직장일, 집안일을 계속하기 곤란하다. 정신병적 증상이 없는 단발성 중증 우울증 삽화에만 이 범주를 사용해야 한다. 그 이후에 발생한 삽화에 대하여는 반복성 우울장애의 범주를 사용해야 한다.

● **F32.3 정신병적 증상이 있는 중증 우울증 삽화**(Severe depressive episode with psychotic symptoms)

F32.2의 기준을 충족시키는 중증 우울증 삽화로 망상, 환각, 우울성 혼미가 있는 경우다. 망상은 보통 죄, 빈곤 혹은 곧 닥칠 재앙에 대한 생각이거나 스스

로 가정한 책임에 대한 것들이다. 환청이나 환취는 보통 자신을 비하하거나 비난하는 말소리, 더러운 오물이나 고기 썩는 냄새 등이다. 정신운동 지체가 심해지면 혼미 상태까지 이를 수 있다. 만일 필요하면 망상이나 환각이 기분과 일치하는지 혹은 일치하지 않는지를 명시할 수 있다.

● **F32.8 기타 우울증 삽화**(Other depressive episode)

F32.0에서 F32.3까지 기술된 우울증 삽화의 임상양상에는 맞지 않지만 전반적인 진단적 인상이 그 특성으로 미루어 우울증이라고 시사될 때 여기에 포함시킨다. 예를 들면, 우울 증상들과 긴장, 걱정, 근심과 같은 진단적인 가치가 없는 증상들이 혼재하며 되풀이되는 기복이 있을 때 그리고 기질적인 원인에 따른 것이 아닌 지속적인 동통이나 피로가 신체적인 우울 증상과 혼재할 때 등이다.

● **F32.9 우울증 삽화, 특정불능형**(Depressive episode, unspecified)

포함: 달리 분류할 수 없는 우울증(Depression, NOS)

달리 분류할 수 없는 우울장애(Depressive disorder, NOS)

● **F33 반복성 우울장애**(Recurrent depressive disorder)

경도, 중등도 혹은 중증 우울증 삽화에 명시된 바와 같은 우울증 삽화가 반복되는 것을 특징으로 하며, 조증의 기준을 충족시키는 기분고양과 활동과다의 독립된 삽화가 없다. 그러나 만일 우울증 삽화의 직후에 경조증 범주를 충족시키는 짧은 기간의 가벼운 기분고양과 활동과다가 있더라도 역시 이 범주를 사용해야 한다. 발병 연령과 심각도, 우울증 삽화의 기간과 빈도는 모두 매우 다양하다. 일반적으로 첫 삽화는 양극성장애의 경우보다 늦게 발병하며 평균 발병 연령은 50대다. 각 삽화는 3개월 내지 12개월 동안 지속되나 반복빈도는 양극성장애보다 더 적다. 삽화 사이의 회복은 흔히 괴로운 생활사건으로 유발되며 많은 문화권에서 개개의 삽화와 지속적 우울증 모두 남자가 여자보다 2배 더 많다. 반복성 우울장애 환자들은 아무리 많은 우울 삽화를 겪었다 하더라도 조증 삽화를 겪을 위험률이 완전히 사라지지 않는다. 만일 조증 삽화를 겪게 되면 진단을 양극성 기분장애로 바꾸어야 한다.

● **F33.0 반복성 우울장애, 현재 경도 삽화**(Recurrent depressive disorder, current episode, mild)
- 반복성 우울장애의 기준을 만족시키면서 현재의 삽화가 경도 우울증 삽화의 기준을 충족시켜야 한다.
- 최소한 두 번의 삽화가 적어도 2주간은 지속되어야 하며 삽화 사이에 뚜렷한 기분장애 없이 최소한 여러 달의 간격이 있어야 한다.

그렇지 않으면 기타 반복성 기분장애로 진단해야 한다.

● **F33.00 신체 증상이 없는 것**(Without somatic symptoms)

● **F33.01 신체 증상이 있는 것**(With somatic symptoms)

● **F33.1 반복성 우울장애, 현재 중등도 삽화**(Recurrent depressive episode, current episode, moderate)
확실한 진단을 내리기 위해서는 다음의 기준을 만족시켜야 한다.
- 반복성 우울장애의 기준을 충족시키면서, 현재의 삽화가 중등도 우울증 삽화의 기준을 충족시켜야 한다.
- 최소한 두 번의 삽화가 적어도 2주간은 지속된 경우라야 하며 뚜렷한 기분장애 없이 최소한 여러 달의 간격을 가진 경우라야 한다.

그렇지 않으면 진단은 기타 반복성 기분장애로 내려야 한다.

● **F33.10 신체 증상이 없는 것**(Without somatic symptoms)

● **F33.11 신체 증상이 있는 것**(With somatic symptoms)

● **F33.2 반복성 우울장애, 현재 정신병적 증상이 없는 증증 삽화**(Recurrent depressive episode, current episode severe without psychotic symptoms)

확실한 진단을 내리기 위해서는 다음의 기준을 만족시켜야 한다.

• 반복성 우울장애의 기준을 충족시키면서 현재의 삽화가 정신병적 증상이 없는 중증 우울증 삽화의 기준을 충족시켜야 한다.
• 최소한 두 번의 삽화가 적어도 2주간은 지속된 경우라야 하며 뚜렷한 기분장애 없이 최소한 여러 달의 간격을 가진 경우라야 한다.

그렇지 않으면 진단은 기타 반복성 기분장애로 내려야 한다.

● **F33.3 반복성 우울장애, 현재 정신병적 증상이 있는 중증 삽화**(Recurrent depressive episode, current episode severe with psychotic symptoms)

확실한 진단을 내리기 위해서는 다음의 기준을 만족시켜야 한다.

• 반복성 우울장애의 기준을 충족시키면서 현재의 삽화가 정신병적 증상이 있는 중증 우울증 삽화의 기준을 충족시켜야 한다.
• 최소한 두 번의 삽화가 적어도 2주간은 지속된 경우라야 하며 뚜렷한 기분장애 없이 최소 여러 달의 간격을 가진 경우라야 한다.

그렇지 않으면 진단은 반복성 기분장애로 내려야 한다.

● **F33.4 반복성 우울장애, 현재 관해 상태**(Recurrent depressive disorder, currently in remission)

확실한 진단을 내리기 위해서는 다음의 기준을 만족시켜야 한다.

- 과거에 반복성 우울장애의 기준을 충족시켰으나 현재 상태는 어떤 중증의 삽화에 대해서나 F30-F39의 다른 어떤 장애에 대해서도 그 기준을 충족 시키지 못하여야 한다.
- 최소한 두 번의 삽화가 적어도 2주간은 지속된 경우이어야 하며 뚜렷한 기분장애 없이 최소한 여러 달의 간격을 가진 경우라야 한다.

그렇지 않으면 진단은 기타 반복성 기분장애로 내려야 한다.

◉ F33.8 기타 반복성 우울장애(Other recurrent depressive disorders)

◉ F33.9 반복성 우울장애, 특정 불능형(Recurrent depressive disorder, unspecified)

3) 임상양상

우울증은 인지 또는 정서 발달 과정에 영향을 받으므로, 우울증 표현 양상의 발달적 특징을 이해하는 것이 정확한 진단을 내리는 데 도움이 된다.

(1) 유아기 및 초기 소아기

소아기 우울증에 관한 최초의 보고는 Rene Spitz(1946)의 의존성 우울증 (Anaclitic depression)이라 할 수 있다. 그는 6개월 된 유아가 어머니와 격리될 때 주위에 전혀 관심을 보이지 않고 위축된 모습을 보였던 사례를 기술하였으며, 만약 3~5개월 이내에 어머니와 다시 만나지 않은 경우에는 발달이 지연되고 감염이 되기 쉽고 급기야는 사망할 수도 있다고 하였다. 그는 이러한 양상이 성인기의 우울증과 비슷한 행동양상이라고 기술하였다. Rene Spitz의 이러한 개념이 DSM-III-R에서도 받아들여져서 우울증은 유아기 때도 발생할 수 있는 현상으로 기술되었다.

유아기 때와는 달리 걸음마기의 우울증은 아주 드문 현상이다. Poznanski와 Zrull(1970)에 따르면 걸음마기 소아 정신질환자 1,788명 중 우울증 진단을 내릴 수 있는 아동은 한 명뿐이었다. 정상 발달 과정에서 걸음마기 아동이 갖는 특성을 고려해 보면 이를 이해할 수 있다. 이 시기는 혼자서 걸을 수 있는 능력이 발달되기 때문에 아동이 자신감에 차 있고 기운이 넘치며, 능동적이고 활기에 차 있다. 아직 부모나 집을 안전 기지로 사용하고는 있지만, 탐험을 좋아하고 물리적 환경(Physical environment)에 강한 애착을 보인다. 좌절이 되더라도 위축되지 않으며, 능동적으로 항의하거나 더 재미있는 상황으로 자신의 주의를 집중시킴으로써 좌절을 극복하는 능력이 생기는 시기가 바로 이 걸음마기다.

Bowlby(1960)는 어머니와 격리되었을 때 아동이 보이는 반응을 항의-절망-분리(Protest-Despair-Detachment)의 3단계로 나누어 설명한 바 있는데, 이러한 반응은 걸음마기에서도 관찰되는 현상이다. Bowlby는 이러한 현상이 우울증의 원형(prototype)이 아니라 애도(mourning)의 보편적인 과정이라고 보았다. Poznanski(1970)도 15~30개월 된 걸음마기 아동이 어머니와 잠시 동안 격리되었을 때 나타내는 반응에 대한 추적조사를 시행한 바 있다. 이때 아동은 짜증을 부리고 우는 행동을 보이지만 2주일 후에는 이러한 행동이 감소하는 대신 수면장애가 생기고 적대감이 증가된다고 한다. 하지만 어머니와 다시 재회가 되면 금방 호전되는 양상을 보이며, 아동 학대가 만성적으로 지속되거나 만성적인 신체질환이 있으면서 적절한 보호를 받지 못하는 경우에는 우울증이 유발될 수도 있다고 하였다.

이러한 연구 결과들을 종합해 볼 때, 걸음마기 아동은 발달적인 측면에서 능동적이고 탐험심이 강하며, 불만이 있을 때 언어 또는 행동으로 자신의 불만을 털어놓을 수 있는 특성이 있기 때문에 이 연령의 우울증은 극히 드물게 보고되고 있으며, 우울증이 나타나는 경우도 중요한 사람이 곁에 있을 경우 화를 내거나 항의를 하는 형태로 나타난다.

(2) 중기 또는 후기 소아기

학령 전기 또는 학령기이면서 청소년기 이전이 이 시기에 해당된다. 이때가 되면 인지발달과 언어발달이 급격히 이루어지며 상징 놀이가 가능해짐으로써 이러한 기능이 행동을 대체하게 된다. 때문에 불행감 같은 우울 감정이 일정

기간 지속될 수 있게 된다. McConville 등(1973)은 자존감 저하, 자기 비하 (Self-depreciation) 같은 인지적 요소가 전혀 동반되지 않은 슬픈 감정이 6~8 세 된 아동에게 나타난다고 보고한 바 있으며, Bierman 등(1958)도 소아마비 로 다리를 쓰지 못하는 6세 아동이 장기입원으로 인하여 인지적 요소가 전혀 동반되지 않은 슬픈 감정을 나타냈다고 보고하였다. 이를 보면 중기 소아기 아동은 기분상으로는 심한 우울 증상을 보일 수가 있지만 우울중에 동반되는 인지장애는 보이지 않는 특징들이 있음을 알 수 있다.

이러한 소견은 Piaget(1954)의 인지 발달 이론과도 일치된다. Piaget는 이 시기 아동의 발달단계를 직관기(Intuitive stage)라고 불렀는데, 이것은 이성적 논리(Reasoned logic)에 따라서가 아니라 겉으로 드러나는 현상 또는 눈에 보이는 대로 반응하는 특징을 보이기 때문이다. 눈에 보이는 것 이상의 깊이까지는 다다르지 못하고 이 시기 상징 놀이도 표면적인 행동에 그치며, 더 깊이 들어가 심리적인 동기나 어떤 사건의 숨은 의미 등은 인식하지 못한다. 마음속 깊은 곳에 근거를 둔 자기평가나 자기판단력은 아직 발달되어 있지 못하고 환경이 주는 보상과 벌에 대해서만 적절한 반응을 보일 수 있다. 진정한 의미의 기쁨이나 슬픔이 마음속 깊은 곳에서 우러나는 것이 아니라 환경적 요인에 대한 평가에서 나오게 된다.

후기 아동기에 이르면 약간의 실수를 범하기는 하지만 자신의 경험을 바탕으로 이성에 따르는 판단력이 생기게 된다. 이 시기가 되면 우울중에 인지기능 장애가 동반될 수 있다. 예를 들어, 부모가 이혼하게 되는 경우 중기 아동기에는 이러한 환경적 변화에 단순히 슬픈 감정을 표현하지만 후기 아동기에는 자기 때문에 이러한 일이 일어났을지도 모른다고 생각하여 자기 질책(Self-blame) 또는 부모에 대한 원망이 함께 나타날 수 있다. Poznanski와 Zrull (1970), McConville 등(1973)은 8~10세 아동이 자존감이 저하되고 자기 질책을 보인 예를 보고하고 있다. 이러한 반응은 반드시 외부의 환경적인 요인에 의해서뿐 아니라 아동 내부에서도 일어나는 반응이기 때문에 환경이 호전되더라도 아동의 반응은 그대로 지속될 수 있다. 때문에 학교생활, 친구 관계 등 여러 상황에서의 행동특성에도 영향을 미치게 된다.

　또한 후기 아동기가 되면 방어기제를 사용하여 고통스러운 상황을 피하려는 노력을 할 수 있게 된다. 이러한 방어기제의 작용으로 일시적으로는 좌절을 극복할 수 있지만 나중에 우울증으로 발전될 가능성이 높아지기도 한다. 집안 분위기 전체가 우울한 경우에 아동은 집 바깥에서도 기쁨을 추구할 수 없게 된다. 이러한 모든 상황이 후기 아동기의 아동이 성취해야 할 발달과제를 이루지 못하게 하며, 부모로부터 독립하여 자신의 가치를 확립하고 자율성을 얻게 되는 청소년기 발달과제의 성취도 실패하게 만들기도 한다. 이러한 관점에서 보면 후기 아동기의 우울증은 성인기의 우울증과 아주 유사한 양상을 보인다. 그러나 가장 중요한 차이점은 미래에 대한 공포나 걱정이 없다는 점이다. 성인기에는 흔히 미래에 대한 절망감이 주요 증상으로 기술되지만, 이 시기의 아동은 발달적 특성상 아직 시간적인 개념의 발달이 미숙하여 현재 자신의 감정이 미래까지는 투사되지 않는다. Rie(1966)는 특히 이 점을 강조한 바 있는데, 그는 사춘기 이전 아동의 사고 특성에서 시간적인 요소가 결여되어 있었다고 하였으며, 현재의 시간을 미래와 관련지어 생각할 수 있기 위해서는 현재의 사건과 장기적인 목표와의 관계에 관한 통찰력, 무한한 시간 개념에 대한 인식 또는 어떤 상실이 다시는 회복될 수 없는 절대적인 것이라는 것에 대한 인식이 발달되어야 한다고 주장하였다. 이 역시 Piaget의 이론과 잘 조화를 이룬다. Piaget 역시 현재의 감정이나 사고가 미래로 투사되는 능력은 형식적 조작기(Period of formal operation)에 도달하여야 가능하다고 하였으며, 이는 청소년기에 해당되는 시기다.

(3) 청소년기

　청소년기가 되면 시간 개념에 대한 인지 기능이 발달하므로 작은 좌절도 앞으로 지속적인 영향을 미치리라는 생각과 함께 미래에 대한 절망과 두려움을 느낄 수 있게 된다. 인지 기능은 거의 성인 수준에 도달하지만, 성인들이 인생 경험을 바탕으로 자신의 사고와 행동에 대해 신중하게 심사숙고할 수 있는 반면, 청소년들은 아직 이러한 능력이 미숙하다. 미래에 대한 암울한 생각, 자신의 사고나 행동에 대한 심사숙고 능력의 결여는 이 시기의 높은 자살률을 설명해 주는 청소년기의 특징이다.

청소년기의 중요한 발달과제 중 하나는 부모로부터 독립하여 자신의 가치관을 확립하면서 자신이 누구인가를 심각하게 생각하고, 부모 외의 다른 동일시 대상을 찾는 것이라고 볼 수 있다. 따라서 부모에 대한 의존/독립이 중요한 문제가 되며, 우울증을 보이는 경우에도 이러한 발달과제와 관련되어 청소년기의 독특한 임상양상이 나타날 수도 있다. 즉, 어떤 특정 집단의 일원이 되어 마음의 평안을 찾으려 하며, 부모 외의 다른 카리스마적 지도자(Charismatic leader)를 동일시의 대상으로 삼을 수도 있다. 반면, 가족이 이미 자신의 욕구를 충족시켜 주지 못하는데도 부모에게 병적으로 의존하게 되기도 한다. 우울한 청소년들이 겉으로는 부모로부터 독립되는 모습을 보이지만 이는 어릴 때부터 뿌리 깊게 박혀 있던 비현실적인 기대를 자신의 내부에 지니고 있기 때문인 경우도 있다.

이러한 청소년들은 자신의 내부에 해결할 수 없는 어떠한 갈등이 있음을 느끼게 되어 부모의 가치에 순응하여 사는 것이 반드시 어떤 성취감이나 행복을 가져다주지 않는다는 것을 느끼지만, 동시에 내재화된 규칙이나 의무(Internalized "shoulds" or rules)에 역행하려 하면 불안이나 죄의식을 느끼게 된다. 청소년이 되면 친구들의 가치관을 통해 부모의 가치관을 평가할 수 있는 능력을 갖추게 되며, 부모의 뜻대로 행동하는 것이 미래에 어떤 결과를 낳을 것인가에 대한 예측도 가능해진다. 이러한 청소년기 인지 발달이 청소년기의 우울증의 임상적인 특징을 결정하는 중요한 요인이라고 볼 수 있다.

이상에서 볼 수 있는 바와 같이 소아, 청소년기의 우울증은 유아기부터 학령전기, 학령기, 청소년기마다 각 단계의 발달 과제와 긴밀한 관련을 갖는 독특한 임상적 특성이 있다. 인지 및 정서 발달, 시간적인 개념의 발달, 사회적인 경험의 발달, 좌절에 대하여 반응하는 특성 등 각 발달단계에 따른 차이에 따라 임상적인 특징이 결정된다. 소아기일수록 구조화(structuring) 또는 내재화(internalization) 과정이 미숙하여 덜 복잡한 양상을 띠며, 청소년기에 이르는 과정에서 내재화의 경향이 뚜렷해지며 성인기의 임상적 특성과 비슷한 양상을 보이게 된다. 따라서 소아, 청소년기의 우울증을 이해하려면 이러한 발달적 특성을 반드시 고려해야 한다. DSM-IV(1994)에도 이러한 점이 어느 정도 반영되고 있다. 사춘기 이전의 우울증에서는 신체적인 증상과 초조함을 호소하는 경우가 많고 기분과 일치되는 환각(Mood-congruent hallucination)이 흔히 관찰되는 것으로 기술하고 있다. 또한 청소년기에는 반사회적 행동, 약물남용 등이 흔히 동반되는 것으로 보고되어 있다.

2. 양극성장애

1) 서 론

소아, 청소년기 기분장애도 양극성장애(Bipolar disorders)와 우울장애로 구분되지만, 이 시기는 발달이 계속되는 중이므로 정신병리의 양상이나 생물학적 소견이 성인과 다를 수 있다는 점에서 소아·청소년의 양극성장애 진단에 대한 논란이 많다.

Kraepelin 이후부터 소아·청소년의 양극성장애에 대한 관심이 있어 왔으나 대부분의 학자들은 이 연령층에서 양극성장애가 드물다고 보아 왔다. Kraepelin(1921)은 성인 환자의 0.4%가 10세 이전에 발병하였다는 연구를 발표했고, 조증 증세를 보이는 5세 남아의 사례를 보고한 바 있다. Anthony와 Scott(1960)는 양극성장애에 대한 진단기준을 마련하고 1896년부터 1958년까지 발표된 28편의 논문을 검토하였다. 그 결과 세 편의 논문만이 자신들이 개발한 진단기준을 만족시켰다고 보고하면서, 소아·청소년기 양극성장애는 드문 질환이라고 주장하였다. Lowe와 Cohen(1980)은 이러한 주장이 나오게 되는 이유를 진단적인 제한점, 다른 행동장애와의 유사성, 유전적 및 생화학적 연구의 부족 등으로 인해 학자 간에 의견이 일치되지 않는 점 때문이라고 설명하였다.

그러나 Winokur(1968)의 연구에 따르면 20세 전의 발병이 20%, Perris(1968)의 연구에 따르면 15세와 25세 사이의 발병이 40%, Wertham(1924)의

연구에 따르면 20세 전의 발병이 20%인 것으로 나타나, 소아·청소년기 양극성장애 환자도 상당수 있음을 알 수 있다. 이 시기에는 ADHD와 증상이 유사하기 때문에 감별진단이 중요하다는 보고(Thompson & Schindler, 1976, Embryonic Mania)와 청소년은 비전형적인 임상증상을 보인다는 보고도 있다(Davis 등, 1979).

Davis 등은 이 시기의 양극성장애를 '소아기의 조울병적 변이 증후군(Manic-depressive variant syndrome of childhood)'이라고 명명하고 일차증상과 이차증상으로 나누어 진단기준을 정한 바 있다. Anthony와 Scott(1960)가 최초로 소아·청소년기 양극성장애 진단기준을 만들었고, Weinberg와 Brumbach(1976)는 Feighner(1972)의 성인기 진단기준을 소아·청소년기 진단에 이용할 수 있는 형태로 변형시켰다. Carlson과 Strober(1978)는 청소년 역학조사에서 실제보다 양극성장애가 적게 보고되었다고 주장하면서, 처음 진단에서 정신분열병으로 진단받은 환자들이 나중에 양극성장애로 최종 진단을 받게되는 경우가 많다고 하였다. Welner 등(1979)도 77명의 청소년 환자에 대한 전향적 연구에서 양극성장애가 12명, 단극성 우울증이 16명이었음을 보고하여, 청소년기 양극성장애가 결코 적지 않음을 지적하였다. 이러한 연구 보고들은 소아·청소년기에서도 양극성장애가 실제 보고된 것보다는 많을 수 있음을 의미한다.

소아·청소년기 양극성장애가 실제보다 적게 보고된 이유는 다음과 같다. 첫째, 임상가들은 이 연령층의 환자에게 심각한 진단을 내리기를 꺼리는 경향이 있다(Engstrom 등, 1978). 둘째, 이 연령층에 대해서는 항정신약물을 투여하기를 꺼리는 경향이 있다(Engstrom 등, 1978). 셋째, 청소년기에는 심각한 정신장애에 대해 모두 정신분열증으로 진단 내리는 경향이 있다. 넷째, 소아·청소년기 환아에서는 ADHD와 혼동되는 경우가 많다(Carlson & Strober, 1978). 현재까지 사춘기 전 아동의 조증 유병률에 대한 연구 보고는 없다. Carlson과 Kashani(1988)는 150명의 청소년(14~16세)을 대상으로 한 조사에서 0.6%에서 조증이 관찰되었다는 보고를 하였다. 사춘기전 양극성장애는 남아에게 더 흔히 발병되나 후기 청소년기가 되면 남녀가 비슷한 유병률을 보이며, 유병률은

약 1%로서 성인기 양극성장애와 유사한 수치다.

2) 진 단

(1) DSM-IV 진단기준

① 기분 삽화(Mood episode)

• 조증 삽화(Manic episode)

- 기분이 들뜨고, 고양되고, 과민한 반응이 있으며, 이러한 비정상적인 기분의 변화가 최소한 일주일 이상 지속된다. 입원이 필요할 정도로 기분의 변화가 심한 경우는 꼭 일주일이라는 기간을 만족시키지 않아도 진단이 가능하다.
- 기분의 변화가 있는 동안 다음의 증상 중 세 개 이상이 존재하여야 한다. 만약 과민한 기분(Irritable mood)만 관찰되는 경우에는 네 개 이상이 만족되어야 한다.

① 과장된 자부심 또는 과대적 사고
② 잠을 적게 자도 충분히 견딘다(3시간 정도의 수면으로도 충분한 휴식을 취한 것처럼 행동한다.).
③ 말이 많아진다.
④ 사고의 비약이 있거나 사고의 흐름이 빨라진다는 주관적인 느낌이 있다.
⑤ 주의가 산만하여 별로 중요하지 않은 일이나 자신과 관계가 없는 주변의 자극에 대해서도 반응을 하게 된다.
⑥ 뚜렷한 목표가 있는 행동이 증가되거나(예를 들면, 사회적인 활동, 학교 공부, 성행위 등), 정신운동성 초조감(Psychomotor agitation)이 있다.
⑦ 결과적으로 자신에게 해로울 수 있는 행동에 몰입한다. 예를 들면, 절제되지 않은 연회 참석, 무분별한 성행위 또는 어리석은 사업 투자 등이다.

- 이러한 증상들이 혼재성 삽화(Mixed episode)의 진단기준을 만족시키지 않는다.
- 이러한 기분장애가 직업적 기능, 일상적인 사회활동 또는 다른 사람들과의 관계에 지장을 줄 만큼 심하거나 자신 또는 타인에게 해를 입힐 수 있다면 이를 방지하기 위하여 입원이 필요하며, 정신병적 증상이 동반된다.
- 이러한 증상이 약물남용 혹은 약물의 투여로 나타나는 신체적 증상은 아니어야 하며, 다른 일반적인 신체 질환(예를 들면, 갑상선기능항진증 등)으로 나타나는 것도 아니어야 한다.

• 혼재성 삽화(Mixed episode)

> ─진단기준이 상술한 조증 삽화와 주요 우울 삽화(이 경우는 지속기간만 차이가 있
> 다)의 진단기준을 만족시키며, 적어도 일주일 이상의 지속기간을 갖는다.
> ─이러한 기분장애가 직업적 기능, 일상적인 사회활동 또는 다른 사람들과의 관계
> 에 지장을 줄 만큼 심하거나 자신 또는 타인에게 해를 입힐 수 있다면 이를 방지
> 하기 위하여 입원이 필요하며, 정신병적 증상이 동반된다.
> ─이러한 증상이 약물남용 또는 약물의 투여로 나타나는 신체적인 증상은 아니어
> 야 하며, 다른 일반적인 신체적인 질환(예를 들면, 갑상선기능항진증 등)으로 나
> 타나는 것도 아니어야 한다.

• 경조증 삽화(Hypomanic episode)

> ─기분이 들뜨고, 고양되며, 과민한 반응이 있으며, 이러한 비정상적인 기분의 변
> 화가 최소한 4일 이상 지속되며, 일상적인 우울하지 않은 기분과는 분명한 차이
> 가 있다.
> ─기분의 변화가 있는 동안 다음의 증상 중 세 개 이상이 존재하여야 한다. 만약 과
> 민한 기분(Irritable mood)만 관찰되는 경우에는 네 개 이상 만족되어야 한다.
> ① 과장된 자부심 또는 과대적 사고
> ② 잠을 적게 자도 충분히 견딘다(3시간 정도의 수면으로도 충분한 휴식을 취한
> 것처럼 행동한다.).
> ③ 말이 많아진다.
> ④ 사고의 비약이 있거나 사고의 흐름이 빨라진다는 주관적인 느낌이 있다.
> ⑤ 주의가 산만하여 별로 중요하지 않은 일이나 자신과 관계 없는 주변의 자극에
> 대하여도 반응을 하게 된다.
> ⑥ 뚜렷한 목표가 있는 행동의 증가(예를 들면, 사회적인 활동, 학교공부, 성행위
> 등) 혹은 정신운동성 초조감(Psychomotor agitation)이 있다.
> ⑦ 결과적으로 자신에게 해로울 수 있는 행동에 몰입한다. 예를 들면, 절제되지 않
> 은 연회 참석, 무분별한 성행위 또는 어리석은 사업 투자 등이다.
>
> ─이러한 기분의 변화는 명백한 기능의 변화를 야기한다. 즉, 증상이 없을 때는 나
> 타나지 않는 행동들이 증상이 있을 때는 나타난다.

- 이러한 기분 변화와 기능의 장애는 다른 사람들도 관찰하게 된다.
- 이러한 삽화는 사회적 또는 직업적인 기능에 심각하게 장애를 일으킬 만큼 심하지는 않고, 입원이 필요할 만큼 심하지도 않다. 또한 정신병적인 증상은 관찰되지 않는다.
- 이러한 증상들이 약물남용 또는 약물의 투여로 나타나는 신체적인 증상은 아니어야 하며, 다른 일반적인 신체적인 질환(예를 들면, 갑상선기능항진증 등)으로 나타나는 것도 아니어야 한다.

② 양극성장애(Bipolar disorders)

- 양극성 제1장애(Bipolar 1 disorder)
  - 양극성 제1장애, 단일 조증 삽화(Bipolar 1 disorder, single manic episode)
  ① 조증 삽화의 병력이 단 1회 있으며, 과거력에서 주요 우울증 삽화가 없다.
  ② 조증 삽화가 분열정동장애로 설명이 되지 않거나, 정신분열병, 정신분열형 장애, 망상장애 또는 달리 분류되지 않는 정신병적 장애에 수반된 것이어서는 안 된다.

- 양극성 제1장애, 가장 최근에 일어난 경조증 삽화(Bipolar 1 disorder, most recent episode hypomanic)
  ① 현재 또는 가장 최근에 발생한 경조증 삽화
  ② 과거의 병력에서 적어도 한 번의 조증 삽화 또는 혼재형 삽화가 있다.
  ③ 이러한 기분장애의 증상 때문에 사회적, 직업적 또는 다른 기능적인 측면에서 뚜렷한 장애가 있다.
  ④ A 또는 B의 진단기준이 분열정동장애, 정신분열병, 정신분열형 장애, 망상장애 또는 달리 분류되지 않는 정신병적 장애에 수반된 것이어서는 안 된다.

- 양극성 제1장애, 가장 최근에 일어난 조증 삽화(Bipolar 1 disorder, most recent episode manic)
  ① 현재 또는 가장 최근에 일어난 조증 삽화
  ② 과거의 병력에서 적어도 한 번의 주요 우울증 삽화, 조증 삽화 또는 혼재형 삽화가 있다.
  ③ A 또는 B의 진단기준이 분열정동장애, 정신분열병, 정신분열형 장애, 망상 장애 또는 달리 분류되지 않는 정신병적 장애에 수반된 것이어서는 안 된다.

- 양극성 제1장애, 가장 최근에 일어난 혼재형 삽화(Bipolar 1 disorder, most recent episode mixed)
  ① 현재 또는 가장 최근에 일어난 혼재형 삽화
  ② 과거의 병력에서 적어도 한번의 주요 우울증 삽화, 조증 삽화, 또는 혼재형 삽화가 있다.
  ③ A 또는 B의 진단기준이 분열정동장애, 정신분열병, 정신분열형 장애, 망상 장애 또는 달리 분류되지 않는 정신병적 장애에 수반된 것이어서는 안된다.

- 양극성 제1장애, 가장 최근에 일어난 우울증 삽화(Bipolar 1 disorder, most recent episode depressed)
  ① 현재 또는 가장 최근에 일어난 우울증 삽화
  ② 과거의 병력상 적어도 한 번의 조증 삽화 또는 혼재형 삽화가 있다.
  ③ A 또는 B의 진단기준이 분열정동장애, 정신분열증, 정신분열형 장애, 망상장애 또는 달리 분류되지 않는 정신병적 장애에 수반된 것이어서는 안된다.

- 양극성 제1장애, 가장 최근에 일어난 삽화, 특정불능형(Bipolar 1 disorder, most recent episode unspecified)
  ① 증상의 지속기간만 제외하고는 현재 또는 가장 최근에 일어난 증상들의 진단기준이 조증, 경조증, 혼재성 또는 주요 우울증 삽화의 기준을 충족한다.
  ② 과거의 병력에서 적어도 한 번의 조증 삽화 또는 혼재성 삽화가 있다.
  ③ 기분장애의 증상 때문에 사회적, 직업적 또는 기능의 다른 중요한 측면에서 심각한 장애가 있다.
  ④ A 또는 B의 진단기준이 분열정동장애, 정신분열병, 정신분열형 장애, 망상장애 또는 달리 분류되지 않는 정신병적 장애에 수반된 것이어서는 안 된다.
  ⑤ A 또는 B의 진단기준이 약물남용 또는 약물의 투여로 나타나는 신체적인 증상은 아니어야 하며, 다른 일반적인 신체적인 질환(예를 들면, 갑상선기능항진증 등)으로 나타나는 것도 아니어야 한다.

- 양극성 제2장애(경조증 삽화가 동반된 반복적인 주요 우울증 삽화), Bipolar II disorder(Recurrent major depressive episode with hypomanic episodes)
  ① 현재 또는 과거 병력상 한 번 또는 그 이상의 주요 우울증 삽화
  ② 현재 또는 과거 병력상 한 번 또는 그 이상의 경조증 삽화
  ③ 과거의 병력상 조증 또는 혼재성 삽화는 없어야 한다.
  ④ A 또는 B의 진단기준이 분열정동장애, 정신분열병, 정신분열형 장애, 망상장애 또는 달리 분류되지 않는 정신병적 장애는 아니어야 한다.
  ⑤ 기분장애의 증상 때문에 사회적, 직업적 또는 기능의 다른 중요한 측면에서 심각한 장애가 있다.

- 기분 순환장애(Cyclothymic disorder)
  ① 적어도 2년 동안 많은 경조증 증상과 많은 우울 증상이 있으나 주요 우울증 삽화의 진단기준을 만족시키지는 않는다.
     (주의: 소아와 청소년인 경우는 적어도 1년 동안의 기간이다.)
  ② 상기 2년 기간 동안(소아 또는 청소년인 경우 1년 동안) A의 증상들이 한 번

에 적어도 두 달 이상은 지속된다.

③ 이러한 장애의 첫 2년 동안은 주요 우울증 삽화, 조증 삽화 또는 혼재성 삽화는 없어야 한다.

④ A의 진단기준이 분열정동장애, 정신분열병, 정신분열형 장애, 망상장애 또는 달리 분류되지 않는 정신병적 장애는 아니어야 한다.

⑤ 이러한 증상들이 약물남용 또는 약물의 투여로 나타나는 신체적인 증상은 아니어야 하며, 다른 일반적인 신체적인 질환(예를 들면, 갑상선기능항진증)으로 나타나는 것도 아니어야 한다.

⑥ 이러한 증상들 때문에 사회적, 직업적 또는 기능의 다른 중요한 측면에서 심각한 장애가 있다.

• 달리 분류되지 않는 양극성장애(Bipolar disorder not otherwise specified)

이 진단기준은 상기 특정 양극성장애의 진단기준을 만족시키지는 못하지만 양극성장애의 양상을 띠고 있는 경우에 사용할 수 있으며, 다음과 같은 경우들이 포함된다.

① 조증과 우울증이 아주 짧은 간격으로 번갈아 나타나나 이 기간이 조증 삽화나 우울증 삽화의 진단기준의 기간을 만족시키지 못하는 경우

② 우울 증상은 나타나지 않고, 반복적으로 조증 삽화만 나타나는 경우

③ 망상장애, 잔재형 정신분열증, 달리 분류되지 않는 정신병적 장애에 수반되는 조증 또는 혼재성 삽화

④ 임상가의 판단에 따라서 양극성장애가 의심되나 이것이 일차적인 장애인지 약물에 의한 것인지 혹은 내과적 질환에 의한 것인지의 판단이 어려운 경우

---

(2) ICD-10 진단기준

① 조증 삽화(F30 Manic episode)

• 경조증(F30.0 Hypomania)

경조증은 경한 정도의 조증이며, 기분과 태도의 이상이 기분순환증에 포함시키기에는 지속적이고, 현저하고, 환청이나 망상이 수반되지 않은 경우다. 최

소한 여러 달의 기분 고양이 지속적으로 있으며, 활력 및 활동의 증가, 현저한 안락감과 신체적, 정신적 효율이 증가한 느낌이 있다. 사교성이 증가하고 말이 많아지며, 지나치게 다정하게 행동하고, 성적 에너지의 증가와 수면욕구의 감소가 흔히 나타나지만, 그것이 업무 수행 능력을 현저히 떨어뜨리거나 사회적으로 거부 반응을 불러일으킬 정도는 아니다. 보통의 행복감과 사교성이 지나치면 과민한 반응, 자만심과 유혹적인 행동 등이 나타날 수 있다. 집중력과 주의력이 저하되므로 어떤 일에 착수하거나 긴장을 풀고 여가를 즐기기 어려워진다. 새로운 모험이나 활동에 관심을 보이고 약간의 과소비도 나타난다.

이러한 증상 중 몇 가지가 최소한 며칠 동안 계속 나타나서 그 정도와 지속성이 기분 순환증(cyclothymia)에서 기술된 것보다 더 심하고 길어야 한다. 업무 수행 또는 사회활동에 상당히 지장을 받게 되면 그것은 경조증 진단에 부합되지만, 만일 이런 활동이 완전히 와해되거나 심할 경우는 조증 진단을 붙여야 한다.

• 정신병적 증상이 없는 조증(F30.1 Mania without psychotic symptoms)

기분은 환자가 처한 상황에 어울리지 않게 들뜨고, 태평스런 쾌활함에서 거의 조절이 안 되는 흥분상태까지 다양하게 나타난다. 기분의 고양은 활력의 증가를 수반하며, 활동과다, 억제할 수 없는 말, 수면욕구의 감소가 일어난다. 통상적인 사회 규범에 따르는 통제력이 상실되고 주의력이 계속 유지되지 못하여 현저한 정신착란을 보이는 경우도 자주 있다. 자존심이 팽창되고 과대적 사고나 지나치게 낙관적인 생각을 거침없이 내뱉는다. 지각의 잔재가 생겨 색채가 특별히 생생하게 인식된다거나, 표면이나 질감 등의 세밀한 부분에 집착한다거나 주관적인 청각과민 등이 나타날 수 있다. 비현실적인 계획을 세우거나 돈을 함부로 쓰고, 공격적 혹은 호색적인 행동을 보이며, 부적절한 상황에서 익살맞은 짓을 하기도 한다. 일부 조증 삽화에서는 기분이 들뜨기보다는 쉽게 자극되고 의심을 많이 보일 수도 있다. 첫 조증 발작은 15세부터 30세 사이에 흔히 발생하나, 소아기 후반에서 60대나 70대까지의 어느 연령에서도 발병할 수 있다.

　　이러한 삽화가 최소한 일주일은 지속되어야 하며, 일상 업무와 사회적 활동이 거의 완전하게 와해될 정도로 심해야 하고, 기분 변화에 수반되어 활력의 증가가 있고 앞서 언급한 증상들 가운데 상당수(특히 억제할 수 없는 언변, 수면욕구 저하, 과대성, 지나친 낙관주의)가 나타나야 한다.

　　• 정신병적 증상이 있는 조증(F30.2 Mania with psychotic symptoms)
　　임상적 특징은 F30.1에 기술된 조증의 경우보다 더 심한 형태다. 팽창된 자존심과 과대신념이 망상으로 진전될 수 있으며, 과민반응이나 의심은 피해망상으로 발전할 수 있다. 심한 경우는 정체성이나 역할에 관한 과대망상적 사고나 종교적 망상이 현저하며, 사고의 비약과 억제할 수 없는 언변 때문에 그 사람의 말을 이해하기가 어렵게 된다. 지속적으로 심하게 몸을 혹사하고 흥분하다 보면 공격적이고 난폭해지며, 먹고 마시는 것과 개인위생을 등한시하여 위험할 정도의 탈수 상태나 자기 방치 상태에 빠지기도 한다. 만일 필요하면 망상이나 환각이 환자의 기분과 일치하는지 혹은 일치하지 않는지를 명시할 수 있다. '일치하지 않는 것'에는 정동적으로 중립적인 망상과 환각까지 포함되는 것으로 간주해야 한다. 예를 들면, 아무런 가책이나 비난 섞인 내용 없는 관계망상 혹은 그 사람에게 하는 말소리가 특별한 감정적인 의미가 없는 사건에 대한 것인 경우가 있다.

　　• 기타 조증 삽화(Other manic episode)

　　• 조증 삽화, 특정 불능(Manic episode, unspecified)

　② 양극성 기분장애(F31 Bipolar affective disorder)
　　• 양극성 기분장애, 현재 경조증 삽화(F31.0 Bipolar affective disorder, current episode hypomanic)
　　㉠ 현재의 삽화가 경조증(F30.0)의 기준을 만족시켜야 한다.
　　㉡ 과거 병력에서 최소한 한 번의 다른 기분장애의 삽화(경조증, 조증, 우

울증 혹은 혼재성)가 있어야 한다.

- 양극성 기분장애, 현재 정신병적 증상이 없는 조증 삽화(F31.1 Bipolar affective disorder, current episode manic without psychotic symptoms)
  ㉠ 현재의 삽화가 정신병적 증상이 없는 조증(F30.1)의 기준을 만족시켜야 한다.
  ㉡ 과거 병력에서 최소한 한 번의 다른 기분장애 삽화(경조증, 조증, 우울증 혹은 혼재성)가 있어야 한다.
- 양극성 기분장애, 현재 정신병적 증상이 있는 조증 삽화(F31.2 Bipolar affective disorder, current episode manic with psychotic symptoms)
  ㉠ 현재 삽화가 정신병적 증상이 있는 조증(F30.2)의 기준을 만족시켜야 한다.
  ㉡ 과거 병력에서 최소한 한 번의 다른 기분장애(경조증, 조증, 우울증, 혹은 혼재성)가 있어야 한다.

만일 필요하면, 망상이나 환각이 기분에 일치하는지 혹은 일치하지 않는지를 명시할 수 있다.

- 양극성 기분장애, 현재 경도 또는 중등도 우울증 삽화(F31.3 Bipolar affective disorder, current episode mild or moderate depression)
  ㉠ 현재의 삽화가 경도 또는 중등도 삽화의 기분을 만족시켜야 한다.
  ㉡ 과거 병력에서 최소한 한 번의 확진된 경조증 혹은 조증 삽화가 있어야 한다.

다섯째 자리 숫자는 현재의 우울증 삽화에 신체적 증상이 있는지 없는지를 명시하기 위하여 사용할 수 있다.

- 신체증상이 없는 것(F31.30 Without somatic symptoms)
- 신체증상이 있는 것(F31.31 With somatic symptoms)

- 양극성 기분장애, 현재 정신병적 증상이 없는 심한 우울증 삽화(F31.4 Bipolar affective disorder, current episode severe depression without psychotic symptoms)
  - ㉠ 현재의 삽화가 정신병적 증상이 없는 심한 우울증 삽화의 기준을 만족시켜야 한다.
  - ㉡ 과거 병력에서 최소한 한 번의 경조증 또는 조증 삽화가 있어야 한다.

- 양극성 기분장애, 현재 정신병적 증상이 있는 심한 우울증 삽화(F31.5 Bipolar affective disorder, current episode severe depression with psychotic symptoms)
  - ㉠ 현재의 삽화가 정신병적 증상이 있는 심한 우울증 삽화의 기준을 만족시켜야 한다.
  - ㉡ 과거 병력에서 최소한 한 번의 확진된 경조증 또는 조증 삽화가 있어야 한다.

만일 필요하면, 망상이나 환각이 기분과 일치하는지 혹은 일치하지 않는지를 명시할 수 있다.

- 양극성 기분장애, 현재 혼재성 삽화(F31.6 Bipolar affective disorder, current episode mixed)

과거에 최소한 한 번의 조증이나 경조증 삽화가 있었으며, 현재 조증, 경조증 그리고 우울장애들이 혼재해 있거나 급속히 교대로 나타난다.

비록 양극성장애의 가장 전형적인 형태는 정상적인 기분이 유지되는 기간을 사이에 두고 조증과 우울증이 교대로 반복되는 것이지만, 수일 혹은 수주간 계속하여 우울기분에 활동과다와 억제할 수 없는 언변이 동반되거나 조증 기분과 과대망상 경향이 초조성 흥분, 기력 및 의욕상실 등과 함께 나타나는 일도 드물지 않다. 우울 증상과 경조증 혹은 조증 증상도 날마다 혹은 심지어는 시간마다 빠르게 교대로 나타날 수 있다. 혼재성 기분장애의 진단은 이 두 종류의 증상이 현재 삽화의 대부분에 걸쳐 다 같이 현저할 때 내려져야 하며 최소한 2주간은 지속되는 경우라야 한다.

- 양극성 기분장애, 현재 관해 상태(F31.7 Bipolar affective disorder, currently in remission)

환자는 과거 병력에서 최소한 한 번의 조증, 경조증 혹은 혼재성 기분 삽화가 있었고, 여기에 덧붙여 경조증, 조증, 우울증의 다른 기분 삽화가 최소한 한 번 더 있었으나 현재는 아무런 뚜렷한 기분장애를 보이지 않으며, 수개월 동안 그런 장애가 없는 상태에 대하여 이 진단을 붙인다. 관해 상태라 하더라도 차후 기분 삽화 재발 위험성을 줄이기 위해 치료를 계속할 수도 있다.

- 기타 양극성 기분장애(F31.8 Other bipolar affective disorder)

양극성장애 제2형(Bipolar II disorder), 반복성 조증 삽화(Recurrent manic episode)가 이 범주에 포함된다.

- 양극성 기분장애, 특정 불능형(F31.9 Bipolar affective disorder, unspecified)

3) 임상양상

(1) 소아기 양극성장애

기본적인 임상적 특성은 성인기 양극성장애와 별다른 차이가 없지만 일부 연구자들은 다소의 차이가 있다고 기술하고 있다. 발병 연령이 어릴수록 임상적인 특성이 비전형적으로 나타날 가능성이 높다. 소아, 청소년의 연령을 세분하여 어린 군(9세 이하, A집단)과 그보다 나이가 든 군(9세에서 12세 사이, B집단)의 양극성장애의 임상적인 특징을 비교하면 다음과 같다.

첫째, A집단에서 과거력상 과잉운동 증상이 많았다. 둘째, A집단은 자극에 대한 과민성, 공격적 행동, 감정의 심한 기복을 주로 보이고 B집단은 조증과 고양된 기분이 주로 나타났다. 셋째, 전체적으로 망상, 환청 등의 증상은 드물지만 B집단에서 과대망상 및 기분과 일치되는(Mood-congruent) 환시 또는 환청이 A집단에 비해 많이 관찰되었다. 넷째, B집단에서 사고의 도약과 빠른 사고의 흐름이 더 많이 관찰되었다. 이상을 살펴보면 연령이 높아질수록 임상증상이 성인과 점차 유사해짐을 알 수 있다.

(2) 청소년기 양극성장애

아동기에 비해 청소년기의 양극성장애는 비교적 흔한 질환으로 알려져 왔다. Kasanin과 Kaufman(1929)은 14세에서 18세 사이 청소년 입원환자의 12%가 양극성장애였다고 보고한 바 있고, Olsen(1961)은 양극성장애의 6.2%에서 발병 연령이 13~19세였다고 보고하였다. Perris(1968)는 성인 양극성장애 환자의 40%가 15~25세 사이에 발병했음을, Loranger 등(1978), Campbell (1982), Winokur(1969)는 20~35%가 19세 이전에 발병하였음을 발표하였다. 발병 연령으로 보자면 양극성장애가 청소년기의 주요 질환 가운데 하나임을 알 수 있다. 이 시기의 주요 임상적 특징은 다음과 같다.

첫째, 거부증(Negativism), 지나친 자신감 등으로 표현되는 반항적인 증상을 보인다. 둘째, 자신의 신체적, 정신적 또는 임무수행 능력에 대한 과대망상적 사고를 나타낸다. 셋째, 성적충동이 심한 변화를 일으켜 공격적, 성적 행동화를 보이며, 소녀인 경우는 사춘기가 자신의 신체상에 대한 큰 위협으로 작용할 수도 있다. 넷째, 운동량이 증가되고 과잉운동, 안절부절못함 등의 증상을 보이며, 경우에 따라서는 신경성 식욕부진증이 양극성장애의 한 증상으로 표현될 수도 있다. 다섯째, 인지기능 발달에 따라서 자살 사고가 흔히 나타난다. 여섯째, 점차 성인기 양극성장애에 가까운 임상적인 특성을 띠게 되나 일반적으로 주기가 짧다. 일곱째, 성인기 양극성장애에 비해 망상적 사고, 관계망상, 환청, 환시 또는 Schneider의 일급증상 등 정신분열병에서 관찰되는 정신병적 증상이 흔히 발견된다(Ballenger 등, 1982).

이상의 청소년기 양극성장애의 임상적 특성은 청소년기 발달과제와 밀접한 관계가 있으며, 이 점이 성인기 정신병리와의 차이점이라고 볼 수 있다. 또 한 가지 중요한 특징은 정신분열병의 증상과 함께 나타나는 경우가 많은데, 이 점이 과거에 청소년기 양극성장애가 흔히 정신분열병으로 오진되었던 이유 가운데 하나다.

4) 소아 · 청소년기 발병 양극성장애에 대한 가설

이상의 소아 · 청소년기에 발병하는 양극성장애의 특징 가운데 가장 두드러진 점은 정신분열병에서 발견되는 장애들, 특히 사고장애가 동반되는 것이다. 그 이유는 무엇인가?

소아 · 청소년기의 가장 큰 특징은 현재도 지속적으로 발달과정에 있다는 점이다. 따라서 뇌의 각 부분도 성숙하는 과정에 있기 때문에 뇌의 성숙발달과 정신병리와의 관계로서 설명이 가능할 것 같다. 그 가설을 제시해 보면 다음과 같다.

뇌에서 인지기능을 담당하는 부분을 인지구조(Cognitive structure, 주로 대뇌피질)라 하고, 감정기능을 관장하는 부분을 정서구조(Affective structure, 주로 변연계, 시상하부)라고 명명하기로 한다. 인지구조와 정서구조는 소아에서 성인기에 이르기까지 일정한 발달 및 성숙의 과정에 있고, 그렇기 때문에 성인의 뇌에 비해 불안정하다. 따라서 양극성장애가 발병하면 일차적으로 정서구조가 침범을 받게 되지만 내적 불안정성으로 인해 이차적으로 인지구조에 침범이 있을 수 있다. 이러한 상태에서 성인기에 이르러 완전히 성숙한 상태가 되면 자연적인 성숙의 힘(Maturational force)으로 내적 치유력이 작용하여 이차적으로 침범당한 인지구조는 치유가 되지만 손상의 정도가 컸던 정서구조의 병적 상태는 계속된다. 이러한 모델을 통해 본다면 분열정동장애는 성인기에 이르러서도 인지구조와 정서구조가 서로 독립되지 못하고 영향을 미치는 상태가 지속된 결과, 즉 발달 지연의 개념으로 설명이 가능하다.

또 한 가지 재미있는 현상은 외적인 영향에 대한 소아 · 청소년의 뇌의 반응이다. 예를 들어, 항정신약물, 항우울제 또는 중추신경흥분제에 대한 반응이 성인과는 다르다. 소아기 정신분열병에서는 항정신약물로 호전이 되지 않는 경우가 많고 항우울제에 대한 반응도 성인과는 전혀 다르다. 소아 · 청소년기 우울증에 대해 항우울제가 효과가 있느냐 없느냐 하는 문제는 오랜 기간 논란의 대상이 되어 왔으나, 최근의 보고에 따르면 가약(placebo)에 비해 좋은 효과를 보여 주지 못하고 있다. 따라서 현재로서는 소아·청소년기 항우울제의 효과는 없는 것으로 보고 있다. 중추신경흥분제에 대한 반응도 성인과는 판이하게 나타난다. 성인이 중추신경흥분제를 복용하는 경우 중추신경흥분제로 인한 정신증(Amphetamine psychosis 등), 약물남용 및 중독 혹은 다행감 등의 기분 변화가 초래될 수 있다. 그러나 소아기 때는 장기 투여하더라도 이러한 반응이 나타나지 않는다. 이는 소아·청소년의 뇌에 외적인 영향에서 자신을 보호하는 벽이 있음을 시사하는 것이다.

정리하면 내적으로는 뇌가 성숙발달의 과정에 있으면서 서로 영향을 미치며 불안정한 상태이고, 외적으로는 스스로를 방어하는 능력을 통해 개체 전체의 붕괴를 막고 개체의 생존을 지키려 함을 알 수 있다.

소아·청소년기의 양극성장애에 대한 이상의 연구들을 종합하여 보면, 이 연령층에서 양극성장애가 존재함은 확실하며, 발병 연령이 어릴수록 가족에서 발병될 위험성이 높은 것을 추측할 수 있다. Lithium 치료에 대한 반응은 양호한 상태이며, 추적조사 결과 예후가 반드시 나쁘다고는 할 수 없다. 그러나 현상론에서는 현재의 DSM-IV 진단기준에 연령의 요소가 전혀 고려되어 있지 않다. 소아기, 사춘기 전, 청소년기에 이르는 과정에서 각 단계마다 발달과제가 있으며, 이러한 발달과제에 따른 임상증상의 특이성이 관찰되고 있다. 차후 이것이 반영될 필요가 있다. 또한 양극성장애가 있는 부모의 자녀가 과잉운동을 보이는 경우, 과잉운동증상이 있으나 중추신경흥분제에 대하여 반응이 불량한 경우는 양극성장애의 한 변형일 가능성도 염두에 두어야 한다. 마지막으로 현재까지 현상론, 유전적 연구 치료 또는 추적조사에 관한 연구는 비록 단편적이나마 이루어져 왔지만 생화학적인 연구는 거의 전무한 상황이다. 양극성 질환은 유전적 소인이 강하게 작용하는 질환이긴 하지만, catecholamine 또는 indolamine의 이상소견과 관련되어 나타날 가능성이 농후하기 때문에 이에 관한 연구와 더불어 이들의 소견과 정신병리와의 관계에 관한 연구도 병행되어야 한다.

5) 평가

기분장애의 본질적 특성은 아동, 청소년, 성인 모두에서 동일하지만, 증상이 표현되는 특성은 연령과 발달 수준에 따라 다르다(Cantwell, 1983). 소아·청소년기 기분장애를 정확히 진단하기 위해서는 아동의 자기 보고, 부모의 보고, 평가자의 관찰 및 평정 등 여러 정보원들로부터 다양한 평가 방법을 통해 정보를 얻는 것이 매우 중요하다.

(1) 자기 보고형 질문지(Self-report questionnaire)

① 아동용 우울척도
  (Children's Depression Inventory; CDI, Kovacs & Beck, 1977)

아동용 우울척도(CDI)는 Kovacs과 Beck(1977)이 아동기 우울증의 인지적, 정서적, 행동적 증상들을 평가하기 위해 개발한 자기 보고형 척도로서, Beck(1967)의 성인용 우울척도를 아동의 연령에 맞게 변형시킨 것이다. CDI는 7~17세 아동과 청소년들에게 실시할 수 있으며, 총 27문항으로 이루어져 있다. 각 문항들에 대해 지난 2주일 동안의 자신을 가장 잘 기술해 주는 정도를 0~2점으로 평정하도록 되어 있으며, 각 문항에 대한 개인의 평정치를 합산한 총점이 우울 정도를 나타낸다. 총점의 범위는 0~54점으로, 점수가 높을수록 우울 정도가 심하고, 다양한 우울 증상을 보이는 것을 나타낸다. CDI에 대한 방대한 심리측정적 연구들은 CDI가 매우 신뢰롭고 타당하며, 정신과 집단과 비정신과 집단을 변별하는 데 임상적인 유용성이 있음을 입증해 주었다 (Fremouw, Perczel & Ellis, 1990; Kazdin, 1988). 국내에서는 조수철과 이영식 (1990)이 한국형 CDI 개발을 위한 연구를 수행하였는데, 한국형 CDI의 검사-재검사 신뢰도는 .82, 반분 신뢰도는 .71 그리고 내적 일관성 계수는 .88로, 비교적 신뢰도가 양호한 것으로 나타났다. 또한 우리나라 초등학교 4, 5, 6학년

생 288명을 대상으로 산출한 CDI의 평균치는 14.7점(표준편차 7.3)이었고, 이는 외국의 연구들(Green, 1980; Kline, 1982; Smucker, 1986)에서 보고된 8~10점 범위 이내의 평균치보다 상당히 높은 점수이며, Kovacs(1983)의 연구에서 제시된 우울증 진단을 위한 분할점(CDI 13점)보다도 다소 높은 점수이다. 따라서 우리나라 아동들의 우울증 진단을 위해 외국 연구에서 산출된 분할점을 그대로 적용한다면 실제로는 정상인데 우울증으로 분류될 긍정 오류율(False positive)이 발생할 가능성이 높으므로, 이 점에 유념해야 한다(〈부록 10-1〉).

② 아동용 절망척도(Hopelessness Scale for Children; HSC, Kazdin, Roders & Colbus, 1986)

아동용 절망척도(HSC)는 우울증의 인지적 증상, 즉 아동들의 미래에 대한 부정적인 기대나 생각 등 절망(hopelessness)과 관련된 인지를 평가하기 위해 Kazdin과 동료들(1986)이 개발한 "예-아니요"로 대답하는 진위형 척도다. HSC는 총 17문항으로 이루어져 있으며, 만 7세 이상의 아동들에게 사용 가능한데, 각 문항에 대한 응답은 0점과 1점으로 채점되므로 총점의 범위는 0~17점이다. 점수가 높을수록 절망적인 생각이 많음을 나타내며, 특히 절망척도 점수는 자살 위험을 평가하는 데 매우 중요하다. 신민섭 등(1990)의 연구에서 산출된 HSC의 신뢰도 계수(Cronbach's)는 .87로, 내적 일관성이 비교적 높은 편이었으며, CDI와의 상관계수는 .55로 중등도의 상관 관계를 보였다(〈부록 10-2〉).

③ 역학연구용 우울척도(Center for Epidemiologic Studies Depression Scale; CESDS, Weissman, Orvaschel, & Padian, 1980)

CESDS는 20개의 문항으로 구성되어 있으며, 청소년과 부모가 각각 0~4점으로 평정한다. 분할점은 16점이고, 청소년 집단에서 CDI와의 수렴타당도는 .44로 중도 수준의 타당도를 가지고 있으며, 변별타당도는 검증되지 않았다(〈부록 10-3〉). 한국판 CESD의 번안과 진단타당도연구는 조맹제와 김계희(1993)가 수행하였다.

④ 우울자기평정척도(Depression Self-Rating Scale; DSS, Birleson, 1981; Birleson, Hudson, Buchanon, & Wolff, 1987)

우울자기평정척도(DSS)는 지난 한 주간 경험한 정동 및 인지적 증상들을 반영하도록 구성된 18개의 문항으로, 3점 척도로 구성되어 있으며, 분할점은 15점으로 추천하고 있다. 이 척도는 아동용만 있고, CDI와의 수렴타당도는 .81로 높은 편이며, 대상은 7~23세의 소아·청소년 및 청년이다.

⑤ 레이놀즈 아동우울척도(Reynolds Child Depression Scale; RCDS, Reynolds, 1989)

레이놀즈 아동우울척도(RCDS)는 4점 Likert 척도로 30개의 문항으로 구성되어 있으며, 아동용과 부모용이 있다. 8~11세 아동을 대상으로 하며, 내적 일치도는 .88~.92로 높은 편이다.

⑥ 레이놀즈 자살생각척도(Reynolds Suicidal Ideation Questionnnaire; RSIQ, Reynolds, 1987)

SIQ는 많은 청소년들이 우울하지는 않지만 자살생각을 보인다는 관찰로부터 제작된 척도로, 자살생각을 측정하는 30문항으로 이루어진 자기 보고형 척도다. 각 문항에 대해 "전혀 생각한 적 없다."(0점)에서 "거의 매일 생각한다."(6점)까지 7점 척도로 평정하도록 되어 있으므로 총점의 범위는 0~180점이다. Reynolds의 표준화 연구에서 SIQ의 신뢰도 계수는 남, 녀 집단에서 각각 .957, .976으로 매우 높은 편이었다. 신민섭(1993)이 한국판 척도의 신뢰도, 타당도를 검증하였다(〈부록 10-4〉).

⑦ 자기-도피척도(Scale for Escape from the Self; SES, 신민섭, 1993)

SES는 신민섭(1993)이 Baumeister의 자살 이론에 입각해서 제작한 자기 보고형 척도로, 인지적 몰락 상태의 특성을 나타내는 71문항으로 구성되어 있다. SES는 각 문항에 대해서 "예-아니요"로 대답하는 진위형 척도로, "예."라고 대답하는 경우에 1점, "아니요."라고 대답하는 경우에 0점으로 채점되므로, 총점의 범위는 0~71점까지다(반대방향으로 채점되는 문항 번호는 11, 14, 32, 44, 46, 65). SES의 Cronbach's 신뢰도 계수는 .93이었다. 연구 결과, SES가 47점 인 사람은 약 .5의 자살 시도 확률을 가지며, 자기-도피척도 점수가 71점이면 자살 시도 확률이 .80~.85인 것으로 나타났다(〈부록 10-5〉).

⑧ 피어스-해리스 자기개념척도(Piers-Harris Children's Self Concept Inventory; Piers & Harris, 1964)

이 척도는 8~18세 사이의 소아 또는 청소년들의 자기개념의 평가를 위하여 총 80문항으로 구성되어 있는 자가보고형척도로, Piers와 Harris(1964)가 개발 하였다. 김병로 등(1994)이 번안하여 한국판 척도의 신뢰도 및 타당도를 검증 하였다. 이 척도는 각각의 문항에 대하여 "예" 또는 "아니요"라고 답하도록 만들어져 있으며, 각각의 항목에 대하여 긍정적인 방향으로 대답하면 1점씩을 주게 되어 전체 점수 범위는 0~80점이다(〈부록 10-6〉). 점수가 높을수록 자신 에 관하여 긍정적인 평가를 하고 있는 것을 나타낸다. 이 척도는 6개의 소척도 로 구성되어 있는데, 이 소척도들과 그 소척도들을 구성하고 있는 문항 수는 다음과 같다.

소척도 1: 행동척도(Behavior, 16항목)
소척도 2: 지적능력 및 학업상태(Intellectual and school status, 17항목)
소척도 3: 신체적 및 외모특성(Physical apperance and attributes, 13항목)
소척도 4: 불안(Anxiety, 14항목)
소척도 5: 인기도(Popularity, 12항목)
소척도 6: 행복과 만족(Happiness and satisfaction, 10항목)

⑨ Young 조증 평가척도(Young Mania Rating Scale; YMRS, Young, 1978)

이 척도는 원래 성인 조증 환자의 평가를 위해 Young 등(1978)이 개발하였 다. 임상가가 객관적으로 조증 증상을 평가하는 척도로, 고조된 기분, 운동활 성-에너지의 증가, 성적 관심, 수면, 자극과민성, 말의 속도와 양, 언어-사고장애, 파탄적-공격적 행동, 용모, 병식의 총 11개 항목으로 구성되어 있다. 증상이 없는 경우 0점이고 가장 심한 증상을 보일 경우 4점으로, 5점 Likert 척도를 채용하고 있다. 단, 네 가지 항목은 각 점수에 대해 가중치를 2배로 부여하고 있는데, 그 항목은 각각 자극과민성, 말의 속도와 양, 언어 내용의 장애, 공격적 행동이다. 점수는 0~60점까지 분포하며 점수가 높을수록 정신병리가 많음을 의미한다.

Youngstorm 등(2002)은 YMRS를 5~17세까지의 소아, 청소년을 대상으로 적용하는 연구를 시행하였다. Cronbach's 신뢰도 계수는 .90으로, 각 문항과 전체 항목의 상관성은 0.30 이상으로 보고되었다. 단, 용모 및 성적 관심 항목은 전체 항목과의 상관성이 각각 0.04와 0.28로 낮게 나왔다. 진단적 타당도에서도 K-SADS 평가와의 비교에서 타당도가 양호한 것으로 증명되었다. Gracious 등(2002)은 YMRS의 부모용 버전을 개발하였다. Youngstorm 등(2003)은 부모용 버전이 5~10세 연령군, 11~17세 연령군 모두에서 타당도와 신뢰도가 높음을 보고하였다. 부모용 버전으로 매긴 점수는 임상가가 채점한 것과 비교할 때 평균 6.2점이 높았다. 양자 간에는 r=0.65로 유의한 상관성이 있었다. 한국판 YMRS(K-YMRS)는 정희연 등(2003)이 개발하여 표준화 연구를 수행하였다. K-YMRS의 내적 일관성은 Cronbach's .73이었고, 평가자 간 신뢰도는 .93으로 높은 편이었다. 요인구조는 YMRS에 대한 기존연구와 비슷하게 양성증상, 음성증상, 조증-흥분, 우울-불안의 4요인으로 구성된 것으로 나타났다. BPRS-E의 조증-흥분 점수와의 상관을 통해 K-YMRS의 공존 타당도를 알아본 결과, .82로 유의미한 수준이었고, 판별분석결과 조증과 비조증군을 분류하는 정확성은 73.7%이었다(〈부록 10-7〉).

(2) 면접

① 블레뷰 우울지표(Bellevue Index of Depression; BID, Petti, 1978)

BID는 원래 6~12세 아동을 평정할 수 있도록 개발되었으나 현재는 청소년에게까지 확대하여 사용하고 있는 반구조화된 면접이다. 아동에게 실시할 경우는 직접적인 면접 방식을 이용하여 정보를 얻지만, 부모에게 실시할 경우는 면접이나 지필식 형태를 이용할 수 있다. 면접 내용은 총 40문항으로 이루어져 있으며, 10개의 하위 범주로 구성되어 있다. 각 문항은 "증상이 없음(0점)"에서 "증상이 심각함(3점)"까지 4점 척도로 평정되며, 문제의 유무에 대한 평정뿐만 아니라 문제의 지속 기간("1개월 미만" "1~6개월" "6개월~2년" "항상")도 평가한다. 만일 아동에게 문제가 있다고 말하긴 하지만 얼마나 심각한지를 기술하지 못한다면 "아주 작은 문제니?" "아주 큰 문제니?" 등과 같이 구체적으로 물어보는 것이 바람직하며, 문제의 지속 기간에 대해서도 이를 보고하지 못하면 중요한 사건을 기점으로 물어보는 것이 좋다(예: 생일 전후, 개학 후 등)(〈부록 10-8〉).

② 학령기 우울목록척도(School Age Depression Listed Inventory; SADLI, Petti & Law, 1982)

SADLI는 우울한 아동들에게서 나타난다고 보고된 28개의 증상을 기초로 제작된 17문항으로 이루어진 반구조화된 면접이다. 6~12세 아동들에게 사용할 수 있으며, 각 문항은 "증상이 없음(1점)"에서 "극심함(7점)"의 7점 척도로 평정하도록 되어 있다. 평가하는 문항 내용은 (1) 짜증, (2) 우울한 모습, (3) 위축된 행동, (4) 과잉 활동성, (5) 거부적인 행동, (6) 즐거움의 결여(anhedonia), (7) 수면장애, (8) 신체 증상, (9) 사회적 철회 행동, (10) 외로움, (11) 무기력, (12) 거절 혹은 배척 경험, (13) 우울한 기분, (14) 자기를 향한 공격성-자살, (15) 무가치감, (16) 절망, (17) 전반적인 우울 평가다. 이때 1번에서 5번까지의 문항은 면접 동안에 임상가가 아동의 행동 관찰을 기초로 평가해야 하는 문항이므로 모든 면담이 끝난 후에 평정하도록 되어 있으며, 마지막의 17번 문항은 전반적인 우울증 평정을 위한 것이므로 면담 동안의 객관적이거나 주관적인 자료와 평정자의 임상적 판단을 근거로 하여 평정하게 된다. 나머지 6~16번 문항은 면담 동안의 아동의 언어적 보고만을 기초로 평정해야 하며, 임상가가 느끼는 아동에 대한 인상을 근거로 추론하여 평정해서는 안 된다. SADLI에는 평정의 신뢰도를 높이기 위해 각 문항마다 1~7점으로 평정되는 구체적인 내용들이 명시되어 있다(〈부록 10-9〉).

③ 아동 우울평정척도(Children's Depression Rating Scale-Revised;
   CDRS-R, Poznanski, Freeman, & Mokros, 1984)

CDRS-R은 6～12세 아동에게서 우울증의 유무와 심각성을 측정하기 위해 개발된 임상가가 평정하는 반구조화된 면접이다. 이 척도는 17문항으로 구성되어 있는데, 앞의 14문항은 아동의 언어적 보고를 기초로 평정하게 되며 나머지 3문항은 면담 동안의 행동 관찰을 기초로 해서 임상가가 평정한다. 또한 아동뿐만 아니라 부모나 교사 그리고 아동과 관련 있는 다른 성인에게도 실시할 수 있으며, 면접에 소요되는 시간은 약 30분이다. 평가되는 내용은 (1) 학업, (2) 흥미나 즐거움을 느끼는 능력, (3) 사회적 철회, (4) 수면, (5) 식욕이나 섭식 패턴, (6) 과도한 피로, (7) 신체 증상, (8) 짜증, (9) 죄책감, (10) 자존심, (11) 우울한 기분, (12) 불건전한 생각, (13) 자살생각, (14) 울음, (15) 우울한 정서, (16) 말의 속도, (17) 활동 감소 등이다. 수면, 식욕이나 섭식 패턴, 말의 속도를 평정하는 4, 5, 16번 문항은 5점 척도이며 그외 나머지 문항은 7점 척도로 평정하도록 되어 있다. CDRS-R도 SADLI와 마찬가지로 각 문항마다 평정되는 구체적인 내용들과 질문들이 명시되어 있다(〈부록 10-10〉).

④ DISC-IV

자세한 설명은 제3장 구조화된 아동 면접을 참고하기 바란다.

⑤ K-SADS

자세한 설명은 제3장 구조화된 아동 면접을 참고하기 바란다.

(3) 행동평정척도

① 부모용 행동평정척도(Child Behavior Checklist; CBCL, Achenbach, 1983)

자세한 설명은 제4장 아동 행동평가척도 및 체크리스트를 참고하기 바란다.

② 우울증 또래지명척도(Peer Nomination Inventory of Depression; PNID, Lefkowitz & Tesiny, 1980)

Lefkowitz와 Tesiny(1980)는 사회측정적인 기법(Sociometric technique)을 사용하여 아동기 우울증의 빈도와 지속성을 평가하고자, 우울증 또래지명척도를 개발하였다. PNID는 20개의 문항으로 구성된 척도로, 아동들에게 문항 내용과 일치한다고 생각되는 친구 이름을 지명하도록 요구하는 검사다. 문항의 내용은 주로 아동의 '우울' '행복' '인기도'를 나타내는 것인데, 아동의 점수는 모든 우울 문항에서 지명받은 점수를 합산한 것이다. Lefkowitz와 Tesiny (1980)가 PNID를 사용하여 8~11세 연령 범위의 3,020명 아동을 대상으로 조사한 결과, 각 연령별로 우울증 준거에 부합되는 아동들이 약 5%인 것으로 나타났으며, 6개월 간격으로 알아본 검사-재검사 신뢰도도 높은 것으로 나타나, PNID로 측정한 우울 증상이 비교적 시간적 안정성이 있음이 시사되었다 (Exner & Weiner, 1982). PNID 점수는 교사가 평정한 자기 보고형 우울 점수와도 높은 상관을 나타내었다(Wicks-Nelson & Israel, 1991). 그러나 또래지명척도를 실시하기 위해서는 아동들이 척도를 제대로 완성할 수 있는 안정된 집단이 있어야만 한다는 제한점이 있다. 신민섭(1994)이 한국말로 번안하여 사용하였다(〈부록 10-11〉).

6) 요약 및 제언

소아기 우울증은 정신과의 이론과 실제라는 측면에서 많은 교훈을 주고 있다. 항상 우선하는 것은 관찰되는 환자들의 특성이라고 할 수 있다. 정신과적

이론과 가설은 이러한 현상을 설명하기 위한 수단이요, 방법인 것이다. 따라서 이전의 이론으로 설명되지 않는 현상이 관찰되면, 이를 설명할 수 있는 새로운 이론과 가설이 마련되어야 한다. 이론이나 학설은 가설에 불과한 것이기 때문에 지나친 절대성을 부여해서는 안 된다는 사실을 소아기 우울증이 말해 주고 있다. 소아·청소년기의 양극성장애에 대한 이상의 현상론, 가족연구, 치료 또는 추적조사에 대한 연구들을 종합하여 보면, 이 연령층에서 양극성장애가 존재함은 확실하며, 발병 연령이 어릴수록 가족에서 발병될 위험성이 높은 것을 추측할 수 있다. Lithium 치료에 대한 반응은 양호한 상태이며, 추적조사 결과 예후가 반드시 나쁘다고는 할 수 없다. 그러나 현상론에서는 현재의 DSM-IV 진단기준에 연령의 요소가 별로 고려되어 있지 않다. 소아기, 사춘기 전, 청소년기에 이르는 과정에서 각 단계마다 발달과제가 있으며, 이러한 발달과제에 따른 임상증상의 특이성이 관찰되고 있다. 이를 염두에 두고 향후 다음과 같은 연구가 필요하다. 첫째, 기분장애 진단기준에서 발달학적인 측면이 고려되어야 한다. 둘째, 소아·청소년기 양극성장애 평가척도가 개발되어야 한다. 셋째, 생물학적인 연구에서도 발달학적인 측면이 고려되어야 한다. 넷째, 위험이 높은 아동을 대상으로 하여 특성 지표(Trait marker)를 찾는 노력을 기울여야 한다. 다섯째, 종단 연구를 통해 소아·청소년기 및 성인기 기분장애 간의 상호관계에 대한 연구가 시행되어야 한다.

부록 10-1

아동용 우울척도

- 다음 각 문항마다 여러 가지 느낌과 생각들이 적혀 있는 문장들이 있습니다.
- 그중에서 지난 2주 동안 나를 가장 잘 나타내어 주는 문장을 하나 골라 주십시오.
- 여기에는 정답이 없습니다. 단지 자신을 가장 정확하게 표현하는 문장을 하나 골라서 ○표 하여 주십시오.

1. (   ) 나는 가끔 슬프다.
   (   ) 나는 자주 슬프다.
   (   ) 나는 항상 슬프다.

2. (   ) 나에게 제대로 되어가는 일이란 없다.
   (   ) 나는 일이 제대로 되어갈지 확신할 수 없다.
   (   ) 나에겐 모든 일이 제대로 되어갈 것이다.

3. (   ) 나는 대체로 무슨 일이든지 웬만큼 한다.
   (   ) 나는 잘못하는 일이 많다.
   (   ) 나는 모든 일을 잘못한다.

4. (   ) 나에게는 재미있는 일들이 많다.
   (   ) 나는 재미있는 일들이 더러 있다.
   (   ) 나는 어떤 일도 전혀 재미가 없다.

5. (   ) 나는 언제나 못된 행동을 한다.
   (   ) 나는 못된 행동을 할 때가 있다.
   (   ) 나는 가끔 못된 행동을 한다.

6. (   ) 나는 가끔씩 나에게 나쁜 일이 일어나지 않을까 생각한다.
   (   ) 나는 나에게 나쁜 일이 일어날까 걱정한다.
   (   ) 나는 나에게 무서운 일이 일어나리라는 것을 확신한다.

7. (　　) 나는 나 자신을 미워한다.
　　(　　) 나는 나 자신을 좋아하지 않는다.
　　(　　) 나는 나 자신을 좋아한다.

8. (　　) 잘못하는 일은 모두 내 탓이다.
　　(　　) 잘못되는 일 중 내 탓인 것이 많다.
　　(　　) 잘못되는 일은 보통 내 탓이 아니다.

9. (　　) 나는 자살을 생각하지 않는다.
　　(　　) 나는 자살에 대하여 생각은 하지만 그렇게 하지는 않을 것이다.
　　(　　) 나는 자살하고 싶다.

10. (　　) 나는 매일 울고 싶은 기분이다.
　　(　　) 나는 울고 싶은 기분인 날도 있다.
　　(　　) 나는 때때로 울고 싶은 기분이 든다.

11. (　　) 이일 저일로 해서 늘 성가시다.
　　(　　) 이일 저일로 해서 성가실 때가 많다.
　　(　　) 간혹 이일 저일로 해서 성가실 때가 있다.

12. (　　) 나는 사람들과 함께 있는 것이 좋다.
　　(　　) 나는 사람들과 함께 있는 것이 싫을 때가 많다.
　　(　　) 나는 사람들과 함께 있는 것을 전혀 원치 않는다.

13. (　　) 나는 어떤 일에 대한 결정을 내릴 수가 없다.
　　(　　) 나는 어떤 일에 대한 결정을 내리기가 어렵다.
　　(　　) 나는 쉽게 결정을 내린다.

14. (　　) 나는 괜찮게 생겼다.
　　(　　) 나는 못생긴 구석이 약간 있다.
　　(　　) 나는 못생겼다.

15. (　　) 나는 학교 공부를 해내려면 언제나 노력하여야만 한다.
　　(　　) 나는 학교 공부를 해내려면 많이 노력하여야만 한다.
　　(　　) 나는 별로 어렵지 않게 학교 공부를 해낼 수 있다.

16. (   ) 나는 매일 밤 잠들기가 어렵다.
    (   ) 나는 잠들기 어려운 밤이 많다.
    (   ) 나는 잠을 잘 잔다.

17. (   ) 나는 가끔 피곤하다.
    (   ) 나는 자주 피곤하다.
    (   ) 나는 언제나 피곤하다.

18. (   ) 나는 밥맛이 없을 때가 대부분이다.
    (   ) 나는 밥맛이 없을 때가 많다.
    (   ) 나는 밥맛이 좋다.

19. (   ) 나는 몸이 쑤시고 아프다든지 하는 것에 대해 걱정하지 않는다.
    (   ) 나는 몸이 쑤시고 아픈 것에 대해 걱정할 때가 많다.
    (   ) 나는 몸이 쑤시고 아픈 것에 대해 항상 걱정한다.

20. (   ) 나는 외롭다고 느낀다.
    (   ) 나는 자주 외롭다고 느낀다.
    (   ) 나는 항상 외롭다고 느낀다.

21. (   ) 나는 학교생활이 재미있었던 적이 없다.
    (   ) 나는 가끔씩 학교생활이 재미있다.
    (   ) 나는 학교생활이 재미있을 때가 많다.

22. (   ) 나는 친구가 많다.
    (   ) 나는 친구가 좀 있지만 더 있었으면 한다.
    (   ) 나는 친구가 하나도 없다.

23. (   ) 나의 학교 성적은 괜찮다.
    (   ) 나의 학교 성적은 예전처럼 좋지는 않다.
    (   ) 예전에 내가 무척 잘하던 과목도 요즈음에는 성적이 뚝 떨어졌다.

24. (   ) 나는 절대로 다른 아이들처럼 착할 수가 없다.
    (   ) 나는 내가 마음만 먹으면 다른 아이들처럼 착할 수가 있다.
    (   ) 나는 다른 아이들처럼 착하다.

25. (   ) 나를 진심으로 좋아하는 사람은 아무도 없다.
   (   ) 나를 진심으로 좋아하는 사람이 있을지 확실하지 않다.
   (   ) 분명히 나를 진심으로 좋아하는 사람이 있다.

26. (   ) 나는 나에게 시킨 일을 대체로 한다.
   (   ) 나는 나에게 시킨 일을 대체로 하지 않는다.
   (   ) 나는 나에게 시킨 일을 절대로 하지 않는다.

27. (   ) 나는 사람들과 사이좋게 잘 지낸다.
   (   ) 나는 사람들과 잘 싸운다.
   (   ) 나는 사람들과 언제나 싸운다.

출처: 조수철, 이영식(1990).

부록 10-2

아동용 절망척도

1. 어른이 되면 모든 일들이 더 잘되고 좋아질 것 같기 때문에 나는
   어른이 되고 싶다.   예( )   아니요( )

2. 내 생활을 더 좋아지도록 할 수 없으므로, 차라리 포기하는 것이
   나을 것 같다.   예( )   아니요( )

3. 일이 잘 안 될 때는 항상 나쁜 일만 생기지는 않을 것이라고
   생각한다.   예( )   아니요( )

4. 내가 어른이 되었을 때 어떻게 되어 있을지 상상할 수 있다.
       예( )   아니요( )

5. 내가 정말로 원하는 일을 할 수 있을 만큼 충분히 시간 여유가
   있다.   예( )   아니요( )

6. 언젠가 나는 내가 깊이 관심을 가지는 일들을 잘할 수 있게
   될 것이다.   예( )   아니요( )

7. 나는 내 인생에서 좋은 것들을 다른 아이들보다 더 많이 갖게
   될 것이다.   예( )   아니요( )

8. 나는 운이 없다. 성인이 되어서도 마찬가지일 것이다.
       예( )   아니요( )

9. 앞으로 나에게는 나쁜 일만 생길 것이다.
       예( )   아니요( )

10. 내가 정말로 원하는 것을 얻지 못할 것 같다.
       예( )   아니요( )

11. 내가 어른이 되면 지금보다 더 행복해질 것 같다.
       예( )   아니요( )

12. 내가 원하는 대로 일이 잘 풀리지 않을 것이다.
       예( )   아니요( )

13. 내가 원하는 것을 결코 가질 수 없으므로 무엇을 원하는 것은
   바보 같은 일이다.   예( )   아니요( )

14. 내가 어른이 되어도 정말로 재미있는 일이 있을 것 같지 않다.
       예( )   아니요( )

15. 내게 있어서 내일이란 확실하지 않고 혼란스럽게 생각된다.

예(   )   아니요(   )

16. 나에게는 나쁜 일보다 좋은 일이 더 많이 생길 것이다.

예(   )   아니요(   )

17. 내가 원하는 것을 얻기 위해 노력하는 것은 아무 소용없는 일이다.
    왜냐하면 나는 아마 그것을 갖지 못할 테니까.   예(   )   아니요(   )

출처 : 신민섭(1990).

부록 10-3

역학연구용 우울척도

지난 일주일 동안 다음과 같은 생각이나 느낌이 얼마나 자주 들었나요?

번호	내 용	전혀 없었다	한두 번 있었다	많이 있었다	매일 있었다
1	평상시에는 아무렇지도 않던 일들을 가지고도 귀찮게 느껴졌다	0	1	2	3
2	입맛이 없었다	0	1	2	3
3	가족이나 친구들을 만나 보고 얘기도 했지만 계속 기분이 좋지 않았다	0	1	2	3
4	나는 남들만큼 괜찮은 사람이라고 생각했다	0	1	2	3
5	내가 하는 일에 마음을 집중시키기가 어려웠다	0	1	2	3
6	기분이 우울했다	0	1	2	3
7	내가 하고자 하는 일 모두가 어렵다고 느껴졌다	0	1	2	3
8	나는 미래가 희망적이라고 느꼈다	0	1	2	3
9	내 인생은 실패였다고 생각했다	0	1	2	3
10	두려움을 느꼈다	0	1	2	3
11	잠을 시원하게 못 잤다	0	1	2	3
12	행복한 편이었다	0	1	2	3
13	평상시보다 대화를 적게 하였다	0	1	2	3
14	외로움을 느꼈다	0	1	2	3
15	다른 사람들이 다정하지 못하다고 느꼈다	0	1	2	3
16	생활이 즐겁다고 느껴졌다	0	1	2	3
17	울었던 적이 있다	0	1	2	3
18	슬픔을 느꼈다	0	1	2	3
19	주위 사람들이 나를 싫어한다는 생각이 들었다	0	1	2	3
20	무슨 일이든 제대로 할 수가 없었다	0	1	2	3

출처 : 조맹제, 김계희(1993).

부록 10-4

레이놀즈 자살생각척도

아래에는 사람들이 때때로 할 수 있는 생각들이 제시되어 있습니다. 다음의 문항들을 자세히 읽어 보시고, 지난 달 동안에 당신이 얼마나 자주 그런 생각을 했는지를 "거의 매일 그런 생각을 했다."에서 "전혀 그런 생각을 한 적이 없다."까지 해당되는 번호에 V표 해 주십시오.

1: 전혀 생각한 적 없다.
2: 전에 그런 생각을 한 적이 있지만, 지난 달에는 한 적이 없다.
3: 한 달에 1번
4: 한 달에 2~3번
5: 일주일에 1번
6: 일주일에 2~3번
7: 거의 매일

	전혀 그런 생각을 한 적이 없다.					거의 매일
1. 내가 살아 있지 않는 편이 차라리 나을 것이라고 생각했다.	1 2 3 4 5 6 7
2. 자살을 할까 생각했다.	1 2 3 4 5 6 7
3. 어떻게 자살할 것인가에 대해 생각해 봤다.	1 2 3 4 5 6 7
4. 언제 자살할 것인가에 대해 생각해 봤다.	1 2 3 4 5 6 7
5. 사람이 죽어가는 것에 대해 생각해 봤다.	1 2 3 4 5 6 7
6. 죽음에 대해서 생각했다.	1 2 3 4 5 6 7
7. 자살할 때 유서에 무엇이라고 쓸 것인가에 대해서 생각했다.	1 2 3 4 5 6 7
8. 내가 원하는 것을 유언장으로 만들어 둘 생각을 했다.	1 2 3 4 5 6 7
9. 사람들한테 내가 자살하려 한다는 것을 말할까 생각했다.	1 2 3 4 5 6 7
10. 내가 없으면 주위 사람들이 더 행복할 것이라고 생각했다.	1 2 3 4 5 6 7
11. 만일 내가 자살한다면 사람들이 어떻게 느낄까 생각했다.	1 2 3 4 5 6 7
12. 살아 있지 않기를 바랐다.	1 2 3 4 5 6 7
13. 모든 것을 끝장내 버리는 게 얼마나 쉬울까 생각했다.	1 2 3 4 5 6 7

14. 내가 죽어 버리면 모든 문제가 해결될 것이라고 생각했다.　1 2 3 4 5 6 7
15. 내가 죽는다면 다른 사람들이 더 편해질 것이라고 생각했다.　1 2 3 4 5 6 7
16. 자살할 수 있는 용기가 있었으면 좋겠다.　1 2 3 4 5 6 7
17. 나는 애초에 태어나지 않았으면 좋았을 것이다.　1 2 3 4 5 6 7
18. 기회가 있다면 자살할 것이라고 생각했다.　1 2 3 4 5 6 7
19. 사람들이 자살하는 방법에 대해 생각했다.　1 2 3 4 5 6 7
20. 자살 생각을 했지만, 실제 행동으로 옮기지는 않을 것이다.　1 2 3 4 5 6 7
21. 큰 사고를 당하는 것에 대해 생각했다.　1 2 3 4 5 6 7
22 인생은 살 가치가 없다고 생각했다.　1 2 3 4 5 6 7
23. 내 인생은 너무 형편없이 엉망이어서 더 이상 살아갈 이유가 없다　1 2 3 4 5 6 7
　고 생각했다.
24. 내 존재를 알리는 유일한 방법이 자살하는 것이라고 생각했다.
25. 내가 자살하고 나면 사람들은 내게 무관심했던 것을 후회하게 될　1 2 3 4 5 6 7
　것이라고 생각했다.
26. 내가 죽거나 살거나 아무도 관심을 가지지 않을 것이라고 생각했다.　1 2 3 4 5 6 7
27. 정말로 자살할 의도는 아니지만 자해(自害)하는 것을 생각했다.　1 2 3 4 5 6 7
28. 내가 자살할 수 있는 용기가 있을까를 생각했다.　1 2 3 4 5 6 7
29. 상황이 더 좋아지지 않으면 자살하겠다고 생각했다.　1 2 3 4 5 6 7
30. 자살할 권리가 있었으면 좋겠다.　1 2 3 4 5 6 7

출처 : 신민섭(1993).

부록 10-5

자기 - 도피척도

1. 요즈음 생활이 한없이 권태롭다.	예	아니요
2. 가까운 사람이 자기의 슬픔이나 고민을 표현하면 짜증이 난다.	예	아니요
3. 이 시점에서 삶을 끝마치고 싶다.	예	아니요
4. 미래에 대해 생각하고 싶지 않다.	예	아니요
5. 아무도 나를 사랑하지 않아도 상관없다.	예	아니요
6. 철학적인 사고는 무의미하다.	예	아니요
7. 한판 승부로 인생을 결정하고 싶다.	예	아니요
8. 과거에 대한 기억들은 모두 불쾌한 것들 (죄책감, 수치심, 불만족 등)이다.	예	아니요
9. 나의 정신을 모두 빼앗길 만한 스릴 있는 일을 찾고 있다.	예	아니요
10. 나는 모든 일에 대해서 냉소적이다.	예	아니요
11. 미래에 대한 기대와 희망이 있다.	예	아니요
12. 사람들이 중요하다고 여기는 것이 나에겐 별 의미가 없다.	예	아니요
13. 과거는 고통스런 생각을 떠오르게 하므로 오직 현재만 생각하고 싶다.	예	아니요
14. 나는 누구에겐가는 필요한 존재다.	예	아니요
15. 내가 사는 것은 단지 존재하기 때문이다.	예	아니요
16. 세상은 변하므로 내가 애써 지켜야 할 가치란 없다.	예	아니요
17. 사소한 일로 화가 날 때는 상대방의 기분을 고려할 필요가 없다.	예	아니요
18. 행복한 미래를 기대할 수 없으므로, 미래에 대해 생각하기 싫다.	예	아니요
19. 돈을 많이 버는 직업이 최고의 직업이다.	예	아니요
20. 의미 없고 가벼운 말을 많이 한다.	예	아니요
21. 사람보다는 내가 소중히 여기는 물건이나 자연과 대화하는 것이 더 좋다.	예	아니요
22. 당장 이룰 수 있는 일이 아니면 별로 관심이 없다.	예	아니요
23. 나의 인생에 중요한 일이란 없다.	예	아니요
24. 남들과 깊이 있는 이야기를 하지 않고 피상적으로 대화한다.	예	아니요
25. 슬프거나 심각한 영화를 봐도 감동이 느껴지지 않는다.	예	아니요
26. 정신적인 노력이 드는 일보다는 단순한 활동에 몰두한다.	예	아니요
27. 직업은 단지 생계 수단일 뿐이라고 생각된다.	예	아니요

28. 상대방이 나를 사랑하지 않으면 내가 그 사람을
    사랑할 이유와 가치가 없다.   예   아니요
29. 좋은 얘기라도 남이 나에 대해서 이야기하는 것이 싫다.   예   아니요
30. 누군가를 영원히 사랑한다고 말하는 것은 거짓말이다.   예   아니요
31. 모든 일이 의미 없다.   예   아니요
32. 내가 하고 있는 학문이나 일이 누군가에게는 도움이 될 것이다.   예   아니요
33. 내 인생은 어차피 모순투성이므로 노력한다 해도 아무 소용없다.   예   아니요
34. 훌륭한 문학 작품이라 해도 줄거리 요약만 보거나 들으면 족하다.   예   아니요
35. 예전과는 달리 모든 일을 극단적으로 생각한다.   예   아니요
36. 모든 문제들을 부정적으로만 생각한다.   예   아니요
37. 전과 같이 좋거나 싫다는 감정을 느끼지 못한다.   예   아니요
38. 이 세상 사람들은 '승자'와 '패자'로 구분될 수 있다.   예   아니요
39. 나는 바쁘지만 깊이 생각할 필요가 없는 일들을 좋아한다.   예   아니요
40. 하루를 지냈다는 것은 또 하루를 버렸다는 것 외에
    아무런 의미가 없다.   예   아니요
41. 매사에 의욕이 없고 무감동하다.   예   아니요
42. 원하지 않는 생각이 떠오르는 것을 회피하기 위해 쓸데없는 일을
    많이 한다.   예   아니요
43. 나는 즉각적인 결과(효과)를 나타내지 않는 행동은 하기 싫다.   예   아니요
44. 삶에는 의미나 목적이 있다.   예   아니요
45. 주변 사람과 감정이 얽힌 일은 무시해 버린다.   예   아니요
46. 지나간 일들 중에 기억할 만한 가치가 있는 것이 더러는 있다.   예   아니요
47. 나는 단지 습관적으로 다른 사람들과 어울린다.   예   아니요
48. 나는 태어나지 않았으면 좋았을 것이다.   예   아니요
49. 일상적인 일에 직면하는 것이 고통스럽고 지루하다.   예   아니요
50. 진정한 친구는 없다.   예   아니요
51. 나는 다른 사람들과 전혀 다른 세계에 살고 있는 것 같다.   예   아니요
52. 가족에 대해 책임감을 갖는 것은 허황된 자만심이다.   예   아니요
53. 요즈음 성격이 충동적으로 변한 것 같다.   예   아니요
54. 누군가가 내가 말하는 것 이상으로 나를 알려고 하면 화가 난다.   예   아니요
55. 골치 아픈 일은 모르는 것이 약이다.   예   아니요
56. 가능하다면 빨리 죽는 것이 나을 것 같다.   예   아니요
57. 외부 환경을 통제할 수 없으므로 수동적으로 대처한다.   예   아니요
58. 성행위는 이성이 서로 몸을 문지르고 비비는 행위에 불과하다.   예   아니요
59. 내게 일어나는 모든 일은 내가 통제할 수 없는 요인에 의해 결정된다. 예   아니요

60. 어려운 일에 직면하면 회피하는 게 최선이다.   예 아니요

61. 과거는 돌이켜 생각하지 않는다.   예 아니요

62. 내 존재는 내가 섭취한 것으로 구성된 육체일 뿐이다.   예 아니요

63. 반복적인 작업으로 정신 없이 하는 일이 마음이 편해서 좋다.   예 아니요

64. 지난 시절에 알았던 사람들을 만나고 싶지 않다.   예 아니요

65. 남에게 마음을 주는 것이 의미 있고 중요한 일이다.   예 아니요

66. 내가 자살 시도를 해도 다른 사람은 별 영향을 받지 않을 것이다.   예 아니요

67. 이미 지난 과거와 아직 오지 않은 미래는 둘 다 내겐 무의미하다.   예 아니요

68. 나는 모든 일에 있어서 피해자이므로 그것들에 대한 책임이 없다.   예 아니요

69. 내 마음은 내가 말로 표현하는 것 이외에 아무것도 없다.   예 아니요

70. 나는 운명의 희생물이다.   예 아니요

71. 행복해지기를 바라는 것은 어리석은 일이다.   예 아니요

단축형은 1,9,12,13,15,20,21,22,24,26,28,29,30,34,35,37,38,39,40,41,42,43,45,47-51,53-57,59,63

출처 : 신민섭(1993).

부록 10-6

한국판 피어스-해리스 자기개념척도

1. 반 아이들이 나를 놀린다. _____ 예 아니요
2. 나는 행복한 사람이다. _____ 예 아니요
3. 나는 친구 사귀기가 힘들다. _____ 예 아니요
4. 나는 자주 슬프다._____ 예 아니요
5. 나는 똑똑하다._____ 예 아니요
6. 나는 수줍음을 잘 탄다. _____ 예 아니요
7. 나는 선생님이 부를 때 불안하고 긴장이 된다._____ 예 아니요
8. 내 외모에 대해 고민한다. _____ 예 아니요
9. 나는 커서 훌륭한 사람이 될 것이다. _____ 예 아니요
10. 나는 학교에서 시험 볼 때 걱정을 많이 한다. _____ 예 아니요
11. 나는 인기가 없다. _____ 예 아니요
12. 나는 학교에서 모범적인 행동을 한다._____ 예 아니요
13. 어떤 일이 잘못될 때 그것은 대개 나 때문이다. _____ 예 아니요
14. 나는 내 가족들에게 고통을 주고 있다. _____ 예 아니요
15. 나는 힘이 세다. _____ 예 아니요
16. 나에게는 좋은 생각이(아이디어가) 많다. _____ 예 아니요
17. 나는 우리집 식구 중에서 중요한 사람이다. _____ 예 아니요
18. 나는 보통 내 방식대로 하길 원한다. _____ 예 아니요
19. 나는 손으로 만드는 일을 (만들기를) 잘 한다. _____ 예 아니요
20. 나는 쉽게 포기한다. _____ 예 아니요
21. 나는 학교 성적이 좋다. _____ 예 아니요
22. 나는 나쁜 짓을 많이 한다. _____ 예 아니요
23. 나는 그림을 잘 그린다. _____ 예 아니요
24. 나는 음악에 소질이 있다. _____ 예 아니요
25. 나는 집에서 못되게 군다. _____ 예 아니요
26. 나는 적은 학교 숙제를 하는 데도 오래 걸린다 _____ 예 아니요
27. 나는 우리 학급에서 중요한 사람이다. _____ 예 아니요
28. 나는 신경이 예민하다. _____ 예 아니요
29. 내 눈은 예쁘다. _____ 예 아니요

30. 나는 반에서 발표를 잘하는 편이다. _____ 예　아니요
31. 나는 학교에서 공상(헛된 생각)을 많이 한다. _____ 예　아니요
32. 나는 형제(자매)들을 못살게 군다. _____ 예　아니요
　　　　－ 형제(자매)가 없는 경우 '아니요' 에 동그라미하세요.－
33. 내 친구들은 내 의견을 존중한다. _____ 예　아니요
34. 나는 자주 꾸지람을 듣는다. _____ 예　아니요
35. 나는 집에서 어른들의 말을 잘 따른다. _____ 예　아니요
36. 나는 운이 좋은 사람이다. _____ 예　아니요
37. 나에게는 근심 걱정이 많다. _____ 예　아니요
38. 부모님은 나에게 너무 많이 기대한다. _____ 예　아니요
39. 나는 내가 살아가는 방식이 좋다. _____ 예　아니요
40. 나는 왠지 따돌림받고 있다는 느낌이 든다. _____ 예　아니요
41. 나의 머릿결은 좋다. _____ 예　아니요
42. 나는 어떤 일이 있을 때 스스로 나서서 하는 편이다. _____ 예　아니요
43. 지금의 내가 아닌 다른 사람이 되었으면 좋겠다. _____ 예　아니요
44. 나는 밤에 잘 잔다. _____ 예　아니요
45. 나는 학교를 싫어한다. _____ 예　아니요
46. 놀이(게임)할 사람을 뽑을 때 나는 맨 나중에 뽑히는 편이다. _____ 예　아니요
47. 나는 자주 아프다. _____ 예　아니요
48. 나는 다른 사람에게 짓궂은 편이다. _____ 예　아니요
49. 친구들은 내가 좋은 생각(아이디어)을 가지고 있다고 여긴다. _____ 예　아니요
50. 나는 불행하다. _____ 예　아니요
51. 나는 친구가 많다. _____ 예　아니요
52. 나는 즐겁다. _____ 예　아니요
53. 나는 거의 모든 일에 멍청하다. _____ 예　아니요
54. 나는 잘생겼다(예쁘다.). _____ 예　아니요
55. 나는 활기차다. _____ 예　아니요
56. 나는 싸움을 많이 한다. _____ 예　아니요
57. 나는 남자 아이들에게 인기가 있다. _____ 예　아니요
58. 사람들은 나를 괴롭힌다. _____ 예　아니요
59. 내 가족들은 나에게 실망하고 있다. _____ 예　아니요
60. 내 얼굴은 다른 사람들이 좋아하는 인상이다. _____ 예　아니요
61. 내가 어떤 일을 할 때면 모든 것이 잘못되는 것 같다. _____ 예　아니요
62. 나는 집에서 잔소리를 많이 듣는다. _____ 예　아니요
63. 나는 놀이나 운동경기를 할 때 앞장선다(리더가 된다.). _____ 예　아니요

64. 나는 재치가 없다. _____   예   아니요

65. 나는 놀이나 운동경기를 직접 하지 않고 구경만 한다. _____   예   아니요

66. 나는 배운 것을 쉽게 잊어버린다. _____   예   아니요

67. 나는 다른 사람과 쉽게 친해진다. _____   예   아니요

68. 나는 쉽게 화를 낸다. _____   예   아니요

69. 나는 여자 아이들에게 인기가 있다. _____   예   아니요

70. 나는 책을 많이 읽는다. _____   예   아니요

71. 나는 어떤 일을 여럿이 하는 것보다 혼자서 하는 것이 낫다. _____   예   아니요

72. 나는 형제(자매)를 좋아한다. _____   예   아니요

- 형제(자매)가 없는 경우 '예'에 동그라미하세요. -

73. 내 체격은 좋은 편이다. _____   예   아니요

74. 나는 어떤 일을 자주 두려워한다. _____   예   아니요

75. 나는 매우 자주 물건을 떨어뜨리거나 깨뜨린다. _____   예   아니요

76. 나는 다른 사람들로부터 신뢰(믿음)를 받을 수 있다. _____   예   아니요

77. 나는 다른 사람과는 무언가 다르다. _____   예   아니요

78. 나는 나쁜 생각을 가지고 있다. _____   예   아니요

79. 나는 잘 운다. _____   예   아니요

80. 나는 좋은 사람이다. _____   예   아니요

출처 : 김병로, 조수철, 신윤오(1994).

Young 조증 평가척도

1. 고양된 기분
  0. 없음.
  1. 질문 시 약간 고양 또는 고양의 가능성 있음.
  2. 환자 스스로 느끼기에 분명히 고양됨. 낙관적이고 자기 확신. 즐거운 기분.
  3. 고양됨. 익살맞음. 내용에 부적절함.
  4. 황홀한 기분. 부적절한 웃음이나 노래.

2. 운동성 활동에너지의 증가
  0. 없음.
  1. 스스로 느끼기에 증가.
  2. 생기 있음. 제스처의 증가.
  3. 지나치게 활기 있음. 침착하지 못하나 진정 가능.
  4. 운동성 흥분. 지속적인 과잉행동으로 진정이 불가능.

3. 성적 관심
  0. 없음.
  1. 약간 증가되거나 증가 가능성 있음.
  2. 질문 시 분명히 주관적으로 증가.
  3. 자발적 성의 표현. 자기보고상 과도하게 성적임.
  4. 명백한 성적 행동.

4. 수면 감소
  0. 감소 없음.
  1. 1시간 이내 감소.
  2. 1시간 이상 감소.
  3. 스스로 수면에 대한 욕구 감소를 보고.
  4. 수면에 대한 욕구를 부정함.

5. 흥분성(2배로 평가함)

　　0. 없음.

　　1. 환자 스스로 느끼기에 증가함.

　　2. 면담 시 때로 흥분.

　　3. 면담 시 자주 흥분.

　　4. 적의를 품고 비협조적임. 면담 불가능.

6. 말의 속도와 양(2배로 평가함)

　　0. 정상적.

　　1. 말이 많다는 느낌이 드는 수준.

　　2. 간간이 속도와 양이 증가함.

　　3. 속도와 양이 증가해 중단시키기 어려움.

　　4. 강제적 힘에 의해 말하는 듯한 수준. 멈추기 어려움.

7. 사고 과정의 장애

　　0. 없음.

　　1. 우회적이거나 약간 산만함. 사고회전이 빠름.

　　2. 산만함. 목적지를 잃고 주제가 종종 바뀜. 여러 사고가 꼬리를 물고 계속됨.

　　3. 사고 비약. 운율적 반향언어. 주제가 빗나감.

　　4. 지리멸렬. 의사소통 불가능.

8. 사고 내용의 장애(2배로 평가함)

　　0. 없음.

　　1. 의문의 여지가 있는 계획 수립. 새로운 관심 출현.

　　2. 특별한 계획을 수립. 지나치게 종교적임.

　　3. 과대망상. 편집증적 사고. 관계망상.

　　4. 망상과 환각.

9. 공격적 파괴적 행동(2배로 평가함)

　　0. 없음.

　　1. 빈정대는 태도. 방어적. 간헐적인 큰소리.

　　2. 요구적인 태도. 병실에서 위협적인 태도.

　　3. 면담자를 위협하고 소리를 지름.

　　4. 도전적이고 파괴적이어서 면담이 불가능함.

10. 용모

 0. 정상적.

 1. 최소

 2. 약간 단정치 않거나 지나치게 치장함.

 3. 부분적으로만 옷을 입음. 화려한 차림.

 4. 완전히 단정치 못함. 기괴한 옷차림.

11. 병식

 0. 병을 인정. 치료의 필요성에 찬성함.

 1. 병일 가능성이 있다고 생각.

 2. 행동상의 변화는 인정하나 병은 아니다.

 3. 행동상의 변화 가능성을 인정하나 병은 아니다.

 4. 어떤 행동상의 변화에 대해서도 부인함.

출처 : 정희연 등(2003).

부록 10-8

블레뷰 우울지표(일부 문항)

1. 우울감(Dysphoric mood)
   1) 슬픔, 외로움, 불행, 절망 혹은 비관적인 생각을 나타내는 언어표현이나 모습
      질문 - ① 얼마나 자주 슬프거나 외롭거나 불행해 보입니까?
          - ② 슬픔, 외로움, 불행감을 얼마나 자주 느낍니까?
            아무것도 아닌 일이 곧 일어날 것 같은 기분을 얼마나 자주 느끼고, 얼마나 자주 절망적인 생각을 합니까?
   2) 기분의 변화와 일시적인 기분
      질문 - 즐겁거나 행복한 느낌에서 아무 이유 없이 슬프거나 불행한 느낌이 드는 적이 얼마나 자주 있습니까?
   3) 쉽게 화내거나 짜증을 부림
      질문 - ① 때때로 정말로 짜증이 나거나 화가 납니까?
            ② 즐거운 기분이 되는 것이 쉬운 편입니까, 어려운 편입니까?
2. 자기 비하적인 생각
   1) 무가치하고 쓸모없고, 추하고 바보 같다고 느끼거나, 죄책감을 느낌
      질문 - 얼마나 자주 자신이 무가치하고 쓸모없고 바보 같다는 생각이 들거나, 죄책감을 느낍니까?

부록 10-9

학령기 우울목록척도(일부 문항)

(1) 짜증
   1점: 사소한 자극(소음, 면접내용, 이야기를 중단시키는 것)에 짜증을 부리거나 화를
        내지 않음
   2점: 1~2번(5초 이내로) 짜증스러운 모습을 잠깐 보임
   3점: 3~4번(몇 분 이내로) 화난 모습을 잠깐 보이거나, 한 번 정도 짜증을 부림
   4점: 두 번 이상 짜증을 부리거나, 네 번 이상 짜증스러운 모습을 잠깐 보임
   5점: 쉽게 마음이 상하며, 여러 번 짜증을 부림
   6점: 면담시간의 25% 정도에서 화를 내거나 짜증을 부림
   7점: 면담시간의 25% 이상에서 화를 내거나 짜증을 부림

(2) 우울한 모습
   1점: 슬프거나 불행해 보이지 않음-잘 웃고 표정이 밝음
   2점: 1~2번(5초 이내로) 우울한 모습을 보임-흐느낌, 찡그린 얼굴, 눈물, 낮은 목소리
   3점: 3~4번(몇 분 이내로) 우울한 행동을 보임-흐느낌, 찡그린 얼굴, 눈물, 낮은 목소리
   4점: 2~3번 우울한 행동을 보이거나, 5~6번 우울한 모습을 보임
   5점: 4~5번 우울한 모습을 보이거나, 몇 분간 지속된 우울한 행동을 한 번 보임
   6점: 몇 분간 지속된 우울한 행동을 2~3번 보임
   7점: 몇 분간 지속된 우울한 행동을 4번 이상 보이거나, 2번 이상 오랫동안 우울한 행
        동을 보임

부록 10-10

아동 우울평정척도(일부 문항)

(1) 학업(아동의 언어적 보고)

질문: 학교가 좋으니 혹은 싫으니? 어떤 것이 좋고, 어떤 것이 싫어?(예를 들면, 선생님, 친구, 활동 등) 각 과목의 성적은 어떠니? 작년과 비교해서 성적이 달라졌니?(혹은 가장 최근에 받았던 성적과 다르니?) 부모님이나 선생님이 네가 지금보다 훨씬 더 잘 해야 한다고 생각하시니? 그분들은 뭐라고 말씀하셨니? 그분들의 의견에 찬성하니?"

만일 아동이 성적에 문제가 있다고 말한다면 수업 시간에 주의집중하는 데 어려움이 있는지를 질문하고, "왜 그렇지?" "다른 아이들에 비해서 과제를 끝마치는데 더 오랜 시간이 걸리니?" "공상을 많이 하니?" 등을 질문한다.

1점-능력과 일치되게 학업을 수행함.

2점

3점-학업 성적이 저하됨.

4점

5점-모든 과목에서 어려움이 있음.

6점

7점-학업수행에 대한 동기가 전혀 없음.

(2) 우울한 정서(행동 관찰)

1점-전혀 우울하지 않음-면담 동안 얼굴 표정이나 목소리가 생기 있음.

2점-다소 감정이 억제되어 있음-다소 자발성이 부족함.

3점-전반적으로 자발성이 부족하며 면담 동안 확실히 행복해 보이지 않았음.
　　　그러나 불편하게 느끼지 않는 영역에 대해 이야기할 때는 미소짓기도 함.

4점

5점-면담 동안 내내 중등도의 감정이 억제된 면을 보임. 자주 그리고 오랫동안 명백하게 행복하지 않은 모습을 보임.

6점

7점-심하게 슬프고 위축되어 보임. 면담 동안 최소한의 언어적 상호작용이 있었으며, 울거나 눈물을 보임.

우울증 또래지명척도

1. 자주 혼자서 노는 친구는 누구입니까? (D)
2. 스스로 나쁘다고 생각하는 친구는 누구입니까? (D)
3. 어떤 게임이나 과제에서 실패했을 때, 다시 시도해 보지 않는 친구는 누구입니까? (D)
4. 교실에서 자주 자는 친구는 누구입니까? (D)
5. 외로워 보이는 친구는 누구입니까? (D)
6. 기분이 좋지 않다고 자주 이야기하는 친구는 누구입니까? (D)
7. 무엇을 할 수 없다고 말하는 친구는 누구입니까? (D)
8. 자주 우는 친구는 누구입니까? (D)
9. 늘 행복해 보이는 친구는 누구입니까? (H)
10. 무슨 일이든 하기 좋아하는 친구는 누구입니까? (H)
11. 걱정이 많은 친구는 누구입니까? (D)
12. 잘 놀지 않는 친구는 누구입니까? (D)
13. 늘 미소짓는 친구는 누구입니까? (H)
14. 어떤 활동에 참여하지 않는 친구는 누구입니까? (D)
15. 별로 즐거워하지 않는 친구는 누구입니까? (D)
16. 늘 명랑한 친구는 누구입니까? (H)
17. 다른 사람이 자신을 좋아하지 않는다고 생각하는 친구는 누구입니까? (D)
18. 자주 슬퍼 보이는 친구는 누구입니까? (D)
19. 교실에서 옆에 앉고 싶은 친구는 누구입니까? (P)
20. 좋은 친구로 제일 사귀고 싶은 사람은 누구입니까? (P)
    D = 우울증 점수에 포함되는 문항들
    H = 행복 점수에 포함되는 문항들
    P = 인기 점수에 포함되는 문항들

출처 : 신민섭(1994).

제**11**장

불안장애

1. 분리불안장애(Separation anxiety disorder)

1) 서 론

불안은 어떤 특정한 상황 때문에 자신이 위협받는다고 지각함으로써 야기되는 불쾌한 감정 반응이라고 정의할 수 있다. 그러나 불쾌한 감정 반응이라고 하여 불안이 모두 병적인 것은 아니다. 유아기에 경험하는 분리불안(Separation anxiety), 낯가림(Stranger anxiety), 학령전기의 동물이나 어둠에 대한 공포심, 중기 소아기에 관찰되는 동물이나 폭풍 등 자연 재해에 대한 공포심, 전(前)청소년기의 죽음에 대한 불안, 청소년기의 수행 불안 혹은 또래관계에서 느끼는 불안 등은 발달 과정에서 정상적으로 나타나는 것이며 어떤 면에서는 생존에 필수적인 반응이라 할 수 있다. 어머니를 잃지 않을까? 어머니의 사랑을 받지 못하지 않을까? 자신의 신체에 위해가 가해지지 않을까? 자신의 충동 조절을 못하지 않을까? 하는 불안과 초자아 발달에 동반되는 도덕적 불안과 죄의식도 발달적 의미가 있는 정상 불안 중의 하나다. 이것이 정상범위를 넘어 사회생활에 지장을 줄 정도가 되면 병적인 상태라 할 수 있으며, 그 가운데 특히 분리불안이 심하여 정상적인 활동에 장애가 있는 경우를 분리불안장애(Separation anxiety disorder)라고 한다.

DSM-II에는 불안장애에 철회 반응(Wirhdrawing reaction)과 과잉불안반응(Overanxious reaction) 두 가지가 포함되었다. DSM-III와 DSM-III-R에서는 불안장애를 과잉불안장애(Overanxious disorder), 분리불안장애(Separation anxiety disorder), 회피장애(Avoidant disorder)의 세 종류로 분류하였으나 DSM-IV에서는 과잉불안장애는 성인의 범불안장애(Generalized anxiety disorder)의 진단기준을 적용하고, 회피장애는 사회공포증(Social phobia)의 진단기준을 적용하도록 하여 소아기 불안장애의 독립된 질환에서 삭제되고 분리불안장애만 남아 있는 상태다. 이러한 변화는 소아기와 성인기에 비슷한 증상을 나타내는 질환을 동등하게 다룸으로써 양측의 발달학적 차이를 줄일 수 있다는 장점을 갖는다(Bernstein 등, 1996). ICD-10에서는 '소아기 발병의 정서장애' 라는 범주 내에 6개의 장애를 포함시키고 있다.

호발연령은 7~8세경이나, 학령전기에도 발병이 되고, 드물게는 청소년기에도 발병한다. 대체적인 유병률은 3.5~5.4%(Costello, 1989)다.

2) 진 단

(1) DSM-IV 진단기준

DSM-IV에는 "유아기, 소아기 또는 청소년기의 다른 장애들"(Other disorders of infancy, childhood, or adolescence) 내에 분리불안장애를 포함하고 있다.

❖진단기준

A. 환아가 집 또는 가까운 사람과 분리될 때 부적절하고도 지나친 불안을 보이는데 다음 중 세 개 이상의 증상이 나타나는 경우에 진단을 내릴 수 있다.

① 집이나 애착관계를 맺고 있는 사람과 격리되거나 격리가 예측되는 상황에서

반복적이고 심한 불편함, 불안감을 갖는다.

② 애착관계를 맺고 있는 사람을 잃지나 않을까 또는 그 사람에게 어떤 불행한 일이 일어나지 않을까 하는 걱정이 있다.

③ 자신이 유괴당하여 애착관계를 맺고 있는 사람과 헤어지지나 않을까 하는 걱정이 있다.

④ 애착관계를 맺고 있는 사람과의 분리가 두려워 학교 가기를 거부한다.

⑤ 집에서 애착관계를 맺고 있는 사람이 없는 경우에는 혼자 있으려고 하지 않는다.

⑥ 다른 곳에 가서 잠을 자지 않으려고 한다거나, 집에 있을 때도 애착관계를 맺고 있는 사람이 곁에 없으면 혼자서 자기를 거부한다.

⑦ 중요한 사람과 헤어지는 내용의 악몽을 반복적으로 꾼다.

⑧ 애착관계를 맺고 있는 사람과 분리되거나, 분리가 예측되는 상황에서 두통, 복통, 오심, 구토 등의 신체적인 증상이 반복적으로 나타난다.

B. 증상이 최소한 4주 이상 계속되어야 한다.

C. 발병 연령은 18세 이전이다.

D. 이러한 증상들로 인하여 학교생활 등 아동이 처한 사회적인 상황에서 심한 장애가 동반된다.

E. 이러한 장애가 전반적 발달장애, 정신분열병 또는 공황장애에 수반된 증상이 아니어야 한다.

6세 이전에 발병한 경우에는 따로 발병 연령을 명기한다.

(2) ICD-10의 진단기준

ICD-10의 분류에는 '소아기에 발병하는 정서장애'(Emotional disorder with onset specific to childhood), 범주 내에 '소아기 분리불안장애'(Separation anxiety disorder of childhood), '소아기 공포불안장애'(Phobic anxiety disorder of childhood), '소아기 사회불안장애'(Social anxiety disorder of childhood), '형제간 경쟁장애'(Sibling rivalry disorder), '기타 소아기 정서장애'(Other childhood emotional disorder), '소아기 정서장애, 특정불능'(Childhood emotional disorder, unspecified)의 6가지 장애를 포함하고 있다.

① 소아기 분리불안장애(Separation anxiety disorder of childhood)

❖진단지침
　가장 특정적인 것은 소아가 애착 대상들과의 이별에 지나친 불안을 보인다는 것이며, 이것이 여러 가지 상황에 대한 전반적 불안의 일부여서는 안 된다. 이 불안은 다음과 같은 형태를 취한다.

- 주로 애착을 갖는 사람에게 생길지도 모를 위해에 대한 비현실적인 걱정에 사로잡혀 있거나 그들이 떠나서 돌아오지 않을지도 모른다는 공포심
- 어떤 불운한 사건(미아가 되거나, 납치되거나, 병원에 입원하거나 또는 살해당하는 등)으로 주된 애착의 대상과 떨어질 것이라는 비현실적인 걱정에 사로잡혀 있는 경우
- 이별에 대한 공포(학교에서 발생한 사건에 대한 두려움과 같은 다른 이유가 아닌) 때문에 학교 가기를 지속적으로 싫어하거나 거부하는 행동
- 주된 애착 대상이 옆에 혹은 근처에 있지 않으면 잠자리 들기를 싫어하거나 거부하는 행동
- 낮 시간에 혼자 있거나 주된 애착 대상 없이 집에 있는 것을 부적절하게 지속적으로 두려워하는 행동
- 반복적인 이별에 관한 악몽
- 주된 애착의 대상과 이별하게 될 때 반복적으로 일어나는 신체 증상(메스꺼움, 복통, 두통 또는 구토 등)의 호소
- 주된 애착 대상과 이별이 예상되거나, 이별 도중 또는 직후에 나타나는 과도하고 반복되는 고통(불안, 소리쳐 욺, 발작, 무감동 등)

② 소아기 공포불안장애(Phobic anxiety disorder of childhood)

❖진단지침
　이 진단범주는 어떤 발달단계에 특정한 공포증에만 사용되어야 하며 동시에 다음의 기준도 만족되어야 한다.

- 발병 시기가 발달상 연령 구분에 적합하여야 한다.
- 불안의 정도가 임상적으로 비정상적이다.
- 불안이 보다 전반적인 장애의 일부이어서는 안 된다.

③ 소아기 사회불안장애(Social anxiety disorder of childhood)

❖진단지침
- 낯선 사람에게 지속적 또는 반복적으로 공포 및/또는 회피를 보인다.
- 공포는 주로 어른에 대하여 생기나, 또래나 양자 모두에 대해 생길 수도 있다.
- 부모 등 친근한 사람에게는 정상적인 정도의 선택적 애착이 있다.
- 사회적 회피 혹은 공포감의 정도는 그 연령의 정상적 한계를 벗어나며 임상적으로 유의미한 사회 기능상의 문제와 연관되어 있다.

④ 형제간 경쟁장애(Sibling rivalry disorder)

❖진단지침
- 동기간의 대항 및/또는 시기심의 증거
- 동생이 태어난 지 수개월 이내의 발병
- 정서장애의 정도와 지속기간이 비정상적이고 정신사회적 문제를 수반하는 경우

심한 경우에는 다른 형제에 대하여 노골적인 적대감과 신체적인 손상 및/또는 악의 그리고 은밀하게 그 형제를 해치는 행위가 수반된다. 심하지 않은 경우에는 활동을 함께 하는 것에 대한 강한 거부감이나 호의적 배려를 하지 않는 것, 친근감의 부족 등으로 나타난다. 대소변 가리기를 잘하던 아동이 다시 못 가리거나 부모의 관심을 끌기 위해 젖먹이 같은 행동을 보일 수도 있다. 보통 부모에 대한 반항행동이 증가되는데, 분노발작과 불안, 비탄, 사회적 위축 등이 많아진다. 수면장애도 있어 취침 시간에 부모의 관심을 끌려고 노력하는 특징이 있다.

⑤ 기타 소아기 정서장애(Other childhood emotional disorder)

여기에는 '정체감 장애'(Identity disorder), '과잉불안장애'(Overanxious disorder), '또래와의 경쟁'(비형제간)(Peer rivalries, non-sibling)이 포함되며,

'아동기 성정체감장애'(Gender identity disorder of childhood)는 제외된다.

⑥ 소아기 정서장애, 특정불능(Childhood emotional disorder, unspecified)

'달리 특정할 수 없는 소아기 정서장애'(Childhood emotional disorder, not otherwise specified)가 이에 포함된다.

2) 범불안장애(Generalized anxiety disorder)

(1) 서론

범불안장애는 가장 흔한 불안장애의 하나로, 경과가 만성적이며 사회적, 직업적으로 상당한 장애를 가져오는 질환이다. 그러나 공존질환의 유병률이 높고, 진단 자체의 신뢰도 및 타당도가 문제가 되어 독립적인 진단명에 대한 의문이 제기되어 왔다. 범불안장애라는 진단명이 처음 사용된 것은 DSM-III (1980)부터였다. DSM-III에서는 근육의 긴장감, 자율신경계의 기능항진, 불안감 등의 증상이 1개월 이상 지속되는 경우를 범불안장애라고 규정하였고, DSM-III-R(1987)에서는 증상 중 특히 '비현실적인 걱정'을 강조하였으며 증상이 6개월 이상 지속되는 경우로 규정하였다. DSM-IV에서는 신체증상을 다소 간소화시켰으며, 광범위하고 조절이 불가능한 걱정 또는 염려를 강조하였다. 소아·청소년기의 과잉불안장애(Overanxious disorder)는 DSM-II부터 등장했는데, DSM-III-R의 진단기준이 다소 모호하고 사회공포증 등 다른 질환과 중복되는 경향이 있어 DSM-IV에서는 과잉불안장애를 범불안장애 내에 포함시키게 되었다. 소아기 범불안장애는 미래의 사건, 행동, 자신의 안전, 사회적 평가 등 여러 가지 다양한 영역에 대해 불안이 나타날 수 있고 복통, 두통 등 신체적인 증상도 흔히 나타난다. 아동은 나이에 비해 지나치게 성숙하고, 다른 사람들의 비위를 맞추려고 노력하며, 완벽주의적인 특성을 갖는 경우가 많다.

(2) 진단

① DSM-IV 진단기준

- 많은 일(events) 또는 활동(직업적인 일이나 학교공부 등)에 대하여 과도한 불안이나 걱정이 지난 6개월 동안에 적어도 3개월 이상 나타난다.
- 환자 자신이 자신의 걱정에 대해 통제하기 어렵다고 느낀다.
- 걱정이나 불안이 다음 여섯 개의 증상 중 세 개 이상과 관련을 갖는다(적어도 몇 개의 증상은 지난 6개월 동안에 3개월 이상 존재한다.).
  주: 소아인 경우에는 한 개의 증상만 만족시켜도 된다.
  - 불안감, 긴장감, 안절부절감
  - 피로감을 쉽게 느낀다.
  - 정신집중의 어려움 또는 멍한 상태
  - 자극과민증
  - 근육의 긴장감
  - 수면장애(잠들기가 어렵거나 얕은 잠 등)
- 걱정 또는 불안이 축1장애의 임상적 특징에만 국한되어서는 안 된다. 예를 들면, 공황장애, 강박장애, 분리불안장애, 신경성 식욕부진증, 신체화 장애, 건강 염려증 또는 외상후 스트레스장애 등과 동반된 불안 또는 걱정에 국한되어서는 안 된다.
- 이러한 불안, 걱정 또는 신체 증상 때문에 직업적, 사회적 또는 다른 중요한 기능에 장애가 초래된다.
- 이러한 증상이 직접적인 약물의 작용(약물남용 또는 약물투여)이나 내과 질환(갑상선기능항진증 등)으로 나타난 것이 아니어야 하며, 기분장애, 정신병적 장애 또는 전반적 발달장애로 나타난 증상도 아니어야 한다.

② ICD-10 진단기준

기본적인 임상 특징은 광범위하고 지속적인 불안으로 어떤 특정한 환경조건에 한정되거나 이들 환경조건에서 특히 강력하게 나타나는 불안이 아닌 경우를 말한다. 다른 불안장애와 마찬가지로 주 증상은 매우 다양하지만 지속적인 신경과민의 느낌, 전율, 근육긴장, 발한, 두중감(頭重感), 심계항진, 어지러움,

위 상부의 불쾌감 등을 주로 호소한다. 환자 자신이나 가족이 곧 병들거나 사고를 당하게 될 것이라는 두려움이 자주 언급되고 이와 함께 다양한 근심과 부정적 예감을 표현한다. 이 장애는 여성에게 더 흔하고 만성적인 환경적 스트레스와 관련된 경우가 많다. 경과는 다양하고 변동이 심하고 만성화되는 경향이 있다.

❖진단지침

환자는 최소한 한 번에 수주일 동안 그리고 대개 수개월 동안 거의 매일 일차적인 불안 증상을 가지고 있어야 한다. 이와 같은 증상에는 대체로 다음의 요소가 포함되어 있어야 한다.

- 근심(장차 닥쳐올 불행에 대한 근심, 낭떠러지에 서 있는 듯한 느낌, 집중력 곤란 등)
- 운동성 긴장(안절부절못함, 긴장성 두통, 마음을 놓지 못함, 이완의 불가능)
- 자율신경계의 기능항진(발한, 빈맥 또는 빈호흡, 위 상부 불쾌감, 어지러움, 구갈 등)

소아에서는 주위에서 자주 안심시켜 주어야 하는 경향, 신체 증상을 반복적으로 호소하는 경향이 두드러지게 나타나기도 한다. 다른 증상, 특히 우울이 일시적으로 나타난다고 하여 범불안장애의 주 진단이 배제되지는 않지만 환자의 증상이 우울증 삽화, 공포불안장애, 공황장애 또는 강박장애 진단기준에는 부합되지 않아야 한다. 과거에 사용되었던 불안신경증, 불안반응 또는 불안상태라는 용어는 이 진단군에 포함되는 개념이며 신경쇠약증은 제외되는 질환이다.

(3) 평가

아동과 청소년의 공포 및 불안장애의 평가에서 최근 몇 년 동안 많은 발전이 있어 왔으며, 여러 가지 훌륭한 평가도구와 기법들이 개발되었다.

① 구조화된 면접

가장 일반적인 평가기법은 면접이다. 비구조화된 면접의 문제점에 대해서는 잘 알려져 있기 때문에 여러 연구자들은 공포와 불안장애를 가진 아동에 대한 반구조화된 혹은 구조화된 면접기법을 개발하였다. 대부분의 면접기법들은 DSM 규준에 따라 설계되었다.

• 학령기 아동용 정서장애 및 정신분열증 진단집(Schedule for Affective Disorder and Schizophrenia in School-Aged Children; K-SADS, Puig-Antich & Chambers, 1978)

K-SADS는 성인을 위해 개발된 '정동장애와 정신분열병 스케줄'(Schedule for Affective Disorders and Schizophrenia, SADS, Endicott & Spitzer, 1978)에 기초해서 6~18세 사이의 아동 · 청소년의 진단을 목적으로 개발된 반구조화된 면접(Semi-structured interview) 방법이다. 이후 K-SADS는 DSM-III-R 진단기준을 포함하도록 수정되었고(Ambrosini 등, 1990), 1996년 Kaufman 등(1996)이 DSM-III-R과 DSM-IV를 포함하도록 개정한 K-SADS-PL(K-SADS-Present and Lifetime version)을 발표하였다. K-SADS-PL은 K-SADS-P를 개정한 것으로 국내에서 한국 표준화 연구가 거의 완료되었다(대한 소아청소년 정신의학회, 2003). K-SADS-PL은 아동 · 청소년기 정신과적 장애를 대부분 포함하고 있으며, 불안장애의 경우, 분리불안장애, 회피성장애/사회공포증, 광장공포증/특정 공포증, 과불안/범불안장애, 강박장애, 외상후 스트레스장애가 포함되어 있다. K-SADS-PL은 DSM 체계에 익숙하고, 광범위한 면접 훈련을 받은 임상 경험이 많은 면접자가 실시하는데, 부모와 아동을 모두 면접한다. 아동의 경우는 부모 면접을 먼저 실시하고, 청소년의 경우는 청소년 면접을 먼저 실시한다. 각각의 정보원 간에 차이가 있는 경우, 평가자는 최상의 임상 판단을 해야 한다.

• 아동용 진단 면접 스케줄(Diagnostic Interview Schedule for Children; DISC, Costello 등, 1984)

아동용 진단 면접 스케줄은 아동 · 청소년의 정신장애 역학 연구에 사용하기 위해서 NIMH에서 개발되었으며(Costello 등, 1984), 성인 장애를 조사하기 위해서 개발된 진단 면접 스케줄(Diagnostic Interview Schedule; DIS)과 비슷한 목적을 가지고 있다. DISC는 질문의 순서, 어투, 기록방법까지 명확하게 규정된 고도로 체계화된 진단 면접 체계이며, 증상이 거의 없는 아동의 경우 면접시간을 줄일 수 있도록 건너뛰기를 할 수 있는 구조를 가지고 있다. 2~3일간의 도구 사용 훈련을 거친 일반 면접자나 임상의가 실시할 수 있다.

가장 최근 버전인 DISC-IV(Shaffer 등, 2000)는 DSM-IV(1994)와 ICD-10(1992) 기준에 부합되게 개발한 것으로 9~17세까지 적용할 수 있는데, 이전 버전과 차이점은 세 가지 시간 틀 – '현재'(지난 4주), '지난 해' '이전에 언젠가' – 로 평가한다는 것이다. DISC-IV는 30개 이상의 DSM-IV와 DSM-III-R 진단기준뿐만 아니라 거의 모든 ICD-10 진단기준을 포함하며, 부모용(DSC-P: 6~17세)과 아동용(DISC-Y: 9~17세)이 있다(〈표 11-1〉).

표 11-1 DISC-IV에 포함된 불안장애 및 기분장애 진단 목록

불안장애	기분장애
사회공포증	주요 우울장애
분리불안장애	기분부전장애
특정공포증	조증 삽화
공황장애	경조증 삽화
광장공포증	
범불안장애	
선택적 함구증	
강박장애	
외상후 신경증	

• 아동용 불안장애 면접 스케줄(The Anxiety Disorders Interview Schedule for Children; ADIS-C, Silverman & Nelles, 1988)

ADIS-C는 불안장애 외에도 기분장애, 외현화 행동장애, 신체화 장애, 정신병 등 다른 장애들과 관련된 증상들에 관한 간략한 평정치를 제공한다. 이 면접 방법은 임상가용으로 개발된 것이며, 각 증상들은 3점 척도(Yes, No, Other)로 평정된다. 그러나 불안장애 섹션은 9점 척도로 구성되어 있다(Not at all-'Very, very much'). 또한 '간섭(Interference)'을 평가할 때도 동일한 척도를 사용한다. '건너뛰기' 구조를 가지고 있어 아동들에게 모든 증상에 대해 질문하지 않는다. 최근에 DSM-IV 아동용 불안장애 면접 스케줄, 부모용, 아동용(The Anxiety Disorders Interview Schedule for DSM-IV, parent and child version)이 개발되었다.

그 외 아동과 청소년용 진단 면접(Diagnostic Interview for Children and Adolescents; DICA, Herjanic & Reich, 1982)과 아동 평가 스케줄(Child Assessment Schedule: CAS, Hodges 등, 1982) 등은 제3장을 참고하기 바란다.

② 평정척도

평정척도는 임상 장면이나 연구에서 아동·청소년들의 평가 시 중요한 역할을 한다. 아동기 정서 및 행동 장애를 평가하도록 다양한 종류의 평정척도들이 개발되어 왔는데, 이 책에서는 불안한 아동들에게 실시하는 척도들을 위주로 살펴보고자 한다.

A. 범불안장애를 평가하기 위해 개발된 질문지

1. 개정판 아동불안척도(Revised Children's Manifest Anxiety Scale; RCMAS, Reynolds & Richmondu, 1978, 1985)

RCMAS는 Taylor(1953)의 Manifest Anxiety Scale for Adult의 아동용 버전이며, 0-19세 아동·청소년을 대상으로 불안장애 평가에 가장 널리 사용되는 자기-보고형 척도다. 국내에서는 최진숙과 조수철(1990)이 한국판 RCMAS의 신뢰도, 타당도 검증 연구를 수행하였다. RCMAS는 다양한 불안과 관련된 증상을 평가할 수 있도록 고안되었으며, 모두 37문항으로 자신에 대하여 어떻게 생각하고 느끼는가에 대해 '예-아니요' 중 하나를 선택하여 대답하도록 되어 있다. 각 문항에서 '예'를 1점, '아니요'를 0점으로 환산하되 4의 배수 문제는 반대로 '예'를 0점, '아니요'를 1점으로 환산하여 총 점수를 산출하여 그 점수가 높은 아동일수록 불안 증상이 심함을 나타낸다(〈부록 11-1〉).

2. 소아 상태-특성 불안척도(State-Trait Anxiety Inventory for Children; STAIC, Spielberger, 1973)

STAIC는 성인용 State-Trait Anxiety Inventory(Spielberger 등, 1970)의 아동용 버전이다. 이 척도가 측정하고자 하는 것은 상태 불안과 특성 불안의 두 가지다. 여기서 상태 불안은 특수한 상황에서 긴장감, 걱정, 두려움 등으로 야기되는 일시적인 감정상태로 그 정도가 변화될 수 있는 특징을 가지고 있고, 특성 불안은 외적인 위협에 대처하는 개인적 차이를 결정하는 요소로, 일생 동안 변하지 않고 일정한 양상을 띤다. 각 불안 척도는 총 20개 항목으로 구성되어 있으며, 각 항목에 대해 3점 척도(1점: 그런 일이 거의 없다, 2점: 때때로 그렇다. 3점: 자주 그렇다)로 평가하도록 하여, 총점의 분포는 20~60점까지다. 점수가 높을수록 불안의 정도가 심한 것으로 평가된다. 국내에서는 조수철과 최진숙(1989)이 번안하여 한국 아동을 대상으로 신뢰도와 타당도를 검증하였다(〈부록 11-2, 3〉).

3. 아동용 일반 불안척도(General Anxiety Scale for Children; GASC, Sarason 등, 1958)

이 검사는 Sarason 등이 개발한 45개 문항의 척도로, 국내에는 허형(1970)이 번안하고 5개 문항을 추가한 척도가 있다. 내용은 "높은 장소에서 느끼는 고소 공포, 피를 보고 느끼는 불안, 바다 · 강 · 수영장에서 느끼는 물 불안, 깜깜한 방이나 암실에서 느끼는 불안, 날카로운 칼이나 뾰족한 송곳 같은 것에 대한 불안, 아픔이나 통증에 대해서 느끼는 불안"에 관한 것이다. 이 검사는 '그렇다'와 '아니다'의 반응 중에서 선택하도록 되어 있으며, '그렇다'를 1로, '아니다'를 0점으로 채점한다. 이들 문항 중 3, 7, 11, 15, 19, 21, 24, 32, 36, 40 및 44번은 허구문항이다. 따라서 점수 분포는 0점에서 39점까지이며 점수가 높게 나올수록 불안이 심한 것을 의미한다.

4. 아동용 범불안척도(Generalized Anxiety Scale for Children; CASC, Witt 등, 1990)

만성적이고 일반화된 불안을 측정하기 위한 45문항으로 구성되어 있다.

5. 아동 불안 민감성 지표(Children's Anxiety Sensitivity Index; CASI, Silverman 등, 1991)

CASI는 Reiss(1991)의 예기 불안 이론에 부합하는 것으로 다양한 불안 증상에 대한 아동의 두려움을 평가한다. 공황장애가 있는 아동과 없는 아동을 변별하는 데 유용하며, 만족할 만한 신뢰도와 타당도가 보고되었다(Silverman 등, 1991).

6. 소아 불안평정척도(The Pediatric Anxiety Rating Scale; PARS, Walkup & Davis, 1999)

PARS는 아동과 청소년들의 불안의 심한 정도를 평가하는 임상가 평정척도다. 50문항으로 이루어진 불안 증상 체크리스트와 7개의 불안 심각성 평정척도로 구성되어 있는데, 이는 특히 분리불안장애, 사회공포증, 범불안장애에 동반된 증상의 심각성을 평가하는 데 유용하다. 실시하는 데 약 30분이 소요된다.

7. 아동용 불안관련 정서장애 선별검사(The Screen for Child Anxiety Realted Emotional Disorders; SCARED, Birmaher 등, 1997, 1999)

41문항으로 구성된 아동용, 부모용 척도로 DSM-IV의 공황장애, 분리불안장애, 범불안장애를 평가한다.

8. Beck 불안척도(Beck Anxiety Scale; BAI, Beck 등, 1988)

BAI는 Beck, Epstein, Brown, Steer(1988) 등이 개발한 척도로, 환자군과 비환자군의 불안 정도를 측정한다. BAI는 불안의 심각한 정도를 측정하기 위한 자기보고형 검사로 총 21문항으로 구성되어 있다. 지난 한 주 동안 불안을 경험한 정도를 4점(0점: 전혀 느끼지 않았다. 1점: 조금 느꼈다. 2점: 상당히 느꼈다. 3점: 심하게 느꼈다) 척도상에서 평정하므로 각 총점의 범위는 0점에서 63점까지가 된다. 한국판 BAI의 표준화 연구는 육성필과 김중술(1997)에 의해서 이루어졌으며, 신뢰도 계수는 .91이었다(〈부록 11-4〉).

B. 사회불안을 평가하기 위해 개발된 자기보고 질문지

1. 개정판 아동용 사회불안척도(Social Anxiety Scale for Children-Revised; SASC-R, La Greca & Stone, 1993)

사회불안의 세 가지 요인을 평가하는 22문항으로 구성되어 있다. 즉, '새로운 사회적 상황에서의 회피와 고통' '부정적 평가에 대한 공포' '일반적인 사회적 회피와 고통' 이 그것으로, 이 척도는 학령기 아동의 사회적 공포의 세 가지 구성요인들을 평가하는 데 도움이 된다. 아동용, 청소년용, 부모용 버전이 있다.

2. 아동용 사회공포증과 불안질문지(Social Phobia and Anxiety Inventory for Children; SPAI-C, Beidel 등, 1995)

SPAI-C는 8~17세 아동·청소년을 대상으로 다양한 상황에서 사회불안을 평가하는 26문항으로 구성된 척도다. 각 문항은 사회불안의 인지적, 신체적, 행동적 요소를 측정한다. SPAI-C의 신뢰도, 타당도는 매우 우수한 것으로 보고되었다.

3. 아동용 다차원 불안척도(The Multidimensional Anxiety Scale for Children; MASC, March 등, 1997)

MASC는 39문항, 4점 척도로 이루어진 자기-보고형 척도이며, 네 개의 요인으로 구성되어 있다.

요인 1: 신체적 증상(긴장/초조와 신체적/자율신경 증상)
요인 2: 사회불안(수치심/거절과 수행불안)
요인 3: 위험 회피(불안한 대처와 완벽주의)
요인 4: 분리/공포불안

C. 공황장애를 평가하는 자기-보고 질문지

1. 공황발작 질문지(Panic Attack Questionnaire; PAQ, Norton 등, 1986)

PAQ는 공황발작의 발생, 빈도, 심한 정도, 지속 기간을 평가하는 문항들로 구성되어 있다. 13세 이상의 청소년에게 사용될 수 있다.

2. 공황 귀인 평정척도(Panic Attribution Checklist, Mattis & Ollendick, 1997, 2002)

공황발작의 신체적 증상에 대한 인지적 반응을 평가한다. 이 체크리스트는 매우 독특하게 구성되어 있다. 아동과 청소년에게 한 시나리오를 읽어 주고 시나리오에 기술된 감정을 실제로 경험하는 것처럼 상상하게 한다. 그 다음, 그러한 감정을 경험할 때 가질 수 있는 16가지 사고(thought)를 검토하면서 그러한 감정들을 상상하도록 요청한다. 16가지 사고들은 다음과 같은 네 가지 다른 범주의 귀인 (attribution)을 평가한다.

- 외적 비-파국적 귀인(나는 기온이나 날씨 때문에 이렇게 느낀다고 생각한다.)
- 외적 파국적 귀인(나는 어떤 사람이 나를 죽이려 한다고 생각한다.)
- 내적 비-파국적 귀인(나는 내가 어떤 것에 대해서 걱정을 한다고 생각한다.)
- 내적 파국적 귀인(나는 분명히 죽어가는 것 같다고 생각한다.)

대개 8~14세 사이의 아동들은 공황발작과 관련된 신체적 감정들을 내적 비-파국적 귀인(Internal noncatastropic attribution)을 하는 경향이 있으나, 연령과 무관하게 일부 아동, 청소년들은 내적 파국적 귀인(Internal catastrophic attribution)을 한다. 이 체크리스트는 공황발작의 신체적 증상들을 평가하는 데 유용하다.

D. 불안과 관련된 구성 개념을 평가하는 척도(scales to assess related constructs)

1. 개정판 아동용 두려움 조사표(Fear Survey Schedule for Children- Revised; FSSC-R, Ollendick, 1983)

아동의 공포를 평가하기 위해 가장 널리 사용되는 질문지로, '실패와 비판, 미지의 것, 상해, 동물, 위험, 죽음, 의학적인 공포'를 평가하는 80문항으로 구성되어 있다. 각 문항에 대해 3점 척도로 평정한다('거의 안한다' '조금 한다' '많이 한다'). 한국판 FSSC-R은 이영식 등(1994)이 개발하였다.

번호	문항내용	거의 안 한다	조금 한다	많이 한다
1	요즈음 나는 선생님이 질문을 하면 어쩌나 하는 걱정을			
2	요즈음 나는 가족들이 나만 미워하는 것이 아닌가 하는 걱정을			
3	요즈음 나는 엄마한테 벌을 받지나 않을까 하는 걱정을			
4	요즈음 나는 가족들이 헤어지면 어떡하나 하는 걱정을			
5	요즈음 나는 남들이 나를 바보취급하지나 않을까 하는 걱정을			
6	요즈음 나는 귀신이나 유령에 대한 걱정을			
7	요즈음 나는 날카로운 물건에 베이거나 찔리지 않을까 하는 걱정을			
8	요즈음 나는 병원에 가는 것에 대한 걱정을			
9	요즈음 나는 죽음에 대한 걱정을			
10	요즈음 나는 낯선 곳에서 길을 잃으면 어떡하나 하는 걱정을			

표 1 FSSC-R 문항 예

2. **아동용 Louisville 두려움 조사집**(Louisville Fear Schedule for Children; LFSC, Miller 등, 1972)

동물, 신체적인 위험, 어둠, 공공장소, 학교에 대한 두려움을 측정한다.

3. **아동용 부정 정서 자기-진술 질문지**(The Children's Negative Affectivity Self-Statement Questionnaire; NASSQ, Ronan 등, 1994)

NASSQ는 불안/우울 아동의 인지 내용을 평가하기 위해 개발된 55개의 진술로 이루어진 척도로, 요인분석 결과 4개의 요인이 추출되었다. 즉, 우울한 자기-진술, 불안·신체적 자기-진술, 부정적 정서 자기-진술, 긍정적 정서 자기-진술로서, 신뢰도, 타당도가 만족할 만하며, 부정적 정서(Negative affect)와 연합된 자기-진술(Cognition)을 평가하므로 인지-행동치료에 민감하다.

4. **일상생활 스트레스 척도**(Daily Life Stressors Scale; DLSS, Kearney 등, 1993)

아동과 청소년들의 부정적 정서뿐만 아니라, 일상적인 스트레스 사건을 평가한다.

5. 학교 거부 평가척도(School Refusal Assessment Scale; SRAS, Kearney &
   Silverman, 1993)

부정적 정서를 유발시키는 자극에 대한 회피, 혐오적인 사회적 상황이나 평가적
상황으로부터의 도피를 포함한 학교 거부 행동을 평가한다.

E. 불안 외에도 여러 가지 문제행동을 평가하는 척도

1. 청소년 자기-보고척도(Youth Self-Report; YSR, Achenbach, 1991)

11~18세용으로 내면화 문제와 외현화 문제에 대해서 청소년이 0~2점으로 평
정한다. 내면화 척도 중에서 '신체 증상'과 '우울/불안' 문항이 불안과 가장 관련
된 것이다. 한국판 YSR은 오경자 등(2000)이 표준화 연구를 수행하였다.

2. 다면적 인성검사(MMPI)

MMPI는 미네소타 대학의 임상심리학자인 Hathaway와 정신과 의사인 Mckinley
가 환자들의 임상 진단을 목적으로 제작한 객관적 검사로, 국내외에서 가장 많이
사용되는 검사다. 일차적인 목적은 정신과적 진단 분류이며, 개인의 성격 특징의
비정상성 혹은 증상도 측정할 수 있다. 총 556문항으로 구성되어 있으며, '?, L, F,
K' 네 가지 타당도 척도와 '건강염려증, 우울증, 히스테리, 반사회성, 남성성/여성
성, 편집증, 불안/강박증, 정신분열증, 경조증, 내향성'의 10개의 임상척도로 이루
어져 있다.

3. 간이 정신 진단검사(Symptom Checklist-90-Revised; SCL-90-R,
   Derogatis, 1977)

SCL-90-R는 자기 보고형 다차원 증상 목록 척도로, 정신과 환자들이 일반적으
로 경험하는 증상들로 이루어진 90개의 문항으로 구성된 척도다. 각 문항들은 증상
의 심한 정도에 따라 '전혀 없다'에서 '아주 심하다'까지 5점 척도로 평정하도록
되어 있다. 각 문항에 대한 반응에 입각하여 9개 하위증상 척도 점수가 산출되는
데, 9개 하위증상 척도는 신체화(Somatization), 강박증(Obsessive-compulsive),

불안(Anxiety), 대인예민성(Interpersonal sensitivity), 정신증(Psychoticism), 우울(Depression), 적대감(Hostility), 편집증(Paranoia), 공포불안(Phobic anxiety)이다. 우리나라에서는 김광일 등(1984)이 한국판 표준화 연구를 하였으며, 중학생 이상에게 실시 가능하다. SCL-90-R은 짧은 시간 안에 실시, 채점, 해석이 가능하며 검사문항이 쉽고 환자의 증상을 포괄적으로 포함하고 있다는 장점을 가지고 있다.

F. 부모와 교사 평정척도

1. **아동 행동평정척도**(Child Behavior Checklist; CBCL, Achenbach, 1983, 1991)

CBCL은 4~16세 아동과 청소년들의 문제행동을 평가하기 위해 개발된 부모용 행동평정척도다. 국내에서는 표준화된 K-CBCL이 사용되고 있다(오경자 등, 1997). 총 113개의 문제행동 목록과 5개의 가정환경 조사 항목, 7개의 사회적응력에 관한 항목이 포함되어 있다. 문제행동 목록에는 '신체증상, 위축, 불안/우울, 사회적 미성숙, 사고문제, 주의집중문제, 비행, 공격성' 척도 등이 포함된다. 사회능력 척도는 사회성 척도, 학업 수행 척도, 이 둘의 합으로 계산되는 전체 사회능력 정도를 지수화하는 총 사회능력 점수로 구성된다. 불안과 관련된 문항은 두려움, 신경질, 자의식 그리고 걱정을 포함하고 있다.

2. **교사보고형 행동평정척도**(Teacher Report Form; TRF, Achenbach, 1986)

불안한 아동의 학교에서의 기능(학업, 또래관계, 수행상황)을 평가한다. 학교 상황에 필요한 몇 가지 문항을 제외한 나머지 문항과 기본적인 구성 및 소척도의 구성은 CBCL과 동일하며, 부모용 CBCL에서의 사회 적응능력 대신에 적응 기능 척도를 사용한다.

G. 아동용 분리불안척도

입원한 환아들에게서 나타나는 분리불안반응을 측정하기 위해 김원정과 한성업 (1990)이 개발한 척도다.

I. 가족과 떨어지는 것에 대한 어려움.

심한 수준: 울부짖거나, 부모에게 매달리는 행동을 보이면서 분리되는 것을 거부함.

중간 수준: 부모와 분리되는 것을 싫어함. 부모에 대한 생각에 사로잡혀 있거나, 한동안 눈물을 글썽임.

경미한 수준: 조금 슬퍼 보임. 가족을 그리워하지만 쉽게 평소의 자신으로 돌아옴.

0 (어려움이 없음): 가정이나 병원에서 똑같이 즐거워함.

II. 가족에 대한 걱정

심한 수준: 가족에 대한 걱정에 항상 사로잡혀 있음. 치료진에게 가족을 불러 달라고 요청하거나 부모를 부르면서 옮.

중간 수준: 가족의 안부에 대해서 자주 말하거나 물음.

경미한 수준: 다른 사람이 가족에 대해 물어보면 걱정을 하지만, 빈번하지는 않음.

0: 어려움이 없음.

III. 혼자 남겨지는 것에 대해 참지 못하고 매달림.

심한 수준: 치료진을 계속 따라다니고, 혼자 두면 불안정해짐.

중간 수준: 또래와 지내기보다는 치료진을 따라다님.

경미한 수준: 가끔씩 확인함.

0: 어려움이 없음.

IV. 버려질 것이라는 공상

심한 수준: 다시는 집으로 돌아가지 못할 것이라고 말함.

중간 수준: 집으로 돌아가는 것에 대해 자주 확인하려고 함.

경미한 수준: 집으로 돌아가는 것에 대해 약간 의심함.

0: 어려움이 없음.

V: 철회

심한 수준: 주변에 대한 관심을 심하게 상실함.

　　　　　 슬프게 보이고 상호작용을 거부함.

중간 수준: 상호작용을 하기 위해서는 격려나 지지가 필요함.

경미한 수준: 때때로 철회되어 보이지만, 지시하면 쉽게 상호작용에 참여함.

0: 어려움이 없음.

2. 요약 및 제언

　DSM-IV에서는 소아기의 불안장애를 간소화시켜 분리불안장애를 제외한 과잉불안장애, 회피장애는 성인기 분류체계인 범불안장애와 사회공포증 내에 흡수시켰다. 따라서 범불안장애가 소아기의 임상적 특성을 나타내는 질환 가운데 하나라는 분류는 DSM-IV에 이르러 처음이라고 할 수 있다. DSM-IV의 진단기준은 걱정이나 불안을 나타내는 증상의 양적인 측면에서 성인과 소아를 구별하고 있다. 즉, 소아인 경우는 걱정이나 불안을 나타내는 기준이 성인보다 적은 경우에도 진단이 가능하다. ICD-10에도 범불안장애가 포함되어 있으며 소아의 경우는 신체적인 증상이 성인보다 더 흔히 발견된다고 기술하고 있다.

　분리불안장애에 대해서 DSM-IV와 ICD-10에는 차이가 없다. 과거의 주로 학교공포증을 가진 아동들에 대한 연구에서 이들이 학교가 두려운 것이 아니라 어머니와의 분리가 불안하여 등교를 거부하는 경향이 높다고 하여 진단명이 학교공포증에서 분리불안장애로 바뀌게 된 역사적 배경이 있다. 그러나 등교를 거부하는 학생들 모두가 분리불안장애라고 할 수는 없다. 학교거부증을 보이는 학생 가운데 일부에게는 다른 진단을 내릴 수도 있고, 학교상황 자체가 문제가 되는 아동에 대해서는 학교공포증이라는 진단이 가능할 것이다.

일부 연구자들은 '선택적 함구증'을 '불안장애'의 아형으로 보아야 한다고 주장하기도 한다. 치료에서 항불안 약물보다는 항우울 약물이 더 효과가 있어서 이 질환이 우울증의 한 아형이 아닌가 하는 의문을 제기하는 학자도 있다. 또한 장기적인 추적 조사를 하였을 때 이 질환과 성인기 불안장애 간에는 어떠한 관계가 있는지에 대해서도 현재로서는 명확한 답을 하기 어렵다. 향후 연구에서 이를 규명하기 위해 체계적인 연구가 시행되어야 할 것이며, 한국판 아동기 불안장애 척도 개발 연구가 활발히 이루어져야 하겠다.

부록 11-1

레이놀즈 아동불안척도

※ 다음에는 사람들이 자신에 대하여 어떻게 생각하고 느끼는지에 관한 문항들이 있습니다. 각 문항들을 자세히 읽어 보시고 당신에게 맞는다고 생각되면 '예'에 동그라미를 해 주시고, 맞지 않는다면 '아니요'에 동그라미를 해 주십시오. 결정하기 힘든 문항이 있더라도, 모두 답해 주시되 한 문항에서, '예' '아니요'에 모두 동그라미하시면 안 됩니다. 여기에는 정답이 있는 것이 아니므로 단지 자신이 생각하고, 느끼는 대로 답해 주시면 됩니다.

문 항	예	아니요
1. 나는 마음을 결정하기가 어렵다.	( )	( )
2. 나는 일이 마음대로 되지 않으면 신경이 날카로워진다.	( )	( )
3. 다른 사람들은 나보다 일을 쉽게 해내는 것 같다.	( )	( )
4. 나는 내가 알고 있는 사람을 모두 다 좋아한다.	( )	( )
5. 나는 숨쉬기 어려울 때가 자주 있다.	( )	( )
6. 나는 걱정을 많이 한다.	( )	( )
7. 나는 겁나는 일들이 많다.	( )	( )
8. 나는 언제나 친절하다.	( )	( )
9. 나는 쉽게 화를 낸다.	( )	( )
10. 나는 부모님이 나에게 뭐라고 하실까를 걱정한다.	( )	( )
11. 다른 사람들은 내가 일하는 방식을 못마땅하게 생각하는 눈치다.	( )	( )
12. 나는 항상 남에게 좋은 태도로 대한다.	( )	( )
13. 나는 밤에 잠들기가 어렵다.	( )	( )
14. 나는 다른 사람들이 나를 어떻게 생각할까 걱정한다.	( )	( )
15. 나는 다른 사람들과 함께 있을 때도 혼자 있는 기분이다.	( )	( )
16. 나는 항상 착하다.	( )	( )
17. 나는 속이 자주 메슥거린다.	( )	( )
18. 나는 쉽게 마음이 상한다.	( )	( )
19. 내 손이 땀에 젖어 있다.	( )	( )
20. 나는 모든 사람들에게 항상 친절하다.	( )	( )
21. 나는 자주 피곤하다.	( )	( )

22. 나는 다음에 무슨 일이 일어날까 걱정한다.   (   ) (   )
23. 다른 사람들은 나보다 행복하다.   (   ) (   )
24. 나는 어떤 경우에도 진실만을 얘기한다.   (   ) (   )
25. 나는 무서운 꿈을 꾼다.   (   ) (   )
26. 나는 남들이 간섭을 하면 쉽게 마음이 상한다.   (   ) (   )
27. 누군가가 나에게 일을 잘못한다고 말할 것 같다.   (   ) (   )
28. 나는 절대로 화를 내지 않는다.   (   ) (   )
29. 나는 가끔 놀라서 잠을 깬다.   (   ) (   )
30. 나는 밤에 잠자리에 들 때가 무섭다.   (   ) (   )
31. 나는 학교 공부에 마음을 두기가 어렵다.   (   ) (   )
32. 나는 해서는 안 되는 말을 결코 하지 않는다.   (   ) (   )
33. 나는 얌전히 앉아 있지 못하고, 꼼지락거린다.   (   ) (   )
34. 나는 예민하다.   (   ) (   )
35. 내 편이 아닌 사람들이 많다.   (   ) (   )
36. 나는 절대로 거짓말을 하지 않는다.   (   ) (   )
37. 나는 나에게 나쁜 일이 일어나지 않을까 자주 걱정한다.   (   ) (   )

출처: 최진숙, 조수철(1990).

부록 11-2

특성 불안척도

※ 다음을 잘 읽고 평소의 여러분을 가장 잘 나타내는 곳에 표시해 주십시오. 옳고 그른
답이 있는 것이 아니니, 평소의 여러분의 상태를 가장 잘 나타내 주는 곳에 (∨)표시
해 주시기 바랍니다.

번 호	문 항	그런 일이 거의 없다	때때로 그렇다	자주 그렇다
1	나는 실수하지 않을까 걱정한다.			
2	나는 울고 싶다.			
3	나는 불행하다고 느낀다.			
4	나는 결심하기가 어렵다.			
5	나는 내 문제에 직접 맞서 다루기가 어렵다.			
6	나는 걱정이 너무 많다.			
7	나는 집에 있으면 마음이 편치 않다.			
8	나는 부끄러움이 많다.			
9	나는 고민이 많다.			
10	쓸데없는 생각이 나를 괴롭힌다.			
11	나는 학교생활에 대해 걱정한다.			
12	나는 무엇을 할까 결정하기가 어렵다.			
13	내 심장이 빨리 뛰는 것을 느낀다.			
14	나는 남이 모르는 두려움이 있다.			
15	내 부모님에 대해 걱정한다.			
16	내 손이 땀에 젖는다.			
17	나는 앞으로 일어날 지도 모르는 일에 대하여 걱정한다.			
18	나는 밤에 잠들기가 어렵다.			
19	나는 뱃속에 이상한 느낌이 들 때가 있다.			
20	나는 남들이 나를 어떻게 생각할지 걱정한다.			

출처: 최진숙, 조수철(1990).

부록 11-3

상태 불안척도

※ 다음을 잘 읽고, 지금 현재 어떻게 느끼는가를 표시해 주십시오. 여기에 옳고, 그른 답이 있는 것은 아닙니다. 단지 지금 이 순간에 어떻게 느끼는가에 대하여 (∨)표시해 주시면 됩니다. 한 질문에 너무 많은 시간을 쓰지 마십시오.

1. 지금 나는 마음이 매우 차분하다.	차분하다.	차분하지 못하다.
2. 지금 나는 마음이 매우 언짢다.	언짢다.	언짢지 않다.
3. 지금 나는 마음이 매우 즐겁다.	즐겁다.	즐겁지 않다.
4. 지금 나는 매우 신경이 날카롭다.	신경이 날카롭다.	신경이 날카롭지 않다.
5. 지금 나는 매우 초조하다.	초조하다.	초조하지 않다.
6. 지금 나는 마음이 매우 편안하다.	편안하다.	편안하지 않다.
7. 지금 나는 매우 겁이 난다.	겁이 난다.	겁이 나지 않는다.
8. 지금 나는 매우 느긋하다.	느긋하다.	느긋하지 않다.
9. 지금 나는 매우 걱정하고 있다.	걱정하고 있다.	걱정하고 있지 않다.
10. 지금 나는 매우 만족스럽다.	만족스럽다.	만족스럽지 않다.
11. 지금 나는 매우 무시무시하다.	무시무시하다.	무시무시하지 않다.
12. 지금 나는 매우 행복하다.	행복하다.	행복하지 않다.
13. 지금 나는 매우 자신만만하다.	자신만만하다.	자신만만하지 않다.
14. 지금 나는 기분이 매우 좋다.	좋다.	좋지 않다.
15. 지금 나는 매우 고민스럽다.	고민스럽다.	고민스럽지 않다.
16. 지금 나는 매우 짜증스럽다.	짜증스럽다.	짜증스럽지 않다.
17. 지금 나는 기분이 정말 신난다.	신난다.	신나지 않는다.
18. 지금 나는 매우 겁에 질려 있다.	겁에 질려 있다.	겁에 질려 있지 않다.
19. 지금 나는 매우 혼란스럽다.	혼란스럽다.	혼란스럽지 않다.
20. 지금 나는 매우 명랑하다.	명랑하다.	명랑하지 않다.

출처: 최진숙, 조수철(1990).

부록 11-4

Beck 불안척도

※ 아래의 항목들은 불안의 일반적 증상들을 열거한 것입니다. 먼저 각 항목을 주의깊게
   읽으십시오. 오늘을 포함해서 지난 한 주 동안 귀하가 경험한 증상의 정도를 아래와
   같이 그 정도에 따라 적당한 숫자에 체크해 주십시오.

   0 : 전혀 느끼지 않았다.
   1 : 조금 느꼈다. 그러나 별 문제가 되지 않았다.
   2 : 상당히 느꼈다. 힘들었으나 견딜 수 있었다.
   3 : 심하게 느꼈다. 견디기가 힘들었다.

	전혀 안 느낌	조금 느낌	상당히 느낌	심하게 느낌
1. 나는 가끔씩 몸이 저리고 쑤시며 감각이 마비된 느낌을 받는다.	0	1	2	3
2. 나는 흥분된 느낌을 받는다.	0	1	2	3
3. 나는 가끔씩 다리가 떨리곤 한다.	0	1	2	3
4. 나는 편안하게 쉴 수가 없다.	0	1	2	3
5. 매우 나쁜 일이 일어날 것 같은 두려움을 느낀다.	0	1	2	3
6. 나는 어지러움(현기증)을 느낀다.	0	1	2	3
7. 나는 가끔씩 심장이 두근거리고 빨리 뛴다.	0	1	2	3
8. 나는 침착하지 못하다.	0	1	2	3
9. 나는 자주 겁을 먹고 무서움을 느낀다.	0	1	2	3
10. 나는 신경이 과민되어 있다.	0	1	2	3
11. 나는 가끔씩 숨이 막히고 질식할 것 같다.	0	1	2	3
12. 나는 자주 손이 떨린다.	0	1	2	3
13. 나는 안절부절못해 한다.	0	1	2	3
14. 나는 미칠 것 같은 두려움을 느낀다.	0	1	2	3
15. 나는 가끔씩 숨쉬기가 곤란할 때가 있다.	0	1	2	3
16. 나는 죽을 것 같은 두려움을 느낀다.	0	1	2	3
17. 나는 불안한 상태에 있다.	0	1	2	3
18. 나는 자주 소화가 잘 안 되고 뱃속이 불편하다.	0	1	2	3
19. 나는 가끔씩 기절할 것 같다.	0	1	2	3
20. 나는 자주 얼굴이 붉어지곤 한다.	0	1	2	3
21. 나는 땀을 많이 흘린다(더위로 인한 경우는 제외).	0	1	2	3

출처: 육성필, 김중술(1997).

제**12**장

강박장애

1. 서 론

강박사고(Obsession)와 강박행동(Compulsion)에 대한 기술은 아주 오랜 역사를 가지고 있다. 1467년도에 출판된 *Malleus Malficarum*이라는 책에 악마에 홀린 경우 강박사고나 강박행위가 나타난다는 기술이 있고(Kramer & Spencer, 1928), Paracelsus가 "Obsessi"라고 기술하기도 하였으며, 1600년대에는 종교적 회의 또는 종교적인 양심과 관련지어 기술되기도 하였다. 근대에 들어와서는 Esquirol(1838), Maudsley(1895), Freud(1900, 1953) 또는 Janet(Pittman, 1987)이 언급하기도 하였다.

과거에는 소아 · 청소년 연령층에서는 비교적 드문 질환으로 알려져 왔으나 최근 고교생을 대상으로 한 연구에서 평생 유병률이 0.4%였다는 보고가 있다 (Flament 등, 1988). 남아에서의 발병 연령이 여아보다는 다소 빠르다는 보고도 있으며(Swedo 등, 1989), 증상을 숨기는 경향 때문에 실제보다 낮게 평가되었을 가능성이 시사된 바도 있다. 또한 많은 경우에서 학습이나 사회적 대인관계에 지장이 초래되고 있다고 보고되고 있다(Adams 등, 1994).

강박사고는 개인에게 의미가 없거나 불필요한 것으로 인식되는 사고나 이미지(image), 충동이 자신의 의사와는 관계없이 의식 내로 들어와 그 결과로 기능적인 장애나 불편을 유발하는 것이라고 정의된다. 강박행동이란 강박사고의 결과 혹은 어떤 생각이나 충동을 피하려는 노력으로 특정 의식이나 규칙에 따라 행동하는 것이며, 역시 기능적인 장애를 초래하게 된다.

강박사고나 강박행동은 정상적으로도 나타날 수 있는 사고나 행동이지만 다음 세 가지 점에서 정상적인 것과 병적인 상태를 감별할 수 있다. 첫 번째는 증상의 결과로 기능장애가 초래된다는 점이며, 두 번째는 이런 증상을 경험하는 아동이나 청소년은 자신이 자신의 의사와는 관계없이 증상에 의해 강요를 당한다거나 증상에 의해 침범되는 듯한 느낌을 갖는다는 점이다. 세 번째 차이점은 자신의 충동이나 생각 또는 행동이 정도에 지나치다거나 의미가 없다는 것에 대한 통찰력을 가지고 있다는 점이다. 최근 들어서는 세 번째 감별점의 타당도에 대해 이견이 제시되었다. Insel과 Akiskal(1988)은 강박장애 환자들이 자신의 증상에 대해 통찰력을 가지기도 하지만 때때로 거의 정신병적인 상태로까지 되어 전혀 통찰력을 갖지 못한다고 보고하였다. 이에 입각하여 DSM-IV에서는 자신의 증상에 대해 통찰력을 갖는 것을 병의 경과 중에 있을 수 있는 증상으로 기술하고 있다. 소아·청소년의 강박장애의 진단기준에서는 이 항목은 제외되고 있다.

1980년대 이후 세로토닌 재흡수 차단제의 개발, 뇌의 구조나 다양한 상황에서의 국부 뇌활성을 평가하는 기술의 개발, 보다 신뢰도가 높은 유병률 조사방법의 발달, 유전적인 요인에 대한 연구의 발달로 강박장애에 대한 관심이 최근 급증하고 있다.

2. 진 단

1) DSM-IV 진단기준

강박사고는 (1), (2), (3), (4)에 따라 정의된다.

(1) 반복적이며 지속적인 생각, 충동 또는 이미지로서, 이러한 장애가 있는 동안 강제로 밀고 들어오는 것 같은 느낌이 있으며, 부적절하다는 경험을 갖는다. 또한 이러한 증상으로 인하여 심한 불안과 고통이 야기된다.

(2) 이러한 생각, 충동 또는 이미지가 단순히 현실 생활에서 겪는 문제에 대한 지나친 걱정의 수준은 아니다.

(3) 이런 증상이 있는 사람은 이러한 생각, 충동 또는 이미지를 무시하거나 억제하려 하거나 또는 다른 생각이나 행동으로 중화시키려고 한다.

(4) 이러한 사람들은 이러한 강박적인 생각, 충동 또는 이미지들이 외부로부터 오는 것이 아니라, 자기 자신의 마음에서 온다는 것을 인식한다.

강박행동은 (1)과 (2)에 따라 정의된다.

(1) 반복적인 행동(예를 들면, 손 씻기, 정렬하기, 확인하기) 또는 정신적 행위(Mental acts)(예를 들면, 기도하기, 헤아리기 또는 입 속으로 조용히 단어를 반복하기)들이 있는데, 이러한 증상들이 강박사고에 대한 반응으로 나타나거나, 마치 의례적인 규칙처럼 나타난다.

(2) 이러한 증상들이 어떤 무서운 일이나 상황으로부터 야기되는 고통을 감소시키거나 예방하기 위한 목적을 지닌다. 그러나 이러한 증상들이 현실적으로 그들이 중화시키거나 예방하려는 방법으로 연결되어 있지 않거나 또는 분명히 과다한 상태에 있다.

① 질병을 앓고 있는 동안의 어느 시점에서 자신의 강박사고나 강박행동이 과다하며, 비현실적이라는 인식을 갖게 된다(이것은 소아에게는 적용되지 않는다.).

② 강박사고나 강박행동이 심한 고통을 야기하며, 이러한 증상들 때문에 상당한 시간을 소비하게 되거나(적어도 하루에 한 시간 이상), 그 사람의 직업적

인 기능, 사회활동 또는 대인관계에서 심각한 장애가 초래된다.

③ 만약 다른 Axis 1 장애가 있다면, 강박사고나 강박행동의 내용이 그 장애에 국한된 것이어서는 안 된다(예를 들면, 섭식장애가 있는 상황에서 음식에 관한 몰두, 발모광이 있는 환자에서 머리 뽑기, 신체추형장애(Body dysmorphic disorder)가 있는 환자에서 외모에 대한 관심, 약물사용장애가 있는 환자에서 약에 대한 몰두, 건강염려증이 있는 환자에서 심각한 질병이 있지 않나 하는 걱정, 성욕도착증(paraphilia)이 있는 환자에서 성적충동 또는 성적환상에 대한 몰두, 주요 우울증이 있는 환자에서 죄의식 등).

④ 이러한 장애가 물질의 직접적인 생리적 효과(Physiological effects)나 일반적인 내과적 질환에 의해 나타난 것은 아니어야 한다.

DSM-IV에서는 기본적으로 소아와 성인 간에 진단기준의 차이는 없다고 보고 있으나, 소아의 강박장애에서는 특히 다음과 같은 점들이 강조되고 있다.

(1) 손 씻기, 확인하기 또는 정렬하기가 소아에서 특히 흔하게 나타난다.

(2) 일반적으로 소아들은 도움을 청하지 않는다. 또한 증상들이 자아-이질적(Ego-dystonic)이지 않다. 즉, 증상들 때문에 괴로워하는 증상이 흔하지 않다.

(3) 따라서 대개 부모들이 발견하여 병원에 오게 된다.

(4) 집중력의 장애로 점차 학습능력에 장애가 온다.

(5) 학교, 또래 또는 낯선 사람들 앞에서보다 집에 있을 때 증상이 더 자주 나타난다(이 점은 성인도 마찬가지다.).

2) ICD-10 진단지침

명확한 진단을 내리려면 강박사고나 강박행동 중 어느 하나 또는 두 증상 모두가 최소한 2주일간 거의 매일 존재하여야 하며, 그 증상이 고통의 근원이거나 활동을 제약하는 것이어야 한다. 강박증상은 다음의 특성을 가지고 있어야 한다.

(1) 강박증상이 그 사람 자신의 사고나 충동이라고 인식되어야 한다.

(2) 비록 그 사람이 더 이상 저항하지 않는 다른 증상이 있다고 하더라도 최소한 한 가지의 사고나 행동에 대하여 결국은 실패로 돌아가는 저항을 하고 있어야한다.

(3) 강박행위를 수행하는 경우의 생각은 그 본질상 쾌감을 느끼게 하는 것이어서는 안 된다(불안이나 긴장의 단순한 해소는 여기서 말하는 쾌감으로 간주하지않는다.).

(4) 강박적 사고, 이미지 또는 충동이 기분 나쁘게 반복적인 것이어야 한다.

3. 평 가

1) 한국판 아동용 예일 브라운 강박척도(Children's Yale-Brown Obsessive-Compulsive Scale; CY-BOCS)

Goodman(1986)이 개발한 CY-BOCS를 정선주 등(2000)이 번안하여 한국판 아동용 예일 브라운 강박척도를 개발하였다. 이 척도는 성인용 강박척도인 Y-BOCS의 아동판으로 성인용과 마찬가지로 지난 일주일간의 강박증상의 심한 정도를 10개의 항목에 따라 평가하도록 고안된 반-구조화된(Semi-structured) 척도다. 전반적인 구조, 평가기준, 채점방법은 Y-BOCS와 동일하지만 증상에 대한 질문의 형태와 문장의 표현이 아동의 발달 단계에 맞도록 수정되어 있으며 평가자는 아동과 부모로부터 얻은 정보를 모두 참조하여 최종적인 판단을 하도록 되어 있다.

CY-BOCS의 내용은 크게 나누어 (1) 강박사고 증상목록, (2) 강박사고에 대한 평가항목들, (3) 강박행동 증상목록, (4) 강박행동에 대한 평가항목들로 이루어져 있다. 강박사고와 강박행동 증상목록은 빈번히 나타나는 60개 이상의 강박증상들의 목록으로 구성되어 있으며, 현재(지난 주 동안) 가지고 있거나 이전에 존재했던 특정한 강박증상의 존재 유무를 검토하도록 되어 있다. 증상에 대한 전반적인 검토를 마친 후 이 중 현재 가장 심각한 강박사고와 강박행동을 목표 증상으로 기록한다. 강박증상의 평가는 목표 증상으로 선정된 강박사고와 강박행동에 대해 (1) 증상에 소비된 시간, (2) 방해, (3) 고통, (4) 저항, (5) 통제 정도에 대해 묻게 되며, 각 항목에 대해 5점 척도로 평가한다. 강박사고 소척도점수와 강박행동 소척도점수는 각각 5개의 항목에 대한 점수를 합한 값이며, CY-BOCS 전체점수는 전체 10개 항목 점수의 합이다(〈부록 12-1〉).

2) Leyton 아동용 강박장애척도(Leyton Obsessional Inventory-Child Version; LOI-CV)

LOI-CV는 1970년 Cooper가 개발한 성인용의 LOI를 수정하여 1986년 Berg 등이 개발한 검사다. 아동용인 LOI-CV는 모두 44개 문항으로 구성되어 있는데, 이는 모두 69문항으로 이루어진 성인용 LOI의 46개 증상 문항들 중에서 아동에게 적합하지 않은 13개 문항(12, 18, 25, 26, 27, 28, 29, 37, 48, 39, 40, 45, 46)을 빼고 새로 7개를 추가하였으며, 특질(trait) 문항은 23개 중에서 4개만을 남기고 다 삭제하여 만들어진 것이다. LOI-CV는 강박증상뿐 아니라 증상과 관련된 저항의 정도 및 증상으로 인한 일상생활의 지장 정도까지 측정할 수 있다는 장점을 가지고 있다. 한국판 LOI-CV는 이정섭 등(1994)이 표준화하였다(〈부록 12-2〉). 검사-재검사 신뢰도 계수는 증상척도 0.83, 저항척도 0.75, 방해척도 0.81로 모두 통계적으로 유의미한 신뢰도를 보였다. 이 척도는 강박 환아군과 다른 정신과 장애 환아, 정상 아동을 증상, 저항, 방해 세 가지 척도 모두에서 유의미하게 변별해 주었다.

4. 요약 및 제언

강박장애는 과거에는 소아·청소년기에 비교적 드문 질환으로 알려져 왔으나 최근에는 그런 것만도 아니다. 기본적인 특성은 성인기의 강박장애와 유사하나 다음과 같은 점에서는 차이가 있다. 첫째, 확인하기와 정렬하기가 성인기

보다 더 흔하다. 둘째, 자신의 행동이나 사고가 잘못된 것이라는 통찰력이 없으며, 주의집중력의 장애로 인하여 학습장애가 흔히 동반된다. 약물치료가 시도되고 있으나 향후 보다 더 체계적인 연구와 부작용에 대한 연구가 필요하다. 앞으로 한국판 아동기 강박장애척도를 개발하는 연구가 이루어져야 한다.

부록 12-1

한국판 아동용 예일 브라운 강박척도

	전혀 없음	약간	중간	심함	매우 심함
1A. 강박사고에 몰두하는 시간					
1B. 강박사고가 떠오르지 않는 시간 간격 (총점에 포함되지 않음)	0	1	2	3	4
2. 강박사고로 인한 방해	0	1	2	3	4
3. 강박사고와 관련된 고통	0	1	2	3	4
4. 강박사고에 대한 저항	0	1	2	3	4
5. 강박사고에 대한 통제 정도	0	1	2	3	4

강박사고 소척도점수(1~5의 합): (　)점

	전혀 없음	약간	중간	심함	매우 심함
6A. 강박행동에 소요되는 시간					
6B. 강박행동이 없는 시간 간격 (총점에 포함되지 않음)	0	1	2	3	4
7. 강박행동으로 인한 방해	0	1	2	3	4
8. 강박행동과 관련된 고통	0	1	2	3	4
9. 강박행동에 대한 저항	0	1	2	3	4
10. 강박행동에 대한 통제 정도	0	1	2	3	4

강박사고 소척도점수(6~10의 합): (　)점

	전혀 없음	약간	중간	심함	매우 심함
11. 강박증상에 대한 병식	0	1	2	3	4
12. 회피	0	1	2	3	4
13. 우유부단의 정도	0	1	2	3	4
14. 과도한 책임감	0	1	2	3	4
15. 전반적인 지연/시작의 어려움	0	1	2	3	4
16. 병적인 의심	0	1	2	3	4

17. 전반적인 심한 정도	0	1	2	3	4	5	6
18. 전반적인 호전	0	1	2	3	4	5	6
19. 신뢰도	0		1		2		3

출처 : 정선주 등(2000).

부록 12-2

Leyton 아동용 강박장애척도

성명: ——————　성별: 남/여　생년월일: 년 월 일　검사일: 년 월 일
학교: ——————　중/고등학교　학년　반　번

시계를 보고 지금 시각을 쓰십시오. 오전/오후　　　시　　　분

※ 다음 장부터 있는 질문들은 여러분의 생각, 습관들 그리고 여러 가지 물건이나 일에 대한 느낌을 묻는 것입니다. 이 검사는 정답이 따로 없으며, 사람마다 서로 다르게 대답합니다. 답하는 방법을 잘 읽어 보시고 시작하십시오.

1. 우선 1번에서 44번까지 각 질문을 주의해서 읽어 보시고 자기에게 해당되는지 아닌지 빨리 결정하셔서 '아니요' 혹은 '예' 칸에만 'O' 표 하십시오. 때로는 정확히 '예' 혹은 '아니요'라 답하기 어려울 수 있습니다. 이럴 때는 자기에게 좀 더 가까운 쪽을 고르십시오. 오래 생각하지 말고 답하십시오.

2. 그 다음에는 '예'라고 답했던 질문들만 하나하나 다시 읽어 보시고 자신의 느낌을 가장 잘 표현한 것을 아래의 보기에서 골라 '느낌' 칸에 숫자를 쓰세요.

〈보기〉

　1) 이렇게 하는 것이 합리적이고 현명하다.
　2) 습관일 뿐이다.
　3) 사실은 이렇게 하고 싶지 않고 그만두려고 노력한다.

3. 끝으로, '예'라고 답했던 질문들만 하나하나 한 번 더 읽어 보고 그것 때문에 다른 일을 하는 데 얼마나 지장이 있는지를 아래 보기에서 골라 '지장' 칸에 숫자를 쓰세요.

〈보기〉

　0) 이 습관이 내가 하고 싶은 일을 하는 데 방해가 안 된다.
　1) 다른 일을 하는 데 약간 방해가 되거나 시간을 약간 낭비한다.
　2) 다른 일을 하는 데 꽤 방해가 되거나 시간을 꽤 낭비한다.
　3) 많은 일을 방해하거나 시간을 많이 낭비한다.

'아니요'로 답한 질문들은 '느낌'이나 '저장' 칸을 비워 두십시오.
이제 시작하십시오.

번호	질 문	아니요	예	느낌	저장
1	사실은 어떤 일을 할 필요가 없다는 것을 알면서도 그것을 해야만 할 것처럼 느낄 때가 자주 있습니까?				
2	어떤 생각이나 낱말이 마음속에 자꾸 떠오릅니까?				
3	부모나 형제에게 사고나 무슨 일이 생길지도 모른다는 생각이 든 적이 있습니까?				
4	별 이유 없이 자신이나 가족 중 누구를 해치는 생각이 들었다가 없어졌다가 한 적이 있습니까?				
5	무엇을 여러 번 확인해야 합니까?				
6	수도꼭지나 전기 스위치를 끈 뒤에 다시 확인해야만 했던 적이 있습니까?				
7	문, 창문, 우유 들어오는 구멍 등을 확실히 닫았는지 확인해야만 했던 적이 있습니까?				
8	먼지나 더러운 것을 싫어합니까?				
9	다른 사람이 사용하였거나 만졌던 물건이 더러워졌다고 느낍니까?				
10	다른 사람을 만지거나 남이 자신을 만지는 것을 싫어합니까?				
11	몸이나 옷에 땀이나 침이 묻으면 병에 걸리거나 해롭다고 느낍니까?				
12	핀, 머리카락, 뾰족한 물건 등을 그냥 두면 걱정됩니까?				
13	물건이 깨어질까 봐, 해로운 조각들이 남을까 봐 걱정합니까?				
14	칼, 도끼, 그 외 집에 있는 위험한 물건들이 불안합니까?				
15	잘 씻었는지 좀 염려됩니까?				
16	손을 더럽히지 않으려고 지나치게 조심합니까?				
17	자기 방이나 장난감을 아주 깨끗하게 하려고 그렇게 더럽지 않더라도 청소합니까?				
18	무엇을 하고 놀든지 항상 옷이 단정하고 깨끗하도록 조심합니까?				
19	자기 물건을 놓는 곳이 따로 있습니까?				
20	잠 자기 전에 반드시 물건들을 잘 정돈해야 합니까?				
21	자기 방이 항상 잘 정돈되어 있도록 무척 조심합니까?				
22	다른 애들이 나의 책상을 어지르면 화가 납니까?				
23	공책을 잘 정리하고 글씨를 깨끗이 쓰려고 무척 조심합니까?				
24	단지 완벽하게 했다는 확신이 들지 않아 숙제를 다시 합니까?				

25	숙제한 것이 제대로 되었는지 확인하느라 시간이 많이 듭니까?			
26	무엇을 할 때 시간을 정확히 지키는 것을 좋아합니까?			
27	정해 둔 순서에 따라 옷을 입거나 벗어야 됩니까?			
28	정해 둔 시간이나 정해 둔 순서대로 숙제를 할 수 없게 되면 짜증이 납니까?			
29	무엇을 할 때 정해 둔 횟수만큼 여러 번 해야 제대로 된 것 같습니까?			
30	수를 셀 때, 여러 번 혹은 미리 정해 둔 횟수만큼 세어야 합니까?			
31	무슨 일을 할 때 자꾸 반복해서 해야 하기 때문에 공부나 어떤 일을 끝내기가 어려운 적이 있습니까?			
32	좋아하거나 특별한 의미를 가진 숫자가 있어서 그 수만큼 세거나, 어떤 일을 그 수만큼 반복합니까?			
33	다른 사람은 나쁘다고 생각하지 않는 일인데 자기는 하고 나면 꺼림직한 적이 종종 있습니까?			
34	어떤 일을 꼭 자기식 대로 하지 않았으면 많이 걱정합니까?			
35	수업 중에 말할 것을 미리 준비했는데도 발표하고 나면 항상 잘못한 것 같습니까?			
36	결정하기가 어렵습니까?			
37	자기가 한 일들이 과연 옳았는지 확신할 수 없어서 지나간 일을 다시 생각해 볼 때가 많습니까?			
38	자기 방안에 실제로는 필요 없는 물건들을 잔뜩 모아 둡니까?			
39	단지 언젠가 혹시 필요할지도 모른다고 생각하기 때문에 방 안이 낡은 장난감, 악기, 상자, 게임기, 옷 등으로 복잡합니까?			
40	용돈이나 친척이 주신 돈을 저축합니까?			
41	용돈을 세고 관리하는 데 시간을 많이 씁니까?			
42	예를 들어, '걸어갈 때 땅에 있는 금을 밟으면 재수없다.'는 것처럼 운을 점쳐 보는 특별한 게임을 합니까?			
43	그렇게 하지 않으면 재수가 없기 때문에 어떤 특별한 방법으로만 움직이거나 말합니까?			
44	불행이나 나쁜 일이 생기는 것을 막기 위하여 특별한 숫자나 단어를 중얼거립니까?			

시계를 보고 지금 시각을 쓰세요. 오전/오후   시   분

출처 : 이정섭 등(1994).

제 *13* 장

틱장애

1. 서 론

틱장애(Tic disorder)에 대한 보고는 고대부터 있어 왔으나 체계적인 연구는 19세기에 이르러서야 비로소 나타나기 시작하였는데, 초기의 보고로는 Itard(1825)의 보고가 있고, Gilles de la Tourette(1885)이 임상적인 특징에 관해 포괄적으로 기술하였다. 그 후, 역학과 유전학, 뇌신경 영상학 등의 발전으로 임상양상, 자연사, 병인 위험 및 보호인자, 치료 등에서 많은 발전이 있어 왔다.

틱(Tic)은 아무런 목적 없이 갑작스럽고, 빠르고, 반복적이고, 비율동적이고, 상동증적인 운동 또는 음성이 나타나는 것을 말한다. 이러한 틱 증상은 대개 1초 이내로 짧으며, 저항할 수 없는 것으로 경험되기도 하지만 다양한 시간 동안 억제될 수도 있다. 틱은 스트레스로 악화되고, 차분하게 활동하는 동안에는 감소되며 대개 수면 중에는 현저히 감소된다. 틱 행동은 몇 분에서 몇 시간까지 일부러 억제할 수는 있으나, 긴장감과 신체 감각적 충동이 증가하게 되어 결국 틱을 해야만 해소된다. 그리고 틱의 해부학적 위치, 수, 빈도, 복합도, 심각도는 시간이 지남에 따라 변하기도 한다.

틱 증상은 운동틱과 음성틱으로 분류할 수 있으며, 이러한 운동틱과 음성틱은 다시 단순형 또는 복합형으로 분류할 수 있다. 따라서 틱장애는 단순 운동틱과 복합 운동틱 그리고 단순 음성틱과 복합 음성틱으로 세분화할 수 있다.

7~11세 사이의 아동들에게 가장 흔히 발병되며, 남아에서 2배 정도 더 흔히 발병된다(Zahner 등, 1988). Apter 등(1993)은 10~17세 아동 및 청소년 2만 8,037명을 대상으로 뚜렛장애 시점유병률은 4.3/10,000으로 보고하였고, 전체 틱장애는 47/10,000으로 보고하였다. Costello 등(1996)은 9, 11, 13세 아동들을 대상으로 10/10,000명이 뚜렛장애의 진단기준을 만족하였다는 보고를 한 바 있다. 남아가 13/10,000, 여아가 7/10,000이었다.

2. 진 단

1) 뚜렛장애(Tourette's disorder)

여러 가지 운동틱과 한 가지 이상의 음성틱이 장애의 경과 중 일부 기간 동안 나타난다. 틱은 1년 이상의 기간 동안 거의 매일 또는 간헐적으로 하루에 몇 차례씩 대개 발작적으로 일어나고, 이 기간 동안에 틱이 없는 기간이 3개월 이상 지속되지는 않아야 한다. 또한 발병 연령이 18세 이전이어야 한다.

ICD-10(WHO, 1992)에서는 뚜렛장애를 "Combined vocal & multiple motor tic(De la Tourette's syndrome)"이라고 명명하였는데, 그 진단기준에는 다발성의 운동틱과 한 가지 또는 그 이상의 음성틱이 포함된다. 그러나 이 두 종류의 틱이 반드시 동시에 존재할 필요는 없다. 대개 소아 또는 청소년기에 발병하고, 소아기 발병일 경우에는 청소년기가 되면 증상이 약화되는 경향이 있으며, 전체적인 경과는 성인기까지 지속되는 경우가 많다. 음성틱이 나타나기 전에 운동틱이 선행되는 경우가 많다.

(1) DSM-IV 진단기준(1994)

❖ 뚜렛장애의 진단기준

A. 뚜렛장애의 필수 증상은 여러 가지 운동틱과 한 가지 또는 그 이상의 음성틱
   이다.
B. 이 증상들은 장애의 경과 도중에 동시에 나타나거나 또는 다른 기간에 나타날
   수 있다. 틱은 하루에도 몇 차례, 1년 이상의 기간 동안 반복적으로 나타난다.
   이 기간 중 틱이 없는 기간이 연속적으로 3개월 이상을 넘지는 않는다.
C. 이 장애는 사회적, 직업적 또는 다른 중요한 기능 영역에서 심각한 고통이나
   장해를 일으킨다.
D. 이 장애는 18세 이전에 발병한다.
E. 틱은 일반적인 의학적 상태(예: 헌팅턴 병 또는 바이러스성 뇌염)나 물질(예:
   자극제)의 직접적인 생리적 효과로 나타나는 것이 아니어야 한다(진단기준 E).

(2) ICD-10 진단기준(1992)

다발성의 근육틱과 한 가지 또는 그 이상의 음성틱이 나타난다. 그러나 이 두
종류의 틱이 반드시 동시에 존재할 필요는 없다. 대개 소아 또는 청소년기에 발
병하며, 소아기 발병일 경우에는 청소년기가 되면 증상이 약화되는 경향이 있
고, 전체적인 경과는 성인기까지 지속되는 경우가 많다. 음성틱이 나타나기 전
에는 근육틱이 선행되는 경우가 많다.

2) 만성 운동 또는 만성 음성틱장애(Chronic motor or vocal tic disorder)

(1) DSM-IV 진단기준

❖ 만성 운동 또는 만성 음성틱장애의 진단기준

A. 한 가지 또는 여러 가지의 운동틱 또는 음성틱(갑작스럽고, 빠르고, 반복적, 비
   율동적, 상동증적인 동작 또는 음성)이 장애의 경과 중 일부 기간 동안 존재하
   지만, 두 장애가 함께 나타나지는 않는다.

B. 틱은 1년 이상의 기간 동안 거의 매일 또는 간헐적으로 하루에 몇 차례씩 일어
  나고, 이 기간 동안 틱이 없는 기간이 3개월 이상 지속되지는 않는다.
C. 사회적, 직업적 또는 다른 중요한 기능 영역에서 심각한 고통이나 장해를 일으
  킨다.
D. 18세 이전에 발생한다.
E. 장애는 물질(예: 자극제)이나 일반적인 의학적 상태(예: 헌팅턴 병 또는 바이러
  스성 뇌염)의 직접적인 생리적 효과로 나타난 것이 아니다.
F. 뚜렛장애의 기준에 맞지 않아야 한다.

  음성틱 또는 운동틱 중 한 가지만 나타난다. 또한 틱은 1년 이상의 기간 동
안 거의 매일 또는 간헐적으로 하루에 몇 차례 일어나고, 이 기간 동안에 틱이
없는 기간이 연속적으로 3개월 이상 지속되지는 않아야 하며, 18세 이전에 발
병한 경우 진단을 내린다.

(2) ICD-10 진단기준

  틱장애의 일반기준을 만족시키는데, 운동틱 또는 음성틱 중 한 가지 종류만 나
타난다. 틱의 지속 기간은 최소한 1년 이상이다. 대개는 다발성 틱의 형태로 나타
난다. 팔, 다리나 몸 등을 침범한 경우는 얼굴에만 생긴 틱보다 예후가 나쁘다.

3) 일과성 틱장애(Transient tic disorder)

(1) DSM-IV 진단기준

❖일과성 틱장애의 진단기준

A. 한 가지 또는 여러 가지의 운동틱 또는 음성틱(갑작스럽고, 빠르고, 반복적, 비율
  동적, 상동증적인 동작 또는 음성)
B. 틱은 적어도 4주 동안 거의 날마다 하루에 몇 차례씩 일어나지만, 연속적으로 12
  개월 이상 지속되지는 않는다.
C. 사회적, 직업적 또는 다른 중요한 기능 영역에서 심각한 고통이나 장해를 일으킨
  다.
D. 18세 이전에 발생한다.

E. 장애는 물질(예: 자극제)이나 일반적인 의학적 상태(예: 헌팅턴 병 또는 바이러스성 뇌염)의 직접적인 생리적 효과로 나타난 것이 아니다.

F. 뚜렛장애, 만성 운동성장애, 또는 음성 틱장애의 진단기준에 맞지 않아야 한다.
   specify : 단일 삽화 또는 재발성

한 가지 또는 여러 가지의 운동틱 또는 음성틱이 적어도 4주 동안 거의 날마다 하루에 몇 차례씩 일어나지만, 연속적으로 12개월 이상 지속되지 않는 경우다. 18세 이전에 발병한 경우 진단을 내린다.

(2) ICD-10 진단기준

틱장애의 일반적인 기준을 만족시키는데, 지속 기간이 12개월을 초과하지 않는다. 모든 틱장애 중 가장 흔한 형태의 틱이며, 4~5세 사이에서 가장 흔히 나타난다. '눈 깜빡거림' '얼굴 찡그림' '머리 흔들어 댐'이 가장 흔히 발견되는 틱의 형태다. 한 번의 삽화로 끝나기도 하고, 관해 및 재발이 반복되기도 한다.

3. 평 가

틱장애를 평가하기 위해서는 여러 가지 관점에서 평가가 이루어져야 한다. 왜냐하면 틱은 독특성, 심각성, 빈도 그리고 운동틱과 음성틱의 혼합의 정도, 지금까지의 지속 기간 등을 주의 깊게 평가하는 것이 치료에 도움이 되기 때문이다. 또한 발병한 시기, 틱으로 인해 사회적, 가족내적 그리고 학교생활에서 아동이 겪고 있는 좌절의 정도 또한 평가되어야 한다. 부모나 환자 자신의 자기 평가를 통한 구조화된 설문지 형태의 평가도구 및 임상가 평가용으로 널리 사용되고 있는 것으로는 뚜렛증후군 증상 평가척도(Tourette's Syndrome Severity Scale; TSSS, Shapiro & Shapiro, 1984), 뚜렛증후군 평가척도(Tourette's Syndrome Global Scale; TSGS, Harcherick 등, 1984), 예일 틱증상 평가척도(Yale

Global Tic Severity Scale : YGTSS, Leckman 등, 1989), Hopkins Motor/Vocal Tic Scale(Singer, 1992), MOVES(Gaffney 등, 1994) 등이 있다. 이 중에서 한국판 신뢰도와 타당도가 검증된 것이 예일 틱 증상 평가척도다.

1) 예일 틱증상 평가척도(Yale Global Tic Severity Scale; YGTSS)

예일 틱증상 평가척도는 1989년 Leckman 등이 개발한 척도로, 숙련된 임상가가 다양한 정보원과의 반구조화된 면담 후 작성할 수 있도록 되어 있어 자가평가 설문지와 직접관찰 평가의 장점을 살리면서 각 평가방법의 취약점을 보완할 수 있다. 임상가는 환자의 가족 또는 환자와의 반구조화된 면담을 통해 임상적 평가 1주 전에 관찰된 틱증상의 양상 및 해부학적인 분포에 대해 물어본 후, 이를 준비된 '틱 증상 목록(Tic inventory)'에 기록한다. 틱증상 목록을 지침으로 반구조화된 면담을 마친 후 임상가는 다섯 가지의 분리된 차원에 대해 운동틱과 음성틱을 평가한다. 각 차원에 대해서는 6점의 순위척도가 사용되며, 각 척도에는 구체적인 설명과 적당한 예가 포함되어 있다. 운동틱과 음성틱은 다섯 가지 차원에 대해 동일한 순위척도를 적용하여 평가하며, 틱으로 인한 장해에 대해서는 분리된 척도로 평가하도록 되어 있다. 국내에서는 정선주 등(1998)이 한국판 척도를 개발하여 신뢰도, 타당도 검증 연구를 수행하였는데(〈부록 13-1〉, 〈부록 13-2〉), 내적일치도, 수렴타당도, 변별타당도 및 검사자 간 신뢰도 모두 매우 높게 나타났으며, 요인분석상 전 항목척도와 장해도는 운동틱과 음성틱에 해당하는 2개의 요인으로 묶여졌다.

2) 운동틱, 강박사고 및 행동, 음성틱 평가조사표(The Motor tic, Obsession and Compulsion, and Vocal tic Evaluation Scale; The MOVES, Gaffney 등, 1994)

MOVES는 뚜렛증후군 증상을 평가하는 아동, 청소년, 성인용 자기보고형 척도로 총 20문항으로 구성되어 있다. '전혀 그렇지 않다'에서 '항상 그렇다'의

4점척도로 평정하도록 되어 있는데, 각 문항에 대한 반응에 입각하여 5개의 하위척도 점수가 산출된다. 즉, 운동틱, 음성틱, 강박사고, 강박행동, 연관된 증상(반향어, 반향행동, 외설증 등) 하위척도점수다. 또한 5개의 하위척도점수는 2개의 척도점수(틱 하위척도점수, 강박증 하위척도점수)로 합산된다.

MOVES는 예일 틱증상 평가척도 점수와 .6~.8의 유의미한 상관이 보고되었고, 뚜렛장애 환자를 다른 정신과 환자 및 정상 통제집단과 변별하는 데 있어 87%의 민감도(Sensitivity)와 94%의 특이도(Specificity)를 보였다(〈부록 13-3〉).

3) Hopkins 운동/음성틱척도

홉킨스 운동/음성틱척도(The Hopkins motor/Vocal tic scale)는 10cm의 직선으로 된 일련의 대응척도로 구성되어 있으며, 부모와 의사는 이 직선 위에 틱의 빈도, 강도, 간섭(interference) 그리고 손상 정도를 참작하여 각각의 운동틱, 음성틱 증상을 평정한다. 환자의 현재 틱을 반영하기 위해 증상 목록이 개별화되고 수정되었는데, 한쪽 직선의 끝은 0점(틱 없음)과 다른 쪽은 10점(매우 심각함)이며 어림잡아 4개의 범위(약함, 보통, 약간 심함, 심함)로 나눌 수 있다. 평가자는 일주일 동안 있었던 모든 개개의 틱에 대해 평가하고, 이것에 근거하여 운동틱 및 음성틱 증상에 대한 3개의 최종 점수를 산출한다. 최종점수란 부모 정보에 근거한 평가, 평가자의 관찰에 근거한 평가, 전반적인 평가 점수다(〈부록 13-4〉).

4. 요약 및 제언

틱장애는 학령기 아동들에게 흔한 소아정신과 장애이며, ADHD와 강박장애의 공존병리가 자주 관찰된다. 특히, 뚜렛장애는 심한 학업적, 사회적 부적응 문제를 초래하는 신경발달학적인 장애로서 유전적인 요인도 중요한 역할을 한다. 따라서 자기보고형 척도 외에 아동과 부모, 형제에 대한 개별적인 심리 검사와 주의력 및 전두엽 기능을 포함한 신경심리학적인 평가를 실시하는 것이 틱장애 아동을 감별 진단하고 치료하는 데 매우 중요하다. 그러나 아직 국내에서 사용 가능한 표준화된 틱장애 평가 도구는 매우 부족한 실정이다. 그러므로 한국판 틱장애 평가 도구의 개발 연구가 활발히 이루어져야 하겠다.

부록 13-1

한국어판 예일 틱증상 평가척도 - 부모용

틱증상 평가척도

> 설문지를 작성하시는 부모님께
>
> 이제부터 작성하실 설문지는 여러분 자녀들의 틱증상에 대해 보다 자세하게 평가하기 위한 것으로 진단 및 앞으로의 치료 계획에 중요한 자료가 될 것입니다. 작성하시는 데 다소 불편이 있으시더라도 끝까지 작성하여 주십시오.

※다음의 질문들은 아동에 대한 기본적인 정보를 얻기 위한 것입니다. 잘 읽으시고 각 질문에 답해 주십시오.

1. 아동에 대하여
   1) 이름 _____   2) 생년월일 _____ 년 ____ 월 _____ 일
   3) 성별: 남 · 여   4) 학력 _____ 학교 _____ 학년
   5) 틱 증상이 처음으로 발생한 나이는 언제입니까? _____ 세(개월)
   6) 현재 아동의 틱 증상으로 인해 약물을 복용하고 있습니까? (예 / 아니요)

2. 가족에 대하여
   1) 아동은 _____ 남 _____ 녀 중 몇 째입니까? ( )
   2) 가정의 경제상태는 어느 정도입니까? (상 / 중상 / 중 / 중하 / 하)
   3) 아버지의 나이 _____ 세, 아버지의 학력 _____ , 아버지의 직업 _____
   4) 어머니의 나이 _____ 세, 어머니의 학력 _____ , 어머니의 직업 _____
   5) 아동의 형제나 부모, 친척 중에 틱 증상을 보이는 사람이 있습니까? (예, 아니요)
   6) 주 소: _____
      _____
   7) 전화번호 _____

3. 질문지 작성자 : 참가하는 사람은 모두 ∨표시를 하십시오.
   ☐ 자신   ☐ 어머니   ☐ 아버지   ☐ 기타 ( )

4. 질문지 작성일 : 200 년 월 일

▶ 운동틱이란?

- 운동틱이란 근육 운동을 포함하는 틱을 말합니다. 이는 대개 아동기에 시작되는데 눈 깜박거림이나 한쪽으로 빠르게 머리를 젖히는 등의 갑작스런 동작이나 운동으로 나타납니다. 동일한 틱이 하루 중 갑자기 나타나고, 피곤하거나 스트레스를 받는 상황에서 악화되기도 합니다. 어떤 틱의 경우 틱을 할 것 같다는 느낌이나 충동이 선행합니다. 수주 또는 수개월 동안 운동틱은 증상이 악화되거나 호전될 수 있고 오래된 틱 증상이 완전히 새로운 틱 증상으로 대치될 수도 있습니다. 대부분의 운동틱은 단순성 (갑작스럽고 짧은 시간 동안의 의미 없는 동작)이지만, 어떤 틱은 복합성을 가지고 있어서 마치 의도했던 행동이나 '의미 있는' 행동 —예를 들면, 얼굴 표정을 짓거나 어깨를 으쓱거리는 행동 —처럼 나타납니다(마치 우리가 '잘 모르겠는데요' 하는 뜻으로 어깨를 으쓱거리는 것처럼). 가끔 사람들은 자신의 틱 증상을 어떤 설명이나 변명으로 둘러대기도 합니다. 예를 들면, 감기가 유행할 계절이 아님에도 불구하고 "나는 잘 낫지 않는 감기가 있어요."라고 말합니다.

▶ 음성틱이란?

- 음성틱은 소리나 말을 포함하는 틱증상입니다. 이는 대개 아동기에 시작되고, 운동틱이 이미 생긴 후에 시작되는 경우가 많지만 최초의 틱증상으로 나타나기도 합니다. 처음에는 갑작스럽게 소리를 내는 것으로 나타나는데, 예를 들면, 헛기침 소리나 코를 훌쩍거리는 소리 등으로 시작됩니다. 동일한 틱이 하루 중 갑자기 나타나고 피곤하거나 스트레스를 받는 상황에서 악화되기도 합니다. 음성틱에는 때때로 목에서 느껴지는 이상한 느낌이나 소리를 내고 싶은 충동이 선행하는 경우도 있습니다. 수주 또는 수개월 동안 음성틱은 악화되거나 호전될 수 있고 오래된 음성틱은 완전히 새로운 틱 증상으로 대치되기도 합니다. 대개의 음성틱은 단순성(갑자기 짧은 소리를 내는 것)이지만, 어떤 음성틱은 복합성이어서 음란한 내용을 말하거나(외설증), 다른 사람이 말한 것을 반복해서 따라서 말하기도 합니다(반향증). 대개 사람들은 자신의 틱 증상을 어떤 설명이나 변명으로 둘러대곤 합니다. 예를 들면, 감기가 유행할 계절이 아님에도 "나는 잘 낫지 않는 감기가 있어요."라고 말합니다.

▶ 운동틱 검사 항목

① 단순성 운동틱 : 갑작스럽고 짧고 의미 없는 동작
② 복합성 운동틱 : 갑작스러운 동작으로 마치 의미 있는 행동처럼 보이지만 대개 자기도 모르게 일어나고 적절한 시기가 아닌 때 나타나는 것입니다.
     예) 얼굴을 찡그리면서 몸을 동시에 움직이는 것

※ 복합성 운동틱의 항목은 아래 항목들 중 밑줄 쳐 있는 부분입니다.

당신이 지난 일주일 동안 경험한(관찰한) 특정 틱증상의 항목에 모두 ∨표시 하십시오.

나는 무의식적으로 일어나며, 목적 없는 동작을 경험 또는 관찰했다.	지난주 경험 여부
1) 눈 동작	
단순성 : 예) 눈을 깜박거리거나, 곁눈질하거나, 빠르게 눈알을 돌리거나, 눈알을 굴리거나, 갑자기 매우 짧은 순간 눈을 크게 뜨는 동작	☐
복합성 : 예) 놀라거나 당황한 듯한 눈의 동작이나, 시끄러운 소리를 들은 것처럼 잠깐 동안 옆을 보는 동작	☐
2) 코, 입 또는 혀의 동작이나 얼굴을 찡그림	
단순성 : 예) 코를 실룩거리거나, 혀를 내밀거나, 입술을 핥거나, 이를 꽉 다무는 동작	☐
복합성 : 예) 어떤 냄새를 맡는 것처럼 콧구멍을 벌렁거리거나, 미소 짓거나, 기타 다른 종류의 입의 동작 또는 우스꽝스러운 표정	☐
3) 머리의 갑작스런 동작 / 움직임	
단순성 : 예) 빠르게 머리를 젖히거나, 갑자기 턱을 위아래로 움직이는 동작	☐
복합성 : 예) 머리카락을 올리기 위한 것처럼 머리를 한쪽으로 휙 돌리는 것 같은 동작	☐
4) 어깨를 으쓱거림	
단순성 : 예) 어깨를 위나 앞쪽으로 갑작스럽게 움직이는 동작	☐
복합성 : 예) 마치 '잘 모르겠는데요'라고 말하는 것처럼 어깨를 으쓱거리는 동작	☐
5) 팔이나 손의 동작	
단순성 : 예) 빠르게 팔을 굽히거나 펴거나, 손가락으로 찌르거나, 손마디를 꺾어 소리나게 하는 동작	☐
복합성 : 예) 마치 머리를 빗듯이 손가락으로 머리를 가르는 행동이나 어떤 물건이나 다른 것들을 만지거나, 집거나 또는 이유 없이 손가락으로 세는 동작	☐
6) 다리나 발, 발가락의 동작	
단순성 : 예) 차거나, 깡충거리거나, 무릎을 구부리거나, 발목을 굽히거나 펴거나, 다리를 흔들거나, 발을 구르거나 바닥을 치	☐

는 동작

복합성 : 예) 앞으로 한 발짝 간 후 뒤로 두 발짝 가는 동작이나, 쭈그 ☐
리거나, 무릎을 깊이 굽히는 동작

7) 배의 동작

단순성 : 예) 배에 팽팽하게 힘을 주는 행동 ☐

8) 기타 복합성 틱

글씨 틱 : 똑같은 글자나 단어를 계속해서 쓰거나, 글씨를 쓰면서 연필을 ☐
잡아끄는 동작

틱과 관련된 강박적인 행동 : 만지기, 치기, 옷을 매만지거나, 모서리 맞 ☐
추기

무례하거나 음란한 동작 : 예) 가운데 손가락을 내미는 동작 ☐

몸을 굽히거나 꼬기 : 예) 허리를 구부리는 동작 ☐

이상한 자세 : (어떤 자세인지 아래에 자세히 쓰시오.) ☐

돌거나 회전하기 : 도는 방향을 적으십시오. ☐

자신에게 상처를 입히는 행동 : (행동에 대해 자세히 설명해 보십시오.) ☐

기타) 자신도 모르게 일어나며 분명히 목적 없는 운동틱이 있다면 그 형 ☐
태와 순서를 적어 보십시오.

▶음성틱 평가 항목
당신이 지난 일주일 동안 경험한(관찰한) 특정 틱증상의 항목에 모두 ∨표시 하십시오.

나는 무의식적으로 일어나며, 목적 없는 동작을 경험 또는 관찰했다.	지난주 경험 여부

1) 단순성 음성틱 증상(빠르고 '의미 없는' 소리를 내는 것)
　　기침 소리　□
　　헛기침 소리　□
　　코를 훌쩍거리는 소리　□
　　휘파람부는 소리　□
　　동물 또는 새소리　□
　　기타 단순성 음성틱(자세히 설명해 보십시오.)　□
2) 복합성 음성틱 증상(자신도 모르게 일어나며, 반복적이고 목적 없는
　　낱말, 문구 또는 상황에 맞지 않는 말로 짧은 동안만 자발적으로 억제
　　할 수 있는 것)

음절(자세히 설명해 보십시오.)　□

낱말(자세히 설명해 보십시오.)　□

무례하거나 음란한 낱말이나 문구(자세히 설명해 보십시오.)　□

반향어 : 다른 사람이 말한 것-한 낱말이나 문구를 따라하는 행동　□
동어반복증 : 자신이 말한 것을 계속해서 반복하는 행동
기타 다른 언어의 문제(자세히 설명해 보십시오.)　□

음성틱 증상의 형태나 순서를 자세히 설명해 보십시오.

▶여러 가지 틱 증상의 혼합(운동, 음성 그리고 운동틱과 음성틱)
　-어떤 틱은 동시에 어떤 혼합이나 형태 또는 순서를 가지고 나타날 수 있습니다. 때때로 운동틱이나 음성틱의 혼합이 함께 나타날 수도 있습니다. 예를 들면, 갑자기 눈을 깜박거리면서 동시에 머리를 젖힐 수도 있고, 헛기침 소리를 낸 다음에 휘파람 소리를 낸다든지 하는 것인데, 이러한 배합은 언제나 함께 그리고 비슷한 방식으로 일어납니다. 또는 운동틱과 음성틱이 어떤 형태를 가지고 함께 일어날 수도 있습니다. 예를 들면, 눈을 깜박거리면서 손을 흔든 후 헛기침을 하는 것입니다. 그리고 이런 틱은 언제나 같은 순서로 함께 일어납니다.

지난 일주일간 당신은 여러 가지 틱 증상의 혼합을 경험(관찰)하였습니까?

☐예 ☐아니요/만일 '예'라고 적으셨다면 어떤 증상의 혼합인지 설명하여 주십시오.

당신은 적어도 세 개의 서로 다른 여러 가지 틱 증상 혼합을 지난 일주일간 경험(관찰)하셨습니까?　　　　　　　　　　　　　　　　　　　☐예 ☐아니요

▶ 현재의 틱 증상의 심한 정도
지난 일주일 동안의 운동틱과 음성틱에 대한 설명 중 가장 맞는 항목에 ∨표시 하십시오.

1. 지난 일주일 동안 당신은 얼마나 많은 종류의 틱 증상을 경험(관찰)하셨습니까? (틱증상 평가 항목과 여러 가지 틱증상 혼합에 대한 질문을 참조하십시오.)	운동틱	음성틱	
나는 어떤 틱 증상도 경험(관찰)하지 않았다.	☐	☐	0
나는 오직 하나의 틱증상만을 경험(관찰)하였다.	☐	☐	1
나는 두 개에서 다섯 개 사이의 틱증상을 경험(관찰)하였다.	☐	☐	2
나는 다섯 개 이상의 틱증상을 경험(관찰)하였다.	☐	☐	3
나는 적어도 세 개의 틱증상과 하나 또는 두 종류의 여러 가지 틱증상 혼합을 경험(관찰)하였다.	☐	☐	4
나는 적어도 세 개의 틱증상과 적어도 세 종류의 여러 가지 틱증상 혼합을 경험(관찰)하였다.	☐	☐	5
2. 지난 일주일 동안 틱증상 없이 지낸 가장 긴 기간은 어느 정도입니까? (자고 있는 시간은 계산하지 마십시오.)			
나는 어떤 틱 증상도 경험(관찰)하지 않았다.	☐	☐	0
나는 거의 언제나 틱을 경험(관찰)하지 않는다(틱은 드물게 나타나고, 매일 일어나지 않는 경우가 많다. 틱이 없는 기간이 며칠 동안 지속된다.).	☐	☐	1
나는 자주 틱을 경험(관찰)하지 않고 지낸다(틱은 대개 매일 일어난다. 때때로 틱이 갑자기 발작적으로 일어나나, 한 번에 수분 이상 지속되지는 않는다. 틱이 없는 기간이 하루 중 거의 대부분이다.).	☐	☐	2
나는 가끔 틱을 경험(관찰)하지 않고 지낸다(틱은 매일 일어난다. 틱이 없는 기간이 3시간 이상 될 때가 많다.).	☐	☐	3
나는 틱을 경험(관찰)하지 않고 지낼 때가 거의 없다(틱은 사실상 깨어 있는 매 시간 일어나고, 지속적인 틱 증상이 정기적으로 일어난다. 틱이 없는 기간이 빈번하지 않지만, 있다면 30분 정도다.).	☐	☐	4

나는 틱을 경험(관찰)하지 않고 지낼 때가 전혀 없다(틱은 사실상 언제나 나타난다. 틱이 없는 기간을 찾기 어렵고, 기껏해야 5~10분 정도다.).	☐	☐	5
3. 지난 일주일 동안 당신이 경험(관찰)한 틱은 얼마나 심했었습니까?(예를 들면, 가벼운 틱은 보이거나 들리지 않을 수 있고 그 정도가 미약해서 다른 사람이 눈치 채지 못할 수도 있습니다. 한편 심한 틱은 매우 심하여 다른 사람들의 관심을 끌고 그 강한 표현 때문에 신체적인 외상을 입을 위험도 있습니다. 틱은 가볍거나, 중간 정도, 심한 정도의 사이에 있습니다.)			
나는 어떤 틱 증상도 경험(관찰)하지 않았다.	☐	☐	0
내가 경험(관찰)한 틱은 아주 가벼운 정도다(틱의 정도가 아주 미약하여 다른 사람이 눈치 채거나 듣지 못한다.).	☐	☐	1
내가 경험(관찰)한 틱은 조금 심한 정도다(틱의 정도가 미약해서 다른 사람들이 눈치 채거나 듣지 못할 때가 흔히 있다.).	☐	☐	2
내가 경험(관찰)한 틱은 중간 정도로 심하다(그 심한 정도 때문에 다른 사람들이 눈치 채거나 듣는다.).	☐	☐	3
내가 경험(관찰)한 틱은 매우 심하다(틱의 정도가 심하고, 시끄럽고, 과장되어 있어 자주 다른 사람들이 눈치 채거나 듣는다.).	☐	☐	4
내가 경험(관찰)한 틱은 극도로 심하다(틱은 언제나 다른 사람들이 눈치 채거나 들을 수 있으며 그 심한 표현 때문에 신체적인 외상을 입을 위험이 있다.).	☐	☐	5
4. 지난 일주일 동안 당신이 경험(관찰)한 틱은 얼마나 쉽게 정상적인 행동으로 위장될 수 있었습니까? 당신의 틱은 얼마나 단순 또는 복합성입니까? (틱 증상 평가 항목과 여러 가지 틱 증상 혼합에 대한 질문을 참조하십시오.)			
나는 어떤 틱 증상도 경험(관찰)하지 않았다. 만약 있더라도 분명히 모두 단순성이다.	☐	☐	0
어떤 틱은 분명히 단순성은 아니다. 틱은 쉽게 위장할 수 있다.	☐	☐	1
어떤 틱은 분명히 복합성이고 옷을 매만지거나 '아하' 또는 '야' 등의 말과 같은, 짧은 시간 동안의 자동적으로 반복되는 행동이나 의미 있는 말과 유사하여 쉽게 위장된다.	☐	☐	2
어떤 틱은 보다 복합성이어서 위장될 수 없으나 정상적인 행동이나 말로 설명될 수 있는 갑작스런 여러 차례의 발작으로 나타날 수 있다(잡거나, 치거나 '맞다' 하는 말이나, 다른 사람의 말을 짧게 따라하는 행동).	☐	☐	3

어떤 틱은 매우 복합적이고 지속적으로 여러 차례의 발작으로 나타나고, 특이하고 부적절하며, 이상하고 무례한 성격 때문에 위장되기 힘들고 정상적인 행동이나 말로 쉽게 설명될 수 없다(오랫동안 얼굴의 표정을 짓고 있거나, 음부를 만지거나, 다른 사람들의 말을 따라하거나, 말을 특이한 방식으로 하거나, 오랫동안 "그래서 어쨌다는 거야."라고 반복적으로 말하는 경우).	☐ ☐	4
어떤 틱은 오랫동안 여러 차례의 발작으로 나타나는데 그 기간이나 정도가 심하게 특이하고 부적절하며, 이상하거나 무례한 성격 때문에 위장될 수 없고 정상적인 행동으로 설명될 수 없다(오랫동안 신체 부위를 노출하거나, 자해하는 행동이나 무례하거나 음란한 말을 오랫동안 하는 경우).	☐ ☐	5
5. 지난 일주일 동안 당신이 경험(관찰)한 틱은 당신이 하고자 하는 일이나 말을 얼마나 자주 방해하였습니까?		
나는 어떤 틱 증상도 경험(관찰)하지 않았다.	☐ ☐	0
틱이 있더라도 나의 행동이나 말을 방해하지 않는다.	☐ ☐	1
틱이 있을 때 가끔 나의 행동이나 말을 방해한다.	☐ ☐	2
틱이 있을 때 자주 나의 행동이나 말을 방해한다.	☐ ☐	3
틱이 있을 때 자주 나의 행동이나 말을 방해하고 가끔 내가 하고자 하는 행동이나 말을 중단시킨다.	☐ ☐	4
틱이 있을 때 자주 그리고 완전히 내가 하고자 하는 말이나 행동을 중단시킨다.	☐ ☐	5

▶ 틱장애 척도

지난 주에 있었던 틱과 관련되어 가장 적당한 항목에 ∨표시 하십시오.

당신의 틱이 얼마나 심한가와는 무관하게, 지난 일주일 동안의 틱 증상이 얼마나 당신을 괴롭혔습니까?	운동틱	음성틱	
전혀 괴롭히지 않았다.	☐	☐	0
아주 조금 괴로움. 틱이 자신감이나 가족들과의 생활, 사회적인 안정, 학교나 직업적인 기능의 미약한 어려움과 연관된다.	☐	☐	1
조금 괴로움. 틱이 자신감이나 가족들과의 생활, 사회적인 안정, 학교나 직업적인 기능의 조금의 어려움과 연관된다.	☐	☐	2
중간 정도로 괴로움. 틱이 자신감이나 가족들과의 생활, 사회적인 안정, 학교나 직업적인 기능의 분명한 문제와 연관된다.	☐	☐	3
심하게 괴로움. 틱이 자신감이나 가족들과의 생활, 사회적인 안정, 학교나 직업적인 기능의 중요한 문제와 연관된다.	☐	☐	4
극심하게 괴로움. 틱이 자신감이나 가족들과의 생활, 사회적인 안정, 학교나 직업적인 기능의 극심한 어려움과 연관된다.	☐	☐	5

▶ 전반적인 인상

다음 중 지난 일주일간의 틱 증상이 당신의 생활에 어떤 영향을 주었는지 가장 잘 설명한 항목은 어떤 것입니까?		
없음. 나는 틱을 경험(관찰)하지 않았다.	☐	1
가벼움. 나는 아주 약한, 미심쩍은 틱 증상을 경험(관찰)하였다.	☐	2
약함. 나의 틱은 전혀 방해가 되지 않고 대부분의 사람들이 눈치 채지 못한다.	☐	3
중간 정도임. 나의 틱은 일상생활에 약간의 문제를 일으키고, 때때로 몇몇 사람들이 눈치를 챈다.	☐	4
심함. 나의 틱은 일상생활의 한 가지 이상의 영역에서 분명한 문제를 일으키고, 거의 대부분의 상황에서 거의 항상 사람들이 눈치 챈다.	☐	5
극심함. 나의 틱은 주요한 일상적 활동에 큰 문제를 일으켜서 평상적인 생활을 불가능하게 하거나, 심각한 곤경에 빠지게 한다.	☐	6
매우 극심함. 나의 틱은 나를 무능력하게 하거나 심한 상처를 입게 한다.	☐	7

부록 13-2

한국어판 예일 틱증상 평가척도-임상가용

▶ 지시문

이 임상평가척도는 틱의 여러 가지 요소(틱의 개수, 빈도, 증상의 심한 정도, 복합성, 기능의 장애)를 망라한 전반적인 틱 증상의 정도를 평가하기 위해 고안되었습니다. 이 척도를 사용하려면 뚜렛장애 환자에 대한 임상 경험이 있는 평가자가 필요합니다. 최종적인 평가는 유용한 모든 정보에 기초하여 내려지며 각 측정항목에 대한 임상의의 전체적인 인상이 반영됩니다.

면담의 형태는 반 구조적 면담입니다. 면담자는 먼저 틱에 관한 설문지(부모/환자가 각자 보고한 형태로, 그리고 검사 중에 관찰된 것을 바탕으로 작성한 지난 한 주 동안 보인 근육틱과 음성틱의 목록)를 완성해야 합니다. 그리고 기준점의 내용들을 참조하여 각 항목에 대한 질문들을 진행하면 됩니다.

▶ 틱 설문지

1. 운동틱에 대해 기술하시오(지난 일주일 동안 나타난 운동틱을 표시하시오.).
   1) 단순성 운동틱(빠르고, 급격하며, 의미 없는)

   _____ 눈 깜박거림
   _____ 눈의 동작
   _____ 코의 동작
   _____ 입의 동작
   _____ 얼굴을 찡그림
   _____ 머리를 젖히거나 움직임
   _____ 어깨를 으쓱거림
   _____ 팔의 동작
   _____ 손의 동작
   _____ 배에 팽팽하게 힘을 줌
   _____ 다리나 발, 발가락의 동작
   _____ 기타 _____

2) 복합성 운동틱(천천히 일어나며, 목적이 있는 것 같은)

_____ 눈의 제스처나 동작
_____ 입의 동작
_____ 얼굴의 동작 또는 얼굴 표정
_____ 머리의 제스처나 동작
_____ 어깨의 제스처
_____ 팔이나 손의 제스처
_____ 글씨틱
_____ 근긴장성 자세들
_____ 구부리거나 꼬기
_____ 돌기
_____ 다리나 발, 발가락의 동작
_____ 틱과 관련된 강박적인 행동(만지기, 치기, 옷을 매만지거나 아귀를 맞춤)
_____ 외설 행동
_____ 자해 행동(내용을 기술하시오.) _____
_____ 틱의 발작
        기간 _____ 초
_____ 억제하지 못하는 행동(내용을 기술하시오.) * _____
_____
_____ 기타 _____
_____ 합동적으로 일어나는 어떤 형태 또는 순서를 가지는 근육틱 동작이 있으면 기술하시오. _____
* 이 항목은 순위척도의 평가에 포함되지 않음.

2. 음성틱에 대해 기술하시오.
(지난 일주일간 나타난 음성틱에 해당하는 부분에 표시하시오.)
_____ a. 단순성 음성틱 : (빠르고, 의미 없는 소리)
        소리, 시끄러운 소리 (해당하는 것에 동그라미 하시오.)
        (기침 소리, 헛기침 소리, 코를 훌쩍거리는 소리, 투덜대는 소리, 휘파람 소리, 동물이나 새 소리)
기타 _____
_____

_____ b. 복합성 음성틱 : (언어: 음절, 낱말, 문구)

_____ 음절 : (나열하시오.) _____

_____ 낱말 : (나열하시오.) _____

_____ 외설증 : (나열하시오.) _____

_____ 반향어 : (나열하시오.) _____

_____ 동어반복증 : _____

_____ 갑자기 말하지 않기 : _____

_____ 언어의 특이한 점들 : (내용을 기술하시오.) _____

_____ 억제하지 못하는 말 : (내용을 기술하시오.) _____

_____ 합동적으로 일어나는 어떤 형태 또는 순서를 가지는 음성틱 행동이 있으면 기술하
시오. _____

* 이 항목은 순위척도의 평가에 포함되지 않음.

▶순위척도
(특별한 경우를 제외하고는 운동틱과 음성틱을 구분하여 평가하시오.)

A. 개수   운동틱 점수 (   )   음성틱 점수 (   )

점수   기술(기준점)
0   없음
1   단일 틱
2   다수의 분리된 틱(2~5)
3   다수의 분리된 틱(> 5)
4   다수의 분리된 틱
       + 적어도 하나의, 합동적으로 일어나는 형태의, 동시에 또는 차례로 나타나 각
       각을 분간하기 어렵게 일어나는 여러 가지 틱
5   다수의 분리된 틱 증상
       + 두 개 이상의, 합동적으로 일어나는 형태의, 동시에 또는 차례로 나타나 각
       각을 분간하기 어렵게 일어나는 여러 가지 틱

B. 빈도   운동틱 점수 (   )   음성틱 점수 (   )

점수   기술(기준점)
0   없음
1   드물게 나타남
       특정한 틱 증상이 지난주에 나타났다. 이러한 행동은 드물게 일어나며 매일 일

어나지 않는 때가 많다. 만일 틱이 여러 차례의 발작으로 나타난다고 하더라도 짧고 흔하지 않다.

2   가끔 나타남

특정한 틱 증상이 거의 매일 나타나나 하루 중 틱이 없는 기간이 길다. 가끔 틱이 여러 차례의 발작으로 나타나나 한 번에 수분 이상 지속되지 않는다.

3   자주 나타남

특정한 틱 증상이 매일 나타난다. 틱이 없는 기간이 3시간 이상 되는 경우가 흔하다. 정기적으로 틱이 여러 차례의 발작으로 나타나나 한 가지 상황에만 국한된다.

4   거의 항상 나타남

특정한 틱 증상이 실제로 깨어 있는 모든 시간에 매일 나타나며 틱 증상이 지속적으로 나타나는 기간도 정기적으로 일어난다. 틱이 여러 차례의 발작으로 나타나는 경우가 흔하며 한 가지 상황에 국한되지 않는다.

5   항상 나타남

특정한 틱 증상이 실제로 항상 나타난다. 틱이 나타나지 않는 기간을 찾아보기 어려우며 있다고 해도 기껏해야 5~10분 이상 지속되지 않는다.

C. 심한 정도   운동틱 점수 (   )   음성틱 점수 (   )

0   없음
1   가벼운 정도임

틱이 잘 보이지 않고 들리지 않거나(단, 환자의 주관적인 경험에 의함) 또는 틱이 비교되는 자발적인 행동에 비해 약하며 대개 눈치 채지 못한다.

2   약한 정도임

틱이 비교되는 자발적인 행동이나 말에 비해 심하지 않으며 대개 눈치 채지 못한다.

3   중간 정도임

틱이 비교되는 자발적인 행동이나 말에 비해 심하나 정상적인 표현방식을 벗어나지는 않는다. 틱의 심한 성격 때문에 다른 사람들의 주목을 끌게 된다.

4   현저한 정도임

틱이 비교되는 자발적인 행동이나 말에 비해 심하며 전형적으로 '과장된' 형태로 나타난다. 틱의 심하고 과장된 성격 때문에 다른 사람들의 주의를 끌게 된다.

5   심한 정도임

틱이 매우 심하고 과장되게 표현되어 다른 사람들의 주의를 끌고 신체적인

외상(사고나, 남을 자극하거나 또는 자신을 처벌하기 위해서)을 입을 위험이
있다.

D. 복합성　　　　　　　　운동틱 점수 (　　)　　　　　　　음성틱 점수 (　　)

0　　없음
　　　존재하는 모든 틱은 분명히 '단순성' (급작스럽고 짧고 목적이 없는)이다.

1　　경계선 정도임
　　　어떤 틱들은 특성상 명백히 '단순' 하다고 할 수 없다.

2　　약함
　　　어떤 틱은 분명히 복합성(외관상 목적이 있는 듯한)이고 옷을 매만지는 것 같은
　　　짧은 자동행동이나 '아휴' 또는 '야' 등의 의미 있는 음절이나 말을 흉내내어
　　　재빨리 위장된다.

3　　중간 정도임
　　　어떤 틱은 보다 복합성(보다 더 목적이 있어 보이고 지속적임)을 띠며 위장되기
　　　어려운, 합동적으로 일어나는 여러 차례의 발작으로 나타나나 정상행동이나 말
　　　로 합리화되거나 '설명' 될 수 있다(잡거나 치거나 '맞다' '여보' 하는 말이나
　　　짧은 반향어).

4　　현저함
　　　어떤 틱은 매우 복합성이며 그 기간과/또는 드물고 부적절하고 이상하며 음란
　　　한 성격 탓에 정상행동이나 말로 쉽게 합리화되기 어려운, 지속적이고 합동적
　　　으로 일어나는 여러 차례의 발작으로 나타난다.
　　　(오랫동안 얼굴을 찡그리고 있거나, 성기를 만지거나, 반향어나, 이상한 말투로
　　　말하거나, 반복적으로 "그래서 어쨌다는 거야."라고 말하거나 '후' '쉬' 하고
　　　말하는 것이 오랫동안 여러 차례의 발작으로 나타나는 경우)

5　　심함
　　　어떤 틱은 그 기간과/또는 극심하게 드물고, 부적절하고, 이상하거나 음란한 성
　　　격 때문에 정상으로 위장되거나 성공적으로 합리화되기 어려운, 합동적으로 일
　　　어나는 행동이나 말의 오랜 기간 동안의 여러 차례의 발작으로 나타난다.
　　　(외설증이나 자해적인 행동 또는 외설행동을 포함하는 오랜 기간 동안의 노출
　　　이나 말)

E. 방해　　　　　　　　운동틱 점수 (　　)　　　　　　　음성틱 점수 (　　)

점수   기술(기준점)

0   없음

1   가벼운 정도임

        틱이 나타날 때, 행동이나 말의 흐름을 방해하지 않는다.

2   약함

        틱이 나타날 때, 가끔 행동이나 말의 흐름을 방해한다.

3   중간 정도임

        틱이 나타날 때, 자주 행동이나 말의 흐름을 방해한다.

4   현저함

        틱이 나타날 때, 자주 행동이나 말의 흐름을 방해하고 가끔 의도하는 활동이나
        의사소통을 중단시킨다.

5   심함

        틱이 나타날 때, 자주 의도하는 행동이나 말을 중단시킨다.

F. 장애   전체 장애도 (   )

(운동틱과 음성틱에 대한 전체적인 장애 정도를 평가하시오.)

점수   기술(기준점))

0   없음

10   가벼운 정도임

        틱은 자신감, 가정생활, 사회적인 인정 또는 학교나 직업적인 기능의 미약한 어
        려움과 연관된다.

        (드물게 틱과 관련되어 당면한 미래에 대해 화를 내거나 걱정을 한다; 가족 내
        의 긴장이 틱으로 인해 주기적으로 조금 올라간다; 친구나 친지들이 가끔 틱에
        대해서 눈치 채거나 좋지 않게 언급한다.)

20   약함

        틱은 자신감, 가정생활, 사회적인 인정 또는 학교나 직업적인 기능의 약간의 어
        려움과 연관된다.

30   중간 정도

        틱은 자신감, 가정생활, 사회적인 인정 또는 학교나 직업적인 기능의 분명한 문
        제들과 연관된다.

        (불쾌감을 느낌, 주기적인 가족의 고통이나 갈등, 또래들에게 자주 놀림을 당하
        고 주기적으로 사회적인 교제를 기피함, 틱으로 인해 주기적으로 학교나 직업
        적인 활동에 지장이 있음.)

40   현저함

        틱은 자신감, 가정생활, 사회적인 인정 또는 학교나 직업적인 기능의 중요한 어

려움들과 연관된다.

50 심함

틱은 자신감, 가정생활, 사회적인 인정 또는 학교나 직업적인 기능의 심한 어려움과 연관된다.

(자살에 대한 생각을 동반하는 심한 우울증, 가족의 붕괴-별거/이혼, 수용소에 거주, 사회적 유대관계의 붕괴-사회적 낙인 때문에 심하게 위축되어 있고 사회적인 교제를 기피함, 학교를 그만두거나 직업을 잃음)

점 수 표

이   름 _____   날짜 _____

생 년 월 일 _____   성별 _____

진 단 명 _____   약물복용여부 _____

정보제공자 _____

평가자 _____

운동틱 :

개수   (   )
빈도   (   )
심한 정도   (   )
복합성   (   )
방해   (   )
전체 운동틱 점수   (   )

음성틱 :

개수   (   )
빈도   (   )
심한 정도   (   )
복합성   (   )
방해   (   )
전체 음성틱 점수   (   )

장애도 점수 : (   )

한국판 예일 틱증상 평가척도 총점 :

(운동틱 점수 + 음성틱 점수 + 장애도 점수) (   )

출처 : 정선주 등(1998).

부록 13-3

운동틱, 강박사고 및 행동, 음성틱 평가조사표

MOVES SURVEY				
	전혀 그렇 지 않다	때때로 그렇다	자주 그렇다	항상 그렇다
1. 나는 내가 멈추기 힘든 소리(예: 큉큉거리는 것)를 낸다.				
2. 내 신체 부위들은 반복적으로 내가 통제할 수 없는 경련을 일으킨다.				
3. 나는 반복적으로 멈출 수 없는 나쁜 생각들을 한다.				
4. 나는 어떤 일을 특정한 순서나 방식으로 해야만 한다.				
5. 내가 멈출 수 없거나 통제할 수 없는 말이 나온다.				
6. 때때로 나는 경련이나 실룩거림을 반복해서 보인다.				
7. 어떤 나쁜 단어나 생각이 계속해서 떠오른다.				
8. 나는 반드시 내가 말한 것과 반대로 해야 한다.				
9. 불쾌하거나 어리석은 생각이나 영상이 반복적으로 떠오른다.				
10. 나는 내 모든 움직임을 통제할 수 없다.				
11. 나는 몇몇의 움직임을 동일한 순서로 반복해서 해야만 한다.				
12. 나쁜 말이나 욕이 내가 말하려고 의도하지 않았는데도 나온다.				
13. 나는 말하거나, 큰소리를 내거나, 소리를 질러야 할 것 같은 압력을 느낀다.				
14. 나는 나를 괴롭히는 생각을 가지고 있다(예: 세균이나 자해 에 대한 생각).				
15. 나는 반복적으로 특정한 행동(예: 뛰거나 박수치는 것)을 한다.				
16. 나는 신경이 과민해지면 더 자주 보이는 습관이나 동작이 있다.				
17. 나는 다른 사람들이 하는 말을 듣고 따라서 반복해야 한다.				
18. 나는 다른 사람들이 하는 것을 보고 따라서 반복해야 한다.				
19. 나는 불량한 동작(예: 손가락질)을 해야만 한다.				
20. 나는 단어 또는 어구를 몇 번이고 되풀이하여 반복해야 한다.				

출처 : 신민섭(2005).

부록 13-4

HOPKINS 운동/음성틱척도

성 명:
검사일 :

평가자	운동틱	음성틱
부 모		
의 사		
전 체		

아래에 제시된 각각의 틱에 대해서, 지난 일주일 동안 보였던 틱의 심각성을 가장 잘 나타내고 있는 선의 위치에 ∨표 하세요.

운 동
머리   없음   약함   보통   약간 심함   매우 심함

눈 깜박임   [_____]
얼굴 _____   [_____]
_____   [_____]
_____   [_____]

목   _____   [_____]
어깨 _____   [_____]
사지

팔 _____   [_____]
손가락 _____   [_____]
다리 _____   [_____]
_____   [_____]
_____   [_____]

음 성

_____   [_____]
_____   [_____]
_____   [_____]

증상이 가장 심각했던 때나 전혀 없던 때와 비교해서, 오늘 증상을 가장 잘 나타낼 수 있는 곳에 ∨표 하세요.

[_____]
증상 없을 때   가장 심각했던 때

출처 : 신민섭(2005).

제 **14** 장
전반적 발달장애

1. 서 론

　전반적 발달장애(Pervasive developmental disorders)는 APA의 진단기준인 DSM-III(1980)부터 사용된 진단명으로서, DSM-IV(1994)에서는 자폐장애(Autistic disorder), 레트장애(Rett's disorder), 소아기 붕괴성장애(Childhood disintegrative disorder), 아스퍼거장애(Asperger's disorder), 전반적 발달장애, 특정불능형(Pervasive developmental disorder, NOS)으로 세분화되었다. 1943년 Kanner가 '정서적 접촉의 자폐적 장애(Autistic disturbance of affective contact)'라는 논문에서 처음으로 '초기 유아기자폐증(Early infantile autism)'이라는 장애군을 명명한 이래로 이 장애의 정의, 원인, 핵심적 증상의 규명 및 평가, 치료방법 등에 대한 다학제적인 연구가 활발히 진행되어 왔다. Kanner(1943)는 그의 최초 논문에서 대인관계 형성의 장애, 언어와 의사소통의 장애 및 특이한 반복적인 행동 등의 특징을 보이는 11명의 아동을 보고하였는데, 이러한 특징들은 오늘날에도 거의 그대로 받아들여지고 있다. 이 논문을 계기로 아동기 정신병과 자폐증의 독립적인 진단적 분류와 개념적 이해에 대한 획기적인 진전이 마련되었으나, 이후에도 아동기 정신병적 증상과 자폐증에 대해 개념적인 혼란과 논쟁이 계속되었다. 그리하여 DSM-I(1952)과 DSM-II(1968)에서 '정신분열병, 소아기형(Schizophrenia, childhood type)'이라는 진단명 내에 정신분열병과 유아 자폐증이 함께 포함되어 구별되지 않다가, 1980년에 이르러서야 비로소 APA에서 '전반적 발달장애'라는 공식 명칭하에 독립된 질환으로 인정받게 되었으며 국제분류 제10판(1992)에서도 같은 진단범주가 사용되고 있다. 북미, 아시아, 유럽 등에서 실시된 역학조사의 결과에 따르면, 발생빈도는 아동 1만 명당 2~13명으로 보고되고 있고, DSM-IV에서는 2~5명으로 기술하고 있다. 남아에서 3~4배 정도 더 흔히 발병한다.

2. 진단기준

현행 미국 정신의학회 정신장애 진단편람(DSM-IV)에서는 전반적 발달장애의 넓은 범주 아래 '자폐장애' '레트장애' '아스퍼거장애' '소아기 붕괴성장애' '전반적 발달장애, 특정불능형'을 포함시키고 있다. 이들 질환은 임상적인 특징에서는 유사성이 있으나 발병 연령, 병의 경과에서는 다소 다른 양상을 띠고 있다.

1) 자폐장애(Autistic disorder)

자폐장애는 사회적 상호작용과 의사소통이 현저하게 비정상적이거나 발달에 장애를 보이고, 활동과 관심의 종류가 현저하게 제한되어 있는 양상을 나타낸다. 장애의 표현은 개인의 발달 수준과 생활 연령에 따라 다양한데, 자폐장애에 대한 DSM-IV의 진단기준은 다음과 같다.

A. (1)(2)(3)에서 모두 6개 이상이며, (1)에서 적어도 두 가지, (2)와 (3)에서 각각
한 가지 이상일 때:

(1) 사회적 상호작용의 질적 손상으로, 다음 중 적어도 두 가지 이상이 나타날 때:
  (a) 사회적 상호작용을 조절하기 위한 눈맞춤, 얼굴 표정, 신체 자세와 몸짓 사
      용의 뚜렷한 손상
  (b) 발달수준에 적합한 또래관계를 발전시키지 못하는 것
  (c) 자발적으로 다른 사람과 즐거움, 관심 또는 성취를 공유하고자 시도하지 않
      는 것(관심대상을 보여 주거나 가져가거나 또는 지적하지 않는 것)
  (d) 사회적 또는 정서적 상호성의 결여

(2) 의사소통의 질적 손상으로, 다음 중 적어도 한 가지 이상이 나타날 때
  (a) 구어의 발달지체 또는 완전한 결손(몸짓이나 동작과 같은 대체적 의사소통
      수단이 수반되지 않음)
  (b) 말을 적절하게 하는 사람의 경우, 다른 사람과 대화를 시작하고 지속시키
      는 능력의 현저한 손상
  (c) 언어 또는 괴상한 언어를 상동적으로 또 반복적으로 사용하는 것
  (d) 발달수준에 적합한 다양한 자발적인 가장놀이 또는 사회적 모방놀이의 결손

(3) 제한적이고 반복적이며, 상동적인 행동, 관심, 활동으로 다음 중 적어도 한
    개 이상이 나타날 때
  (a) 그 강도나 초점에서 비정상적인, 한 가지 또는 그 이상의 상동적이고 제한
      된 관심에 몰두
  (b) 특이하고 비효율적인 틀에 박힌 일이나 의식에 대해 매우 고집스럽게 집착함
  (c) 상동적이고 반복적인 동작성 매너리즘(손 또는 손가락으로 딱딱 치기, 비
      틀기 또는 복잡한 몸 전체의 움직임)
  (d) 대상의 일부분에 대한 지속인 관심

B. 3세 이전에 다음과 같은 분야인 (1) 사회적 상호작용, (2) 사회적 의사소통을
   위한 언어의 사용, (3) 상징적 또는 상상적 놀이 중 적어도 한 개 이상에서 나
   타나는 기능의 지체와 비정상적 기능

C. 장애가 레트장애와 소아기 붕괴성장애로는 설명될 수 없는 경우

2) 레트장애(Rett's disorder)

비교적 정상적 발달을 보이던 유아가 만 1세 내지 2세부터 심한 퇴행현상을 보이면서 여러 가지 자폐 증상을 보이며 언어도 잃어버린다. 특히, 태어날 당시 머리 둘레는 정상 범위이지만, 48개월에서 5세 사이에 머리 성장이 감속한다. 상동적 손운동이 특징적으로 손을 씻는 듯한 운동과 입 속에 손가락을 집어넣는 등의 운동, 손으로 입이나 치아를 두드리는 등의 행동을 보인다. 이들 예후는 매우 나빠서 점진적으로 더 심각한 신경학적 장애를 보이는 수가 많다.

3) 소아기 붕괴성장애(Childhood disintegrative disorder)

Heller(1930)가 처음 보고한 것으로 보통 3～4세까지 거의 정상적인 발달을 보이다가 심한 퇴행과 행동의 붕괴를 관찰할 수 있다. 또한 이미 있었던 언어, 사회성, 놀이 등이 소실되고, 심각한 퇴행을 보여 상동 행동, 반복 행동 등을 보이면서 분명한 신경학적인 증상과 소견을 보이는데 이들은 대뇌피질의 기질적인 변화가 있는 것으로 판명되었다.

4) 아스퍼거장애(Asperger's disorder)

Asperger(1944)가 처음 보고한 장애군으로 자폐증의 특징적인 사회적 상호교류의 질적인 장애와 흥미나 활동이 제한적이고, 상동적·반복적인 상태를 함께 보인다. 그러나 임상적으로 유의한 언어나 인지 발달상 전반적인 지체나 지연이 없다는 점에서 자폐증과 구별된다. 자폐에서 나타나는 것과 유사한 대화의 문제점들이 있을 수도 있고 없을 수도 있으나 심한 언어지체가 보일 때는 진단에서 제외된다. 또한 특이한 지식 추구나 활동에 매여 있다는 보고도 있는데, 이들이 자폐의 한 아류인지 또는 경하고 지능이 높은 자폐아동인지에 대하여 아직도 논란이 많다.

5) 전반적 발달장애, 특정불능형(PDD NOS, including atypical autism)

비전형적인 자폐적 증상을 보이는 아동들의 진단을 위해 포함된 것으로, 3세 이후에 증상을 보이거나, 자폐적 증상을 보이기는 하나 자폐장애 진단에 필수적인 세 가지 영역에 대한 손상을 모두 갖고 있지 않고 그중 한두 영역에서는 충분히 특징적인 이상소견이 나타나는 경우 진단된다(사회적 상호작용, 의사소통, 반복적인 행동 및 관심). 이들은 흔히 극심한 정신지체에서 나타나며, 심한 수용성 언어장애에서도 사회성, 정서적, 행동상의 문제들이 겹쳐지면서 나타날 수 있다. 진단적 범주가 확실치 않기 때문에 많은 연구가 없지만 전형적인 자폐증보다 많은 것으로 추정되고 있다.

3. 평 가

1) 인지발달 및 교육적 평가

(1) 라이터 국제수행평가척도(Leiter International Performance Scale)

라이터 국제수행평가척도는 1927년 Leiter가 개발하고 1949년과 1952년에 개정된 비언어성 지능검사(Levine, 1982)다. 특히, Leiter-R은 의사소통 장애아동, 인지 발달이 부진한 아동, 청각장애아동, 운동 기능이 부진한 아동, 뇌손상 아동, ADHD 및 학습장애 아동의 지적 능력, 기억력과 주의력에 대한 신뢰롭고 타당한 비언어적 측정을 위해 개발되었다. Leiter-R은 검사할 수 있는 연령이 다양한데, Leiter-R 지능 검사로 측정 가능한 연령은 2세 0개월~20세 11개월까지다.

Leiter-R은 크게 2개의 영역으로 구성되어 있으며, 각각은 하위 10개의 소검사로 구성되어 있다. 한 영역은 시각, 유추 및 공간 능력을 평가하는 시각 및 추론(Visualization & Reasoning; VR)이며, 다른 하나는 주의력 및 기억력을 평가하는 주의 및 기억(Attention & Memory; AM)이다. 평가자는 임상적 필요에 따라, VR과 AM을 둘 다 실시하기도 하고, 둘 중에 하나만을 사용하여 평가하기도 한다. 그러나 일반적인 지능은 VR을 통해 평가된다. 더불어 Leiter-R에는 평가자, 부모, 아동 및 교사가 평가하는 아동 행동 관찰에 대한 평가척도도 함께 포함되어 있다. Leiter-R의 평가 시간은 90분 정도이며, VR은 50분 정도, AM은 40분 정도가 소요된다.

(2) 심리교육 진단도구(Psycho Educational Profile Revised; PEP-R)

PEP는 1979년 Shopler 등이 개발한 것으로, 자폐아동의 구체적인 발달장애 영역을 객관적으로 평가하고 기초적으로 중요한 발달 기술을 지도하는 개별화된 치료교육 프로그램을 계획하는 데 유용한 정보를 제공한다. 1990년 개정된 PEP-R은 1세 이후 아동을 대상으로 자폐아동들의 특성을 평가하기 쉽도록 유연성을 갖고 실시하며 채점할 수 있도록 되어 있고, 모방, 눈-손 협응, 언어 및 비언어적 인지와 같은 기본적인 발달 기술을 측정하기 위한 구조적인 과제들로 구성되어 있다. 또한 진단적 추론이 가능하도록 행동 이상에 관한 항목도 포함되어 있고, 평가의 해석에 따라 개별화된 치료 프로그램을 개발하도록 되어 있다. 이화 심리교육 진단검사(Ewha psycho-educational profile revised)는 PEP-R을 표준화 연구한 것으로 신뢰도, 타당도가 우수하며, 각 하위 영역별 발달 연령, 전체 발달 연령, 문항별 발달 연령의 발달 규준을 제공한다(김태련, 1995).

2) 평정척도

(1) 아동기 자폐증 평정척도(Childhood Autism Rating Scale; CARS, Schopler 등, 1980)

자폐증과 기타 발달장애를 구별하고, 자폐장애의 심한 정도를 평가하기 위해 개발된 15문항으로 이루어진 행동평정척도다. CARS 문항들은 Kanner가 제시한 자폐증의 1차적 특징들, Creak이 지적한 다수의 자폐증 아동들에게서 발견되는 특징들 그리고 아주 어린 아동들의 특징적인 증상들을 찾아내는 데 유용한 문항들로 구성되어 있다. 모나 주 양육자와의 개별면담과 아동에 대한 관찰을 통해 평정하도록 되어 있는데, 대상연령은 전 연령(특히 사춘기 이전에 유용)이며, 각 문항은 1점에서 4점으로 평정된다(1점: "아동의 연령에서 정상범위에 해당됨"에서 4점: "심하게 비정상"까지). 각 점수 사이에 중간점(1.5, 2.5, 3.5점)이 있어 각 점수 사이의 중간으로 판단될 때 이 중간점으로 평정하도록 되어 있다. CARS 총점의 범위는 15점에서 60점으로 점수가 높을수록 자폐 증상이 심각함을 나타낸다. 미국에서 CARS에 대한 연구 결과, CARS는 신뢰도, 타당도, 평정자 간 일치도가 매우 높으며, 자폐장애와 다른 발달장애를 구분하는 분할점은 30점으로 보고되었다. 한국판 아동기 자폐증평정척도(K-CARS)는 김태련과 박랑규(1996)가 번안하였는데, 신민섭과 김융희의 연구(1998)에서 K-CARS는 신뢰도와 타당도가 높은 것으로 입증되었고, 28점이 자폐장애와 비자폐장애를 구분하는 분할점으로 산출되었다(〈부록 14-1〉).

(2) 자폐증 행동평가척도(Autism Behavior Checklist)

Krug 등(1980)이 개발한 것으로 우리나라에서는 조수철 등(1989)과 김현곤 등(1996)이 번안하여 사용하였다. 이 평가척도는 57개의 문항으로 구성되어 있는데 감각 문항(Sensory)이 9문항, 대인관계(Relating)가 12문항, 몸놀림 및 물체사용(Body & Object use)이 12문항, 언어 문항(Language)이 13문항, 사회성-자조능력 문항(Social, Self-help)이 11문항으로 되어 있다. 각 문항에 대하여 '있다'와 '없다'로 평가하게 되어 있고, 각 항목마다 1점에서 4점까지 가중치가 주어져 있어서, 감각은 26점, 대인관계는 38점, 몸놀림 및 물체사용은 38점, 언어는 31점, 사회성 및 자조능력은 25점이 최고 점수이며, 점수가 높을수록 심한 자폐 증상을 나타내는 것으로 평가할 수 있다. 국내 연구에서 신뢰도는 내적 일관성 .86, 검사-재검사 신뢰도 .85, 검사자 간 신뢰도 .87로서 만족할 만하다. 언어 부분을 제외한 나머지에서 외적 타당도, 변별 타당도, 공존 타당도 역시 만족스러웠다(〈부록 14-2〉).

(3) 이화-자폐아동 행동평가(Ewha-Check List for Autistic Child; E-CLAC)

E-CLAC는 자폐아동의 행동 및 기능발달을 평가하기 위해 우메르 게이사쿠 (1980)가 제작한 CLAC-II를 모델로 하여 제작하였다. 자폐아동은 정상아동과는 다르게 정상아동의 저발달 단계에 머물러 있든지, 정상아동이 지극히 단기간에 통과하여 관찰상 문제가 되지 않는 특징을 장기간에 걸쳐 나타내고 있다. 따라서 저발달 단계를 척도상에 확대시키고, 자폐아동의 증상으로 나타나는 병리성 중에서 공통된 주요항목을 포함하여 척도를 구성하였다. 척도화된 문항은 모두 5단계의 척도로 통일되어 1단계는 가장 발달수준이 낮음을 나타내고, 5단계는 가장 높은 발달수준을 의미하며, 정상아동의 6세를 기준으로 하였다.

E-CLAC는 총 56문항이며, 척도 문항은 식사 습관 3문항, 배설 습관 3문항, 수면 습관 1문항, 착탈의 3문항, 위생 2문항, 놀이 4문항, 집단에 대한 적응 1문항, 대인관계 4문항, 언어 5문항, 지시 따르기 1문항, 행동 5문항, 운동성 4문항, 안정관리 1문항으로 총 43문항이고, 발달 문항은 18개, 병리 문항은 25개로 구성되어 있다. 비척도 문항은 총 13문항으로 수면 습관, 놀이, 운동성 각각 1문항, 감정 표현 3문항, 감각 습관 7문항으로 구성된다. 13문항 중에서 수면 습관과 운동성 문항은 병리 문항이고, 놀이 문항은 정상놀이와 이상놀이로 분리되며, 감정 표현 문항은 정상성과 이상성으로 분리되고, 감각 습관 문항은 병리 문항으로 무반응, 고통, 매혹으로 구분되어 있다. 실시대상 연령은 1세에서 초등학교 고학년까지 실시 가능하며, 평가자는 어머니나 보모, 교사, 치료자가 될 수 있다. 면접 시에 평가자가 실시하며, 평가 시간은 40분에서 50분 정도 소요된다(〈부록 14-3〉).

(4) 아스퍼거 증후군 진단척도

Myles(2001) 등이 개발한 아스퍼거 증후군 진단척도(Asperger's Syndrome Diagnostic Scale; ASDS)는 아스퍼거 증후군의 특성을 가진 5~18세 아동·청소년들을 평가하기 위해 사용된 평가 도구로, 구체적이고 관찰 가능하며 측정 가능한 행동을 기술하는 총 50개의 문항으로 이루어져 있다. 각 문항은 기술하는 행동의 존재 유무에 따라 '예, 아니요'로 평정하도록 되어 있다. 이 50개의 문항은 구체적인 행동 범주에 따라 5개의 하위척도로 구성되는데, 각각의 하위척도는 다음과 같다.

- 언어(Language) : 아동의 수용 언어와 표현 언어 기술에 대한 9개의 문항으로 구성
- 사회성(Social) : 아동의 사회적 상호관계, 눈맞춤, 몸동작과 타인의 입장을 조망하는 능력을 평가하는 13개의 문항으로 구성
- 부적응 행동(Maladaptive behavior) : 아동의 강박적이거나 의례적인 행동 혹은 제한된 관심, 일상적인 변화에 대한 반응, 행동 통제, 불안에 대한 11개의 문항으로 구성
- 인지(Cognitive) : 아동의 기계적 기억, 시각적 기억, 지적 수준과 다른 관련된 인지적 문제들에 대한 10개의 문항으로 구성
- 감각 운동(Sensorimotor) : 개인의 미세 운동과 전체 운동뿐만 아니라 청각, 촉각, 후각과 미각에 대한 7개의 문항으로 구성

미국에서 사용되고 있는 ASDS 50문항에 대한 내적 합치도가 .83이며, 각 하위척도의 내적 합치도도 .64~.83 사이로 만족할 만한 수준이었다. 국내에서는 김주현과 신민섭(2005)이 우리 실정에 맞게 번역, 수정하여 한국판 ASDS(K-ASDS)를 개발하였으며, 신뢰도와 타당도 연구를 하였다(〈부록 14-4〉). K-ASDS의 신뢰도 계수는 .88이었고, 양윤란과 신민섭(1998)이 개발한 아스퍼거장애 질문지와의 공존타당도는 .83으로 모두 통계적으로 유의미한 수준이었다.

(5) 행동장애 아동용 진단체크리스트(The Diagnostic Check List for Behavior-Disturbed Children; DCLBOC Form E-2)

최초의 연구 평가도구로 Rimland(1964, 1971)가 카너스 증후군 혹은 고전적 자폐증과 좀 더 다양한 '자폐증 같은(Autistic-like)' 장애를 구별하기 위해서 태내기와 출산력, 증상의 시작, 증상행동, 언어패턴으로 구성된 76개의 문항의

Form E-1을 개발하였다. The Diagnostic Check List for Behavior-Disturbed Children(Form E-2)은 1971년에 109문항으로 확장되었다. 다루고 있는 영역은 운동 발달(Motor development), 신체장애(Physical disorder), 전반적 모습(General appearance), 반응성(Responsiveness), 언어(Language), 사회적 관계(Social relations)다. 대상 연령은 7세까지이며, 과거 회상에 의한 부모보고에 기초한 질문지 척도다. 다지 선답, +/-로 채점하고, +/-의 차를 컴퓨터로 처리하여 계산을 통해 +20점을 분할점으로 간주한다.

(6) 자폐증과 비전형 자폐아동용 행동평정도구(Behavioral Rating Instrument for Autistic and Atypical Children; BRIAAC)

BRIAAC는 Ruttenberg 등(1977)이 개발하였는데 자폐아동과 비전형자폐아동, 낮은 기능수준의 자폐아동들의 현재 기능을 평가하기 위해서 개발된, 관찰에 근거한 기술적 평정도구다. 8가지 주요 영역을 측정하는데, 여기에는 어른과의 관계, 의사소통, 성취욕구, 발성과 표현 언어, 청각 및 언어수용, 사회적 반응도, 신체운동 그리고 심리-생물학 발달이 포함된다. 두 가지 보충 척도가 사용되는데 이는 표현성 몸짓과 몸짓 언어/수용성 몸짓과 몸짓 언어로, 의사소통을 위해 비-언어적 수단을 주로 사용하는가를 평가하기 위해 포함되었다. 사용 가능한 연령은 54개월까지다.

(7) 행동관찰척도(Behavior Observation Scale; BOS)

BOS는 Freeman 등(1978)이 자폐아동과 정상아동과 정신지체아동을 구분하고자 하는 목적으로 개발한 구조화 및 비구조화가 결합된 관찰, 질문지 척도다. 평가자가 놀이방 구석에 앉아서 3분간 삽화 9개를 관찰한다. 기본 평가(기저치)를 27분의 회기 전/후에 기록한다. 이 기간 중 한 번 평가자는 아동과 상호놀이를 하고 0, 1, 2, 3으로 채점하며, 67개의 행동 항목의 빈도를 계산하는 방식이다. 대상 연령은 24개월에서 72개월까지이며, 일반 언어, 언어 자극에 대한 반응, 옆에 있는 것과 도움에 대한 반응, 공놀이에 대한 반응, 통증 반응, 자극에 대한 몸놀림의 영역이 포함되어 있다.

(8) 영유아기 자폐증 선별검사(Checklist for Autism in Toddler; CHAT)

CHAT는 1992년 Baren-Cohen 등이 개발한 검사로, 자폐아동의 조기선별을 위한 검사다. CHAT는 부모의 보고에 입각하여 아동을 평가하는 9문항과 검사자가 아동과 상호작용 후 평가하는 5문항, 총 14문항으로 구성되어 있다. 한국판 영유아기 자폐증 선별검사(K-CHAT)를 사용한 연구결과, 정상아동은 18개월만 되면 80% 이상 모든 문항에 성공하였으므로, 자폐선별 검사로서 타당도가 입증되었고, 자폐 특수 문항에서 자폐아동이 유의미하게 변별되는 것으로 나타났다(김아영 등, 2002).

(9) 자폐증 진단을 위한 관찰 계획표(The Autism Diagnostic Observation Schedule; ADOS, Lord 등, 1989)

ADOS는 평정자가 표준화된 반구조화된 놀이 회기 동안 자폐장애와 관련된 의사소통 및 사회적 행동을 평가하도록 하는 관찰 평정도구다. 평가자는 아동의 자기 차례 지키기, 놀이, 언어적 · 비언어적 능력을 평가하기 위해서 고안된 8가지 과제를 시행한다. 대상 연령은 6세에서 18세까지이며, 정신 연령이 적어도 3세 정도가 되어야 한다. 소요 시간은 20분 내지 30분이며, 진단은 ICD-10에 따르는 연산채점 방식을 이용한다. 사회적, 의사소통 영역에서 준거 타당도가 적절하며, 제한된 상동적 관심 영역이 포함될 경우, 타당도는 감소한다. 따라서 상동적 관심 영역은 ADOS의 행동관찰뿐 아니라 부모로부터의 정보도 필요로 한다. ADOS의 장점은 자폐증과 관련된 행동에 초점을 둔 간단한 반구조화된 관찰을 제공한다는 것이다. 최근 ADOS와 PL-ADOS(Pre-linguistic, 1995)는 ADOS-G(Autism Diagnostic Observation Schedule-Generic)로 발전되었다. 검사는 네 가지 모듈로 구성되며, 각각은 발달과 언어수준이 다른 아동부터 성인까지 평가가 가능하다.

ADOS-G 실시자는 언어지체 때문에 오는 효과에 영향받지 않고 사회적, 의사소통적 능력을 판단하기 위해 아동이나 성인의 표현 언어 기술에 맞는 네 가지 모듈 중 하나를 사용한다.

(10) 자폐증 진단면접(Autism Diagnostic Interview-Revised; ADI-R, Lord, Rutter & Le Couteur, 1994)

ADI(Autism diagnostic interview)는 Rutter 등이 1988년 개발한 반구조화된 부모 면접도구로, 정신 연령이 18개월 이상인 아동과 성인 모두에게 적용될 수 있다. 이를 최근 Couteur 등(1994)이 ADI-R로 개정하였다. ADI-R은 부모들이 아동의 학령전기에 관찰되었던 행동을 중심으로 과거와 현재의 행동에 대해 기술해야 한다. 진단은 DSM-IV와 ICD-10 준거에 일치하는 알고리즘을 채점한 점수를 기준으로 내려진다. 3-4세 아동에게 실시하는데 1시간 반 정도 소요되고, 그 이상의 아동과 성인에게는 더 오랜 시간이 소요된다. ADI-R은 좋은 준거 타당도를 가지고 있다. ADI-R은 비록 소요되는 면접 시간이 길지만, 현 진단기준에 가장 일치하는 도구이며, 안정숙(2000)이 국내에 소개한 바 있다.

(11) 애착평가절차(The Strange Situation Procedure; SSP)

SSP는 Ainsworth 등(1978)이 고안·개발한 영·유아 대상의 구조화된 평가절차로, 영·유아의 애착체계를 활성화시키고 애착행동들을 유발시키도록 구성된 실험 절차이며, 그 절차를 통해 실험실 내에서 영·유아와 주 양육자 간의 상호행동을 측정하고 애착 유형을 분류 평가하는 도구다. SSP가 기반을 둔 애착이론은 어린아이들은 자신의 주 양육자에 대한 접근을 통해 안정성과 보호감을 얻으려는 애착체계를 갖고 있다는 Bowlby의 이론과, 영아가 세상을 탐색하는 데 양육자를 안전기지로 사용한다는 Ainsworth의 이론이다. 이에 따라 그런 행동 양상이 실험실 상황에서도 가능하다고 보고 낯선 상황에서 영아가 어머니와 분리·재결합하는 상황을 주어 영아의 애착 정도를 평가하였다. 이 측정방법은 자폐장애 진단을 위한 핵심적인 도구는 아니지만, 자폐장애 아동들의 애착 양상을 알아볼 수 있고 반응성 애착장애 아동들에게서 나타나는 특이한 애착 문제를 관찰할 수 있으므로 이와의 감별진단에 도움이 된다.

SSP 절차의 측정 및 평가 방법은 빈도 측정과 상호작용 행동의 측정으로 구분된다. 빈도 측정에서는 각 단계에서 15초마다 탐색적 이동, 탐색적 조작, 시각적 탐색, 시각적 정향, 울음, 웃음, 발성, 빨기 행동 등의 빈도를 측정하게 된다. 상호작용 행동의 측정에서는 행동오감에 근거하여 4개의 범주(접근 및 접촉 유지 행동, 접촉 추구 행동, 저항 행동, 회피 행동)마다 1~7점까지의 점수가 주어지며, 특히 5단계와 8단계에서는 아동과 엄마의 재결합 상황에 초점을 두고 채점한다. 이 절차에 따른 애착 유형의 분류는 불안정/회피유형(A), 안정유형(B), 불안정/저항유형(C), 비조직적/혼란유형(D)의 네 가지다(〈부록 14-5〉).

4. 요약 및 제언

외국에서는 자폐장애를 평가하는 반구조화된 면접, 부모평정척도, 교사평정척도 등 많은 평가도구가 개발되어 임상 현장에서 자폐장애 아동의 진단 및 연구를 위해 활발히 사용되고 있으나, 국내에서는 평정척도들 외에 반구조화된 면접 도구들에 대한 표준화 연구가 아직 이루어지지 못한 실정이다. 외국 학자들과 국내에서 이루어진 연구 결과들에 학문적 교류를 활성화하고 더 나아가 국제적인 수준의 대단위 연구를 진행하기 위해서는 그러한 도구들에 대한 한국 표준화 연구가 시급하다. 또한 아직도 아스퍼거장애가 자폐장애의 아류인지, 고기능 자폐장애(High functioning autism)인지에 대해서는 논란이 많은 실정이므로, 이를 규명하는 연구가 이루어져야 하겠다.

부록 14-1

아동기 자폐증 평정척도(일부 문항)

척도	점수							
	정상		경증 비정상		중간 비정상		중증 비정상	
	1	1.5	2	2.5	3	3.5	4	
I. 사람과의 관계	연령상 적절한 수줍음, 부산함, 성가시게 한다.		어른과의 눈맞춤을 피하고, 상호작용을 강요하게 되면 어른을 피하거나 안달한다. 같은 연령에 비해 지나치게 수줍어 하고, 부모에게 다소 매달린다.		때때로 어른을 의식하지 못하는 듯이 혼자 떨어져 있으며, 아동의 주의를 끌기 위해 지속적이고도 강력한 시도가 필요하다. 아동은 최소한의 접촉만 시도한다.		어른의 일로부터 지속적으로 떨어져 있고, 알지 못한다. 어른에게 절대 반응하지 않거나 자발적으로 접촉을 시도하지 않는다. 아동의 주의를 끌기 위해서는 매우 지속적으로 시도하여 아주 약간의 효과를 볼 뿐이다.	
관찰								
II. 모방	아동의 능력 수준에 적절하게 소리, 단어, 움직임을 모방할 수 있다.		박수를 치거나 단음절 소리와 같은 간단한 행동을 늘 모방한다.		어떤 때만 모방하고 어른의 도움과 지속적인 노력이 필요하다. 약간 지연된 후에 자주 모방하기도 한다.		어른의 도움과 자극이 있을 때조차도 소리나 단어, 움직임을 모방하지 않는다.	
관찰								
III. 정서반응	얼굴표정, 자세, 태도의 변화로 보이는 정서적 반응의 정도와 유형이 적절하다.		때때로 다소 부적절한 형태나 정도의 정서적 반응을 보인다. 때때로 반응들이 아동 주변에 있는 물체나 사건들과 관계가 없다.		확실히 부적절한 정도나 부적절한 유형의 정서적 반응을 보인다. 반응이 아주 제한되어 있거나 매우 지나치거나 그 상황과 연결되지 않는다. 어떤 확실한 정서를 일으키는 물체나 사건이 없을 때조차도 얼굴을 찌푸리고 있거나 웃거나 경직되어 있다.		반응들이 거의 그 상황에 적절하지 않다. 일단 어떤 기분에 빠지면 활동을 변화시켜도 그 기분을 바꾸기가 어렵다. 역으로 아무런 변화가 없을 때도 급격한 정서 변화를 보인다.	

출처 : 김태련, 박량규(1996).

부록 14-2

자폐증 행동평가척도

 1. 상당한 시간 동안 자신을 빙빙 돌린다.
 2. 간단한 과제를 학습하나 곧 '잊는다.'
 3. 아동은 사회적/환경적 자극에 자주 참여하지 않는다.
 4. 간단한 지시라도 한 번 주어지면 쉽게 따르지 않는다(앉아라, 이리 와라, 일어서라).
 5. 장난감을 적절하게 사용하지 못한다(바퀴 돌리기 등).
 6. 학습 시 시지각적 분별력이 빈약하다(크기, 색, 위치 같은 하나의 특징에 고착).
 7. 사회적 미소가 없다.
 8. 대명사 도치를 보인다('나' 대신 '너' 사용).
 9. 특정한 물건을 가지고 다니려고 고집한다.
10. 마치 듣지 못하는 것같이 굴어서 난청이 의심된다.
11. 억양이 단조롭고 리듬이 없다.
12. 상당한 시간 동안 자신을 흔든다.
13. 다른 사람이 다가가려 할 때 앞으로 나오지 않는다.
14. 규칙과 환경에서의 변화에 강하게 반응한다.
15. 두 개의 다른 이름과 함께 불렸을 때 자신의 이름에 반응하지 못한다.
16. 돌기, 걷기, 박수치기 등의 행동을 방해받았을 때 소리지르거나 던진다.
17. 다른 사람의 얼굴 표정과 감정에 반응하지 않는다.
18. '예' 혹은 '아니요'를 거의 사용하지 않는다.
19. 한 가지 발달 영역에서 '특별한 능력'을 보여서 정신지체와 구별된다.
20. 위치와 관계된 간단한 명령을 따르지 못한다('공을 상자 위에 놓아라.' '공을 상자 속에 넣어라.').
21. 때때로 큰소리에 대해 '놀라는 반응'을 보인다.
22. 손뼉을 친다.
23. 심한 분노발작과 경미한 발작을 자주 보인다.
24. 눈맞춤을 적극적으로 회피한다.
25. 접촉하거나 안기는 것을 거부한다.
26. 때때로 멍이나 상처, 주사 등과 같은 고통스러운 자극에 반응하지 않는다.
27. 몸이 굳어 있고 안기 힘들다.
28. 팔에 안기면 축 늘어진다.

29. 몸짓으로 원하는 물건을 표시한다.
30. 까치발을 든다.
31. 깨물거나 때리고 차서 다른 사람들에게 상처를 입힌다.
32. 같은 말을 반복한다.
33. 다른 아이들의 놀이를 모방하지 않는다.
34. 눈에 직접 밝은 빛이 들어올 때 눈을 깜박이지 않는다.
35. 머리를 박거나 손을 깨물어서 자신에게 상처를 입힌다.
36. 욕구 충족을 위해 기다리지 못한다(당장 원한다.).
37. 5개 이상의 사물 명칭을 듣고 지적하지 못한다.
38. 우정을 발달시키지 못한다.
39. 많은 소리에 귀를 막는다.
40. 사물을 많이 돌리고, 흔든다.
41. 대소변 가리기가 힘들다.
42. 원하는 것을 표현하기 위해 0~5개의 자발적인 단어를 사용한다.
43. 자주 놀래거나 불안해한다.
44. 자연스러운 빛이 있을 때 곁눈질을 하거나 눈을 가린다.
45. 도움 없이 옷을 갈아입지 못한다.
46. 소리와 단어를 반복한다.
47. 사람들을 '들여다본다.'
48. 다른 사람이 한 질문이나 문장을 메아리처럼 따라한다.
49. 주변이나 위험한 상황을 자주 인식하지 못한다.
50. 생명이 없는 물건에 집착하고 조작한다.
51. 환경 내에서 사물을 접촉하고, 냄새 맡고, 맛본다.
52. '새로운' 사람에 대해 시지각적인 반응을 잘 하지 못한다.
53. 물건들을 일렬로 세우는 등의 복잡한 '의식'을 한다.
54. 매우 파괴적이다(장난감이나 집안 물건들을 잘 망가뜨린다.).
55. 발달적 지연이 30개월 이전부터 드러난다.
56. 의사소통을 위해서 30개 이하의 자발적인 말을 사용한다.
57. 상당한 시간 동안 허공을 응시한다.

출처 : 조수철 등(1989).

부록 14-3

이화-자폐아동 행동평가(일부문항)

영역 / 단계		제1단계	제2단계	제3단계	제4단계	제5단계
I단계	(1) 자립의 정도 해당되는 모든 문항에 표를 하시오.	일방적으로 부모가 먹인다.	먹여주는데도 때때로 손으로 집어 먹으려 한다.	혼자 먹도록 시키지만 항상 부분적인 도움이 필요하다.	흘리면서 수저를 사용하여 혼자 먹는다.	혼자 잘 먹는다.
	(2) 편식의 정도	먹으려는 의욕이 없다.	식사라고 정해진 것을 먹지 않는다.	먹는 것만 정해 놓고 먹는다.	좋아하고 싫어하는 것이 분명하다.	좋고 싫어하는 것이 거의 없다.
	(3) 식사시간	그날에 따라 시간, 횟수가 불규칙하다.	하루에 횟수는 정해져 있지만 시간은 불규칙하다.	나름대로 시간을 정해 그 시간에 식사한다.	가족과 함께 식사하지만 도중에 돌아다닌다.	가족과 함께 착실하게 식사한다.
II단계	(4) 소변습관	기저귀를 사용한다.	의사표시하는 경우도 있지만 항상 주의가 필요하다.	항상 의사표시는 하지만 의복처리와 뒷처리에 도움이 필요하다.	혼자 하지만 때때로 실패하므로 주의가 필요하다.	혼자 소변을 본다.
	(5) 대변습관	기저귀를 사용한다.	의사표시하는 경우도 있지만 항상 주의가 필요하다.	항상 의사표시는 하지만 의복처리와 뒷처리에 도움이 필요하다.	혼자 하지만 때때로 실패하므로 주의가 필요하다.	혼자 대변을 본다.
	(6) 대변장소	변을 보고도 표현 없이 젖은 옷을 입고 있다.	변을 보고 싶으면 동작은 취하나 그 자리에서 싼다.	변 보는 장소는 정해져 있지만 적당치 않은 장소다.	자기집 화장실에서는 실수하지 않고 변을 본다.	적당한 때와 적당한 장소를 택해 잘 수행한다.

부록 14-4

한국판 아스퍼거 증후군 진단척도

다음의 각 항목들을 읽으신 후 아동이 그러한 행동을 보이면 '예', 보이지 않는다면 '아니요'에 ∨표시해 주십시오. 만약 확실하지 않다면 그 항목은 미루시고 6시간 주기로 관찰하신 후 평가하시거나 아동을 잘 아는 사람에게 문의하여 평가해 주시기 바랍니다.

I. 언어

	예	아니요
1. 어른스럽게 현학적으로 말하거나 문어체로 지나치게 완벽한 문장을 구사해서 말한다.	____	____
2. 다른 사람이 흥미가 없어도 자신이 좋아하는 주제에 대해 과도하게 말을 많이 한다.	____	____
3. 단어나 어구를 반복해서 사용한다.	____	____
4. 애매한 농담을 이해하지 못한다(예 : 비꼬는 농담).		
5. 글자 그대로 해석하는 경향이 있다. (예 : 은유법이나 속담을 이해하지 못한다.)	____	____
6. 목소리 톤이 특이하다. (예 : 노래하는 듯한 말투, 억양이 없는 단조로운 말투)	____	____
7. 실제로 이해하는 것보다 더 많이 이해한 것처럼 행동한다.	____	____
8. 부적절한 질문을 자주 한다.	____	____
9. 대화를 시작하고 지속하는 데 어려움이 있다.	____	____

II. 사회성

	예	아니요
1. 제한된 제스처를 사용한다.	____	____
2. 눈맞춤을 피하거나 제한되어 있다.	____	____
3. 수줍음, 주의력, 경험 부족으로는 설명되지 않는 대인관계의 어려움을 보인다.	____	____
4. 제한되거나 부적절한 얼굴 표정을 보인다.	____	____
5. 다른 아동에 대한 관심이 적거나 아예 관심을 보이지 않는다.	____	____

6. 또래들보다 어른들과 어울리기를 좋아한다.　　　　　　＿＿＿　＿＿＿

7. 친구를 사귀고 싶은 마음이 있음에도 불구하고 친구가 거의 없다.　＿＿＿　＿＿＿

8. 친구를 사귀거나 친구 관계를 지속시킬 능력이 없다.　　　　＿＿＿　＿＿＿

9. 다른 사람의 개인적인 영역을 존중하지 않는다.　　　　　　＿＿＿　＿＿＿

10. 다른 사람들이 말하거나 흥미를 갖는 것에 대해 별로 관심이 없다.　＿＿＿　＿＿＿

11. 다른 사람들의 감정을 이해하는 데 어려움이 있다.　　　　＿＿＿　＿＿＿

12. 사회적인 행동에 관한 규칙을 이해하지 못하거나, 규칙에 따라
　　행동하지 못한다.　　　　　　　　　　　　　　　　　　　＿＿＿　＿＿＿

13. 사회적 단서를 이해하는 데 어려움이 있다.
　　(예: 서로 주고받으며 대화를 나누는 것, 예의 바름)　　　　＿＿＿　＿＿＿

III. 부적응 행동

　　　　　　　　　　　　　　　　　　　　　　　　　　　　예　　아니요

1. 상황이나 환경에 적절하게 행동하지 못한다.
　　(예 : 도서관에서도 밖에서처럼 큰소리로 얘기한다)　　　　＿＿＿　＿＿＿

2. 강박적으로 혹은 자신이 좋아하는 관심사와 관련된 부적절한
　　행동을 보인다.　　　　　　　　　　　　　　　　　　　　＿＿＿　＿＿＿

3. 반사회적인 행동을 보인다.　　　　　　　　　　　　　　　＿＿＿　＿＿＿

4. 일상적인 일에 변화가 생기면 강하게 저항한다.　　　　　＿＿＿　＿＿＿

5. 계획되어 있지 않았던 일이 생기면 자주 불안해하거나 공포에 질린다.　＿＿＿　＿＿＿

6. 우울하거나 자포자기하는 경향이 있다.　　　　　　　　　＿＿＿　＿＿＿

7. 반복적이고, 강박적이며, 의례적인 행동에 몰두한다.　　　＿＿＿　＿＿＿

8. 어린 아동들에게서 보이는 미숙한 행동을 한다.　　　　　＿＿＿　＿＿＿

9. 자주 화를 내거나 생떼를 부린다.　　　　　　　　　　　＿＿＿　＿＿＿

10. 사람이 많거나, 사람들이 많은 요구를 하는 상황에서는 압도되거나
　　크게 당황한다.　　　　　　　　　　　　　　　　　　　　＿＿＿　＿＿＿

11. 다른 사람에게 자신의 제한된 관심사나 판에 박힌 듯한 규칙, 활동
　　등을 강요하려 한다.　　　　　　　　　　　　　　　　　＿＿＿　＿＿＿

IV. 인지

　　　　　　　　　　　　　　　　　　　　　　　　　　　　예　　아니요

1. 제한된 영역에서 아주 뛰어난 능력을 보이고, 다른 영역에서는
　　보통이나 그 이상의 능력을 보인다.　　　　　　　　　　＿＿＿　＿＿＿

2. 제한된 주제에만 과도하게 몰두한다.　　　　　　　　　　＿＿＿　＿＿＿

3. 친숙하고 반복적인 과제를 할 때는 매우 잘 한다.　　　　＿＿＿　＿＿＿

 4. 오래전 일에 대해 매우 기억을 잘 한다. ___ ___
 5. 그림이나 글자로 제시될 때 학습을 가장 잘 한다. ___ ___
 6. 보통이나 보통 이상의 지능을 가지고 있다. ___ ___
 7. 자신이 다른 사람들과 다르다는 것을 자각하고 있는 것처럼 보인다. ___ ___
 8. 비판을 받는 것에 대해 과민 반응을 보인다. ___ ___
 9. 조직화 능력이 결여되어 있다. ___ ___
10. 기본적인 사회적 상식이 부족하다. ___ ___

V. 감각 운동

예 아니요

1. 큰소리나 갑작스러운 소음에 이상한 반응을 보인다.
   (예 : 비명을 지르거나 생떼를 쓰거나 철회 행동을 보인다.) ___ ___
2. 안았을 때, 피하거나 불편해하거나 밀어내는 일이 자주 있다. ___ ___
3. 다른 사람들은 인식하기 힘든 냄새에 과민 반응을 보인다. ___ ___
4. 특정한 감으로만 만들어진 옷을 입는 것을 좋아한다. ___ ___
5. 똑같은 방법으로 조리되고 제시되는 음식만을 먹는 제한된 식습관을
   가지고 있다. ___ ___
6. 운동 신경을 필요로 하는 글쓰기나 다른 활동들(단추 끼우기, 타이핑)에서
   어려움을 보인다. ___ ___
7. 동작이 서투르거나 잘 조절되지 않는 모습을 보인다. ___ ___

출처 : 김주현, 신민섭(2005).

부록 14-5

애착평가절차

단계	참석자	소요시간	활동내용
1	엄마, 아동, 관찰자	30초	관찰자가 엄마와 아동을 실험실로 안내한 후 나간다.
2	엄마, 아동	3분	엄마는 아동을 혼자서 놀게 한 후, 아동이 먼저 상호작용을 원할 때만 반응하다가, 2분이 경과한 후 아동에게 장난감을 제시하며 적극적으로 놀아 준다.
3	낯선 이, 엄마, 아동	3분	낯선 이가 들어와서 처음 1분 동안 가만히 앉아 있다가 1분이 지나면 엄마에게 말을 건넨다. 마지막 1분 동안 낯선 이가 아동에게 장난감을 주면서 놀아 준다. 3분이 되면 엄마는 혼자 조용히 밖으로 나간다.
4	낯선 이, 아동	3분 혹은 그 이상	첫 번째 분리 단계 낯선 이는 아동에게 먼저 상호작용을 시도하지 않고 원할 때만 응해 준다.
5	엄마, 아동	3분 혹은 그 이상	첫 번째 재결합 단계 엄마가 아동의 이름을 부르며 방으로 들어온다. 아동이 접촉을 원하면 편안하게 해 준 뒤 다시 장난감을 가지고 놀게 한다. 3분이 되면 어머니는 아동에게 '안녕'이라고 말한 후 방 밖으로 나간다.
6	아동	3분 혹은 그 이하	두 번째 분리 단계 아동 혼자 방에 있게 된다.
7	낯선 이, 아동	3분 혹은 그 이하	두 번째 분리의 계속 낯선 이가 들어와서 4단계와 같이 행동한다.
8	엄마, 아동	3분	두 번째 재결합 단계 어머니가 아동의 이름을 부르며 들어오고 아동이 원하면 안아 준다.

제**15**장

섭식장애

1. 서 론

   섭식장애(Eating disorder)에는 신경성 식욕부진증(Anorexio nervosa), 신경성 폭식증(Bulimia nervasa) 그리고 섭식장애 특정불능(Eating disorder; NOS)의 세 종류가 있다. 신경성 식욕부진증에 대한 기술은 중세부터 있어 왔다. 증례 보고는 초기 기독교 성인을 기술한 문헌에서 발견된다. 성 캐서린(Saint Catherine of Sienna)이 식사를 잘 못하고 지속적으로 구토를 하였다는 기록이 전해진다. 17세기에는 John Reynolds(1669)와 Richard Morton(1689)이 증례 보고를 한 바 있다. 19세기 후반기에 Gull(1888)과 Lasegue(1873)는 심리적인 요인으로 이 질환이 야기된다고 하였다. 1960년대에 와서 소아정신과 의사들이 관심을 갖기 시작하였으며, Blitzer 등(1961)은 다양한 정신병리의 결과로 이러한 상태에 이를 수 있다고 하였고, Bruch(1973)는 신경성 식욕부진증에 특수한 정신병리가 존재한다는 주장을 한 바 있다. Bliss와 Branch(1960)는 이 장애의 내분비 연구 및 심리적 요인에 대한 내용이 포함된 저서를 발표한 바 있다. 신경성 식욕부진증은 소아기에도 나타날 수 있으나 전형적인 형태는 사춘기 전후의 여자에게서 많이 나타난다. 체중의 감소가 있고, 월경이 없어지며, 음식이나 체중에 대하여 비정상적인 행동을 보인다. Collins(1894)는 마르고 음식을 거부한 7세 소녀에 대한 보고를 한 바 있고, Marshall(1895)은 금식으로 사망한 11세 소녀에 대한 보고를 한 바 있다.

발병률에 대한 보고로는 Joergensen(1972)이 10~14세 군에서 인구 10만 명당 9.2명, 15~19세 군에서 인구 10만 명당 11.9명으로 보고하였다. Lucas 등(1991)은 10~14세 군에서 인구 10만 명당 14.6명(남자 3.7명, 여자 25.7명), 15~17세 군에서는 인구 10만 명당 43.5명(남자 7.3명, 여자 69.4명)으로 여자군에서 높은 발병률을 나타내고 있다. 유병률에 대한 연구로는 Szukler(1983)가 시행한 연구가 있는데, 14~19세 군을 대상으로 공립학교 여학생 0.2%, 사립학교 여학생 0.8%로 보고한 바 있다. Rathner와 Messner(1993)는 11~21세 사이의 여학생 0.58%에서 나타난다고 보고한 바 있다.

신경성 폭식증 증상에 대해서는 1930년대부터 신경성 식욕부진증 환자들 가운데 과식과 구토증상이 동반된 사례가 보고되어 왔다. 1979년 Russell은 신경성 폭식증을 하나의 독립된 질환으로 기술한 바 있고 신경성 식욕부진증과 밀접한 관계를 가지고 있다고 하였다. 과식의 삽화가 반복적으로 일어나고, 과식 후에는 스스로 유도하는 구토, 이뇨제 또는 하제의 사용, 굶는 행동 혹은 과다한 운동 등 부적절한 보상행동이 동반된다. 신체상에 대한 왜곡은 신경성 식욕부진증이나 신경성 폭식증 모두에서 관찰될 수 있다.

신경성 폭식증의 발병률에 대한 연구에서는 Hoek(1991)가 1985~1986년 사이에는 9.9/100,000, 1986~1989년 사이에는 11.4/100,000으로 약간 증가 추세에 있다고 보고한 바 있다. Soundry 등(1995)은 지역사회에 기반한 신경성 폭식증의 발병률이 1980~1983년 사이에 급증하였다가 1990년까지는 비교적 일정한 상태에 있다고 보고하였다.

2. 진 단

1) DSM-IV 진단기준

DSM-IV에서는 세 가지 유형의 섭식장애가 있다. '신경성 식욕부진증' (Anorexia nervosa), '신경성 폭식증'(Bulimia nervosa) '섭식장애, 특정 불능형'(Eating disorder not otherwise specified)이다.

(1) 신경성 식욕부진증

❖진단기준
A. 연령이나 키를 감안하여 최소한의 정상적인 몸무게를 유지하기를 거부한다. 즉, 체중의 감소가 있는데, 이러한 결과로 기대치보다 85% 미만의 체중이거나, 성장기의 체중의 증가가 기대치의 85%에 미치지 못하는 경우
B. 체중 미달인 상태에서도 체중이 증가하거나 비만해지지 않을까 하는 공포심이 있다.
C. 자신의 체중 또는 체형(shape)에 대한 왜곡된 경험이 있다. 예를 들면, 자신에 대한 평가에서 체중이나 체형의 영향이 과다하거나, 현재 체중이 떨어져 있음으로써 야기되는 문제의 심각성을 부인한다.
D. 정상적으로 월경이 있어야 하는 연령일 경우, 적어도 3회 이상 지속적으로 월경이 없다.

❖아형(Subtypes)
• 제한형(Restricting type): 신경성 식욕부진증의 증상이 존재하는 삽화에서 폭식(Binge-eating)이나, 세척하는 행위(Purging behavior, 즉 스스로 유발하는 구토, 관장, 하제나 이뇨제의 사용 등)가 규칙적으로 나타나지 않는다.
• 폭식형(Binge-eating/Purging type): 신경성 식욕부진증의 증상이 존재하는 삽화에서 위에 기술한 폭식 또는 세척행위가 규칙적으로 일어난다.

(2) 신경성 폭식증

❖**진단기준**

    A. 폭식의 반복적인 삽화가 있다. 폭식의 삽화는 다음과 같은 특징들을 갖는다.

- 어느 특정한 시간 내(대개 2시간 이내)에, 비슷한 시간에 보통 사람들이 먹을 수 있는 양을 훨씬 초과하는 양의 음식을 섭취한다.
- 이 삽화 동안에는 먹는 것에 대한 통제력이 상실됨을 느낀다. 즉, 이 기간 동안에는 무엇을 얼마나 먹을 것인가에 대하여 통제가 불가능해진다.

    B. 체중 증가를 예방하기 위하여 보상 행동을 하는데 이것이 부적절하다. 즉, 스스로 유도하는 구토(Self-induced vomiting), 하제나 이뇨제의 남용, 관장, 단식 또는 과다한 운동을 한다.

    C. 이러한 행동들이 1주일에 2회 나타나며, 적어도 3개월 이상 계속된다.

    D. 자신에 대한 평가(Self-evaluation)에서 자신의 체중이나 체형으로부터 과다하게 영향을 받는다.

    E. 이러한 삽화가 신경성 식욕부진증의 경과 중에 나타나는 것이어서는 안 된다.

❖**아형**(Subtypes)

- 세척형(Purging type): 삽화 중에 규칙적으로 스스로 유도하는 구토, 하제나 이뇨제의 남용, 관장 등의 행동이 관찰된다.
- 비세척형(Nonpurging type): 삽화 중에 단식을 한다거나 과도한 운동을 하는 등의 부적절한 보상 행동은 있으나, 스스로 유도하는 구토, 하제나 이뇨제의 남용 또는 관장을 하는 행동 등은 관찰되지 않는다.

(3) 섭식장애, 특정불능

위에 기술한 섭식장애의 진단기준을 만족시키지 못하는 섭식장애를 이른다.

(1) 여성들인 경우, 신경성 식욕부진증의 모든 진단기준을 만족시키는데, 경도는 정상적으로 있는 경우

(2) 신경성 식욕부진증의 모든 진단기준을 만족시키지만, 현저한 체중의 감소가 있음에도 불구하고 현재 체중이 정상 범위에 있는 경우

(3) 신경성 폭식증의 모든 진단기준을 만족시키는데, 단지 폭식의 횟수나 부적절한 보상 행동의 횟수가 1주일에 2회 미만이거나 계속되는 기간이 3

개월 이내인 경우

(4) 소량의 음식을 섭취한 정상적인 체중을 가진 사람이 반복적으로 부적절한 보상 행동을 하는 경우

(5) 많은 양의 음식을 계속적으로 씹거나 뱉어 내는데, 삼키지는 않는 경우

(6) 폭식이 반복적으로 나타나나, 신경성 폭식증에서 보이는 것과 같은 부적절한 보상 행동은 관찰되지 않는 경우

2) ICD-10 진단기준

ICD-10에서는 '신경성 식욕부진증'(Anorexia nervosa), '비전형적 신경성 식욕부진증'(Atypical anorexia nervosa), '신경성 폭식증'(Bulimia nervosa), '비전형적 신경성 폭식증'(Atypical bulimia nervosa), '기타 심리적 장애와 관련된 폭식증'(Overeating associated with other psychological disturbances), '기타 심리적 장애와 관련된 구토증'(Vomiting associated with other psychological disturbances), '기타 섭식장애'(Other eating disorders), '섭식장애, 특정불능형'(Eating disorder, unspecified)의 8가지 형태로 분류하고 있다.

(1) 신경성 식욕부진증

명확한 진단을 내리는 데는 다음의 사항이 모두 필요하다.

(1) 체중이 정상 기대치보다 최소한 85% 이하로 지속되거나 BMI(Body mass index)가 17.5% 이하인 경우. 사춘기 이전의 환자는 성장기 동안 체중의 증가가 정상 기대치에 도달하지 못하는 경우다.

(2) 환자 스스로 살찌는 음식을 피하거나 일부러 구토를 하거나 하제, 식욕억제제, 이뇨제를 사용하고, 운동을 과도하게 하여 체중이 감소해 있다.

(3) 신체상이 왜곡되어 있고 뚱뚱해지는 것에 대한 공포가 심하다.

(4) 시상하부-뇌하수체-생식선 축을 포함하는 광범위한 내분비 장애가 여성에서는 무월경, 남성에서는 성적 흥미 및 정력의 상실로 나타난다. 또한 성장 호르몬과 코르티솔 수치의 상승, 갑상선 호르몬의 말초대사변

화, 인슐린 분비의 이상 등도 나타날 수 있다.

(5) 발병이 사춘기 이전이면 사춘기의 변화 과정이 지연되거나 중단되기도
    한다. 이럴 경우 여아는 유방이 발달하지 않고 원발성 무월경이 있게 된
    다. 남아의 경우는 성기가 아동기 상태로 남게 된다. 회복이 되면 사춘기
    는 흔히 정상적으로 끝마치나 초경이 늦는 경향이 있다.

(2) 비전형적 신경성 식욕부진증

전형적인 신경성 식욕부진증 증상이 있으나 하나 혹은 그 이상의 기준이 결
여되어 있는 경우에 적용된다. 핵심적인 증상은 모두 가지고 있으나 그 정도가
가벼운 환자도 이 진단명으로 기술되는 것이 가장 적절하다. 신경성 식욕부진
증과 비슷하지만 신체적 질환 때문에 섭식장애가 생겼을 경우 이 진단명을 사
용해서는 안 된다.

(3) 신경성 폭식증

명확한 진단을 내리기 위해서는 다음 사항이 모두 필요하다.

(1) 먹는 것에 대한 지속적인 몰두와 음식물에 대한 불가항력적인 갈망이 있
    으며, 많은 양의 음식을 짧은 시간에 먹어 치우는 폭식을 한다.

(2) 환자는 다음 중 한 가지 이상의 방법으로 음식물의 '살찌게 하는 효과'
    를 막으려는 시도를 한다. 스스로 유도하는 구토, 하제 남용, 폭식과 교
    대로 있는 단식기간, 식욕 억제제, 갑상선 호르몬 제제 또는 이뇨제와 같
    은 약물의 사용 등이 그 방법들이다. 당뇨병 환자에서 폭식증이 발생하
    면 인슐린 치료를 게을리하는 쪽을 택하기도 한다.

(3) 비만에 대해 병적인 공포를 가지고 있으며, 엄격하게 체중을 관리해야 한
    다는 기준을 가지고 있다. 이 기준은 알맞고 건강한 것보다 훨씬 낮은 수
    준이다. 신경성 식욕부진증 병력이 항상은 아니더라도 흔히 선행되는데,
    폭식증과의 간격은 수개월에서 수년이다. 이 장애에 선행된 신경성 식욕
    부진증 삽화는 그 증상을 완전히 나타내기도 하지만, 중등도의 체중 감소
    와 일과성의 무월경기를 수반하는 잠재적 형태를 취하기도 한다.

⑷ 비전형적 신경성 폭식증

이 진단명은 신경성 폭식증의 핵심 특징 중의 하나 또는 그 이상이 결여되어 있으나 다른 면에서는 상당히 전형적인 임상적 특징을 가진 사람에게 적용되어야 한다. 이 진단명이 가장 흔히 사용되는 경우는 정상체중, 심지어 과다체중이면서 전형적인 과식과 그 뒤에 구토나 하제 사용의 시기가 있는 환자에게 적용된다. 우울 증상을 동반하는 부분적 증후군 또한 드물지 않다. 그러나 우울증상이 우울장애라는 별개의 진단을 내릴 정도라면 두 개의 별도 진단을 내려야 한다. 정상체중 폭식증(Normal weight bulimia)이 이에 포함된다.

⑸ 기타의 심리적 장애와 관련된 폭식증

고통스러운 사건에 대한 반응으로 비만을 초래한 폭식증에 이 진단을 붙인다. 사별, 사고, 외과수술, 정서적으로 고통스러운 사건에 이어 반응성 비만증(Reactive obesity)이 올 수 있는데, 체중 증가 소인이 있는 사람에게 특히 잘 나타날 수 있다. 심리적 장애의 원인이 되는 비만증에 이 진단명을 붙여서는 안 된다. 비만증은 그 사람으로 하여금 자신의 외모에 관해 민감하게 느끼도록 하며, 대인관계에서 자신감을 잃게 할 수도 있다. 이 경우 신체의 크기에 대한 주관적인 평가가 과장될 수 있다. 심리적 장애의 원인이 되는 비만증에는 '기타 기분장애' '불안 및 우울의 혼재성장애' '신경증적 장애 특정불능' 범주의 진단명을 붙여야 하며, 비만의 유형을 제시하기 위하여 ICD-10의 E66에서 한 진단 번호를 추가한다. 심인성 과식증(Psychogenic overeating), 비만증(Obesity) 또는 달리 분류할 수 없는 다식증(Polyphagia, not otherwise specified)이 이에 포함된다.

⑹ 기타 심리적 장애와 관련된 구토증

신경증 폭식증에서의 자가-유도성 구토와는 별도로, 해리성장애, 건강염려증성 장애에서 구토가 여러 신체 증상 중의 하나일 때, 그리고 임신 시 반복적인 메스꺼움과 구토가 정서적 요인에 따른 것일 때 반복적인 구토가 일어날 수 있다. 심인성 임신 입덧(Psychogenic hyperemesis gravidarum), 심인성 구토

(Psychogenic vomiting)가 이에 포함된다.

(7) 기타 섭식장애

비기질성 성인기 이식증(Pica of non-organic origin in adults), 심인성 식욕상실증(Psychogenic loss of appetite)이 이에 포함된다.

(8) 섭식장애, 특정불능형

3. 평 가

섭식장애를 평가하는 평정척도의 종류는 적은 편이다.

한국판 식사태도검사-26
(Korean Version of the Eating Attitude Test-26: KEAT-26)

이 척도는 Garner와 Garfinkel(1979)이 고안하였고, 이민규 등(1994)이 표준화하였다. 당시 내적 일치도인 Cronbach Alpha는 .83이고, Spearman-Brown의 교정된 반분 신뢰도 계수는 .76이었다. 이 척도는 자기-보고식 설문지로 26문항으로 구성되어 있다. 섭식장애 환자에 대한 진단뿐만 아니라 일반인에 대해서 식사나 체중에 대해 이상 관심을 가진 군을 구별하는 데 사용될 수 있도록 고안되었다. 이는 실제 임상 장면보다는 연구용으로 유용한 검사도구다(〈부록 15-1〉).

4. 요약 및 제언

　DSM-IV와 ICD-10 간에는 섭식장애 진단 분류에서 약간의 차이가 있다. DSM-IV에서는 신경성 식욕부진증, 신경성 폭식증, 섭식장애 특정불능형의 세 아형으로 분류하고 있고, ICD-10에서는 신경성 식욕부진증, 비전형적 신경성 식욕부진증, 신경성 폭식증, 비전형적 신경성 폭식증, 기타 심리적 장애와 관련된 폭식증, 기타 심리적 장애와 관련된 구토증, 기타 섭식장애, 섭식장애 특정불능형의 8가지 형태로 분류하고 있다. 그러나 진단기준에서 큰 차이는 없다.

　섭식장애의 원인으로는 생물학적 요인, 심리적 요인, 가족 요인, 사회문화적 요인 등이 다양하게 거론되고 있다. 특히, 이 질환은 청소년기에 자신의 신체상에 대하여 예민하게 반응하는 연령층에서 흔히 발병하며, 약간 뚱뚱한 청소년들이 주변의 놀림을 받아 체중조절을 위해 음식섭취를 줄이다가 발병하는 경우도 많다. 최근 들어서는 생물학적 요인에 대한 연구가 활발하다. 정신과 영역에서는 가장 치사율이 높은 질환이기 때문에 조기 발견과 조기 치료가 필수적이며, 이러한 목적으로 평가도구가 유용하게 사용될 수 있다.

부록 15-1

한국판 식사태도검사-26

아래에 식사와 관련된 문항들을 제시해 놓았습니다. 각 항목들을 주의 깊게 읽어 보시고 자신의 상태를 가장 잘 나타낸다고 생각되는 문항 하나를 골라 해당란에 V표로 표시해 주십시오. 하나도 빠뜨리지 말고 반드시 한 가지로만 답해 주시기 바랍니다.

	항상 그렇다	거의 그렇다	자주 그렇다	가끔 그렇다	거의 그렇지 않다	전혀 그렇지 않다
1. 살찌는 것이 두렵다.	①	②	③	④	⑤	⑥
2. 배가 고파도 식사를 하지 않는다.	①	②	③	④	⑤	⑥
3. 나는 음식에 집착하고 있다.	①	②	③	④	⑤	⑥
4. 억제할 수 없이 폭식을 한 적이 있다.	①	②	③	④	⑤	⑥
5. 음식을 작은 조각으로 나누어 먹는다.	①	②	③	④	⑤	⑥
6. 자신이 먹고 있는 음식의 영양분과 열량을 알고 먹는다.	①	②	③	④	⑤	⑥
7. 빵이나 감자 같은 탄수화물이 많은 음식은 특히 피한다.	①	②	③	④	⑤	⑥
8. 내가 음식을 많이 먹으면 다른 사람들이 좋아하는 것 같다.	①	②	③	④	⑤	⑥
9. 먹고 난 다음 토한다.	①	②	③	④	⑤	⑥
10. 먹고 난 다음 심한 죄책감을 느낀다.	①	②	③	④	⑤	⑥
11. 자신이 좀 더 날씬해져야겠다는 생각을 떨쳐 버릴 수 없다.	①	②	③	④	⑤	⑥
12. 운동을 할 때 운동으로 인해 없어질 열량에 대해 계산하거나 생각한다.	①	②	③	④	⑤	⑥
13. 남들이 내가 너무 말랐다고 생각한다.	①	②	③	④	⑤	⑥
14. 내가 살이 쪘다는 생각을 떨쳐 버릴 수 없다.	①	②	③	④	⑤	⑥
15. 식사시간이 다른 사람보다 더 길다.	①	②	③	④	⑤	⑥
16. 설탕이 든 음식은 피한다.	①	②	③	④	⑤	⑥

17. 체중조절을 위해 다이어트용
    음식을 먹는다.　　　　　　①　　②　　③　　④　　⑤　　⑥

18. 음식이 나의 인생을
    지배한다는 생각이 든다.　　①　　②　　③　　④　　⑤　　⑥

19. 음식에 대한 자신의
    조절능력을 과시한다.　　　①　　②　　③　　④　　⑤　　⑥

20. 다른 사람들이 나에게 음식을 먹도록
    강요하는 것처럼 느껴진다.　①　　②　　③　　④　　⑤　　⑥

21. 음식에 대해 많은
    시간과 정력을 투자한다.　　①　　②　　③　　④　　⑤　　⑥

22. 단 음식을 먹고 나면 마음이 편치 않다.　①　　②　　③　　④　　⑤　　⑥

23. 체중을 줄이기 위해 운동이나 다른
    것을 하고 있다.　　　　　①　　②　　③　　④　　⑤　　⑥

24. 위가 비어 있는 느낌이 있다.　①　　②　　③　　④　　⑤　　⑥

25. 새로운 기름진 음식을
    먹는 것을 즐긴다.　　　　①　　②　　③　　④　　⑤　　⑥

26. 식사 후 토하고 싶은 충동을 느낀다.　①　　②　　③　　④　　⑤　　⑥

출처 : 이민규 등(1994).

제4부

진단과 평가의 제문제들

제16장 진단과 평가의 제문제들

제 16 장
진단과 평가의 제문제들

1. 서 론

소아정신의학이 독립적인 체계를 갖추고 자체적으로 전문의 자격을 부여한 것은 1959년으로, 이로부터 40여 년이 흘렀다. 그러나 진단체계를 갖추게 된 것은 1980년(DSM-III)에 이르러서다. 앞으로도 지속적인 임상자료의 수집 및 이에 대한 체계적인 연구를 통하여 계속 발전될 여지가 많은 상태에 있다. 이론적으로 말한다면, 정신의학에서의 진단 및 분류체계가 원인에 입각하여 이루어지는 것이라고 하겠으나, 실제로 많은 정신질환에서 그 원인들을 과학적으로 규명하는 데 많은 어려움이 있기 때문에 원인에 따른 분류는 극히 미미한 상태이며, 대부분이 환아들이 보이는 정신병리나 현상에 기본을 두고 있다고 할 수 있다. 이러한 어려움이 있음에도 불구하고, 공식적인 분류체계를 세워 나가려는 노력을 지속하고 있는 이유는 다음과 같이 요약할 수 있다.

첫째, 전문가들 간의 대화를 원활하게 해 줄 수 있다는 점이다. 즉, 공식적으로 인정되고 있는 용어를 사용함으로써 전문가 상호 간에 공통된 개념을 갖고,

이를 바탕으로 대화를 용이하게 해 준다는 점이다.

둘째, 공통된 진단분류의 체계를 가짐으로써 과학적인 이론의 발달에 기여할 수 있다는 점이다. 즉, 동일한 현상을 나타내는 집단을 대상으로 하여, 가정할 수 있는 원인적인 접근을 가능하게 해 준다는 점이다.

셋째, 진단에 따라서 공통적인 치료적인 계획을 수립하는 데 도움을 줄 수 있다는 점이다.

넷째, 진단에 따라서 예후를 추정할 수 있다는 점이다.

다섯째, 진단에 따라서 동질군을 형성함으로써 소아정신의학 분야의 모든 임상연구의 기본틀을 형성할 수 있다는 점이다.

이상에서 볼 수 있는 바와 같이 여러 전문가들이 공통된 개념을 갖는, 공식적인 진단 및 분류체계를 갖는 것은 소아의 정신질환에 대한 이해를 할 수 있기 위하여 극히 기본적인 과정이라고 할 수 있겠으나, 학자에 따라서는 이에 부정적인 입장을 취하고 있기도 하다. 즉, 이들은 환아에 대한 "labeling"을 함으로써 심리적으로 인간성을 박탈한다거나(Psychological dehumanizstion), 대인관계에서 낙인을 찍어 버려(Interpersonal stigma), 그 아동에 대한 부정적 기대, 편견 등을 가질 수도 있고, 사회적 또는 정책적인 박탈(Social and political deprivation)을 겪는다고 주장하고 있다(Weiner, 1982). 그러나 이런 문제점에 대한 연구에서(Budoff 등, 1978; Hobbs, 1975), 진단적인 체계 때문에 환아에 대하여 부정적인 태도를 갖는 것이 아니라, 문제행동 때문에 부정적인 태도를 갖는다고 보고한 바 있으며, 정신박약이라고 진단을 내린 아동들에 대한 연구에서(Hobbs, 1975), 낙인을 찍기보다는 이 아동이 가질 수 있는 복합적인 문제를 효과적으로 도와줄 수 있는 방법이 강구되었다고 보고한 바 있다. Diagnosis라는 단어는 dia + gnosis로 이루어져 있으며, 이 단어의 원래의 의미는 '깊이'(dia = in depth) '이해한다'(gnosis = know, understand)는 뜻이다. 따라서 소아정신질환을 다루는 임상가 및 연구가들은 환아를 깊이 이해하는 과정으로 'labeling'을 한다는 태도를 가져야·한다. 현재로서는 이러한 과정이 환아를 이해하는 데 가장 효과적인 방법이라는 인식을 가져야 할 것이다. 또한 분류를 하는 대상이 환아 그 자체가 아니라 환아가 앓고 있는 '사고, 감정 또는 행동상의 문제점'이라는 것에 대한 철저한 인식이 필요하다.

2. 진단분류체계 및 평가 시 고려되어야 할 문제점들

1) 발달학적 측면

소아정신과의 진단·분류에서는 발달학적인 측면이 고려되어야 한다. 그 이유는 첫째, 자폐장애와 같은 질환은 특정한 발달기간에만 발병된다는 점이고, 둘째, 주의력결핍·과잉운동장애와 같이 행동발달상의 문제와 깊은 관련을 가질 수도 있으며, 셋째, 아동의 전반적인 발달수준이 질환의 표현방식에 중요한 영향을 미칠 수 있다는 점 등이다. 따라서 이러한 접근은 특정 장애를 기본적인 발달과정 측면에서 보아야 이해하는 데 도움이 될 때 사용되는 접근법이다. 아동에 대한 이해를 할 때 지능검사를 시행하거나 언어의 발달상태를 고려하는 것은 이러한 예에 속한다고 할 수 있다.

2) 범주적 접근(Categorical approach)과 차원적 접근(Dimensional approach)

이 방법들은 편향된 행동(Deviant behavior)의 평가에 이용된다. 역사적으로 본다면 범주적인 접근법은 플라톤의 분류법으로부터 시작이 되는데, 한 개인의 질병을 구성하는 데 특정한 임상적인 증상(Clinical criteria)이 있고, 이러한 진단기준에 따라서 진단을 내리며, 이러한 진단은 정상적인 건강한 상태와는 분명히 구별될 수 있는 특징이 있다고 보는 견해로서 임상적인 특징들이 어떤 진단의 범주 속에 속하는가를 판단하는 것이다. 이러한 접근방법은 그 후 Kraepelin 또는 Neo-Kraepelin학파, Eli Robins와 Guze의 연구(1970), Spitzer의 Research Diagnostic Criteria(1968) 또는 DSM의 분류의 뿌리를 이루고 있다고 볼 수 있다.

범주적 접근방법으로는 최근 Eli Robins와 Guze의 접근법(1970)이 대표적이라고 할 수 있는데, 이들의 5단계를 요약하면 다음과 같다.

첫 번째 단계는 각 질환에 대한 임상적인 양상에 대한 자세한 기술인데, 이는 증상에 대한 기술뿐만 아니라, 연령, 성별, 종족 등 인구통계적인 자료도 포함된다.

두 번째 단계는 검사소견에 관한 기술로서, 현재의 질환과 관계가 밀접한 것이라고 생각되는 질환들(예를 들면, 경련성질환, 치매, Pellagra psychosis)에 관한 검사소견들이 포함된다.

세 번째 단계는 다른 질환들과의 감별점에 대한 기술로서, 특정질환의 진단을 내리기 위한 기준들(Inclusion criteria)뿐만 아니라, 제외되는 기준들(Exclusion criteria)에 대한 자세한 기술이 포함된다.

네 번째 단계는 추적조사(Follow-up study)에 대한 기술로서, 일정한 질환은 일정한 경과를 지니고 있다는 가정에 입각한 기술이다. 즉, 횡단적(Cross-sectional) 진단이 종적인 추적연구에서 어느 정도의 타당성이 있는가를 검증하는 단계가 된다.

다섯 번째 단계는 가족력에 대한 연구다. 질환에 대하여 자세한 가족력을 얻음으로써 특정질환의 유전적인 소인에 관한 정보를 얻는 단계가 된다.

Eli Robins와 Guze의 이러한 연구방법은 Cantwell(1975)이 다소 변형하여 사용한 바 있는데, 그는 검사소견에서 신체적 또는 신경학적인 검사를 시행하여 경한 신체적인 장애(Minor physical abnormalities)를 포함시켰으며, 가족력에 대한 연구단계에서 Robins와 Guze의 가족력에 관한 연구에 가족들 간의 상호관계에 대한 연구(Family interaction studies)도 추가하였다. 또한 한 단계를 더 추가하여 치료 반응에 대한 연구단계를 포함시켰다. 이는 특정한 질환은 일정한 치료방법에 따라서 일정한 반응을 보인다는 가정에 전제한 주장이었다.

차원적 접근은 역사적으로 Hippocrates의 분류법으로부터 출발한다고 볼 수 있는데 이것은 질병을 병전 상태의 부산물로 보는 견해로서(Out-growth from premorbid characteristics), 병적인 상태라는 것이 건강상태와 질적으로 다른 점은 없다고 보는 견해다. 따라서 차원적 접근법에서는 각 환아의 특징적인 임상증상의 기준을 정하는 것이 아니라 요인분석, 회귀분석 등의 통계적인 방법을 사용하여 행동의 차원(Dimension of behaviors)이 평가되는 과정을 밟게 된다.

차원적 접근은 임상적인 증상에 대한 기술이라기보다는 다변량분석방법(Multivariate statistical analysis)을 써서, 행동의 여러 항목들 중에서 서로 상관관계가 높은 항목들을 찾아내는 것이다. 흔히 사용되는 통계방법으로는 요인분석(Factor analysis), 회귀분석(Regression analysis), 판별분석(Discriminant function analysis), 군집분석(Cluster analysis) 등이 있다.

차원적 접근법에 관한 연구로는 Achenbach와 Edelbrock이 2,683명의 16세 청소년들을 대상으로 하여 군집분석을 시행한 바 있는데(1981), 남아에서 7군집, 여아에서 8군집이 발견되었다고 보고한 바 있다.

범주적 접근법과 차원적 접근법은 개념적으로는 상이하며 서로 독립적인 특징이 있으나, Pfohl과 Andreasen(1978)이 이 두 접근법을 통괄하려는 시도를 하였다. 이들은 네 가지 단계로 설명하였는데 요약하면 다음과 같다.

첫 번째 단계는 환아와 변인의 선택과정이다. 이에는 충분한 숫자의 대상군과 환아군이 모두 포함되어야 함을 강조하고 있다. 일정한 대상군을 연구의 목적으로 선택할 때 선택되는 환아의 유형에 따라서 진단체계나 변인에 영향을 미칠 수 있다는 주장이다. 일반적으로 유병률이 비교적 높은 질환들에 대하여는 큰 문제가 없다고 할 수 있으나, 유아자폐증 등 유병률이 낮은 질환에 대하여는, 대상군에서 제외될 위험성이 있으며, 이런 경우는 다변량분석이 적용되는 경우에 '자폐요인'(Autistic factor)은 추출되지 않을 가능성이 있다는 점이 지적되고 있다.

따라서 연구시작 전에 모든 종류의 임상적 질환이 모두 포함되도록 설계하는 것이 첫 단계에서 가장 중요한 요소라고 할 수 있다. 환아에 대한 선택작업이 이루어지면, 다음 단계로는 측정하고자 하는 증상들 또는 변인들을 선택하게 되는데, 일반적으로 소아의 연령에서 흔히 발견될 수 있다고 생각되는 행동상의 항목들을 구체화함으로써 결정될 수 있다. 각 증상은 특정한 척도로 측정될 수 있는 상황하에서만 수학적인 분석방법에 따라서 증후군을 형성할 수 있기 때문에 각 증상을 평가할 수 있는 척도의 형태로 전환시키는 과정이 중요하다. 평가하는 방법으로서는 2분법척도(예, 아니요), 순위척도(Rank order score), 정량화척도(0, 1, 2, 3, 4 등) 등의 방법들이 있으며, 이 척도들의 검사자 간의 신뢰도는 반드시 높아야 한다. 첫 단계의 마지막 과정은 변인의 숫자를 줄이는 과정이다. 이것은 각 환아에 속하는 변인의 숫자가 증가될 수록, 잘못된 허위의 결과가 나올 가능성이 커지기 때문이다. 이 단계에서 흔히 사용되는 통계방법이 요인분석(Factor analysis) 또는 주성분분석(Principal component analysis) 방법이다.

두 번째 단계는 환아군을 아군으로 나누는 단계다. 이 과정에서는 직관적-임상적 관찰에 기본을 두고 나눌 수도 있으나 이것은 편견이 있을 위험성이 있으며, 더 흔히 사용되는 방법은 군집분석(Cluster analysis)을 시행하는 것이다. 그러나 군집분석 또한 문제점들이 있을 수 있다. 왜냐하면 군집분석은 환아군이 실제로 이질적인 집단(Heterogenous group)이며, 측정된 변인들이 대상군의 이질적인 특성과 유관하다는 기본전제가 성립되어야 가능한 분석방법인데, 이러한 기본전제가 성립되지 않을 경우도 있으며, 또한 시행된 군집분석의 방법에 따라서 추출되는 군집의 성격이 다를 수도 있기 때문이다. 또한 정보제공자가 누구인가에 따라서도 상이한 결과가 나올 수도 있다.

세 번째 단계는 진단기준의 개발(Development of diagnostic criteria)이다. 이 과정에서는 전적으로 임상가의 관찰 및 직관(Intuitive-clinical approach)에 따라서 결정될 수 있는데, Leo Kanner(1943)의 유아자폐증에 대한 진단기준의 결정이 대표적인 예가 된다고 할 수 있다. 이 단계에서 흔히 사용되는 통계방법은 변별분석(Stepwise discriminant function analysis)방법으로서, 이러한 방법들은 어떠한 증상들이 각 진단군을 서로 구별할 수 있는가 하는 것을 결정해 준다. 그러나 환아군의 숫자가 적은 경우는 오류를 범할 수 있으며, 변인의 총수는 환아 숫자의 25~30%를 초과하지 않는 범위에서 정하는 것이 안전한 방법이다.

　네 번째 단계는 이상으로 만들어진 진단체계에 대한 평가과정이다. 진단 및 분류체계에 대한 평가과정에는 두 가지의 중요한 평가방법이 사용되는데, 하나는 신뢰도 검증(reliability)이며, 다른 하나는 타당도 검증(validity)이다. 신뢰도란 서로 다른 상황에서 얼마나 일정하게 진단이 내려질 수 있는가를 나타내는 척도인데, 몇 가지 방법으로 평가될 수 있다.

　첫 번째는 검사자 간의 일치도를 평가하는 방법이다. 한 환아에 대하여 여러 명의 임상가가 각각 독립적으로 평가하여 그 일치도를 평가하는 과정인데, 여러 가지의 통계방법이 적용될 수 있으나 Cohen의 Kappa coefficient가 가장 좋은 방법으로 알려져 있으며, 이 방법에서는 검사자 간에 우연히 일치될 수 있는 경우(Chance agreement)는 제외하도록 고안되어 있다.

　두 번째 방법은 검사-재검사 신뢰도 검증법이다(Test-retest reliability). 이것은 동일한 환아에 대하여 일정한 기간을 두고 반복적으로 시행하여, 이 양 검사 간의 일치도를 검증하는 것이다. 검사-재검사 간의 기간을 어느 정도로 잡을 것인가? 하는 것은 피검자의 성격에 따라서 달라질 수 있다. 검사-재검사 신뢰도 검증에서 고려하여야 할 두 가지 사항은 기억력에 따른 오류를 최소화시켜야 하는 것과 피검자 자체의 정신병리상의 변화는 없어야 한다는 점이다. 따라서 정상아동군을 대상으로 평가척도를 개발하는 경우는 피검자 자체의 정신병리상의 변화가 일정 기간 내에 일어날 가능성이 적다고 볼 수 있기 때문에, 가능한 한 검사-재검사 간의 기간을 길게 잡음으로써 기억에 따른 오류를 최소화시킬 수 있다. 그러나 대상군이 환아이며, 특히, 시간에 따라 쉽게 변화될 수 있는 정신병리상의 특징이 있는 경우나 검사-재검사 간의 기간이 길어지는 경우는 척도 자체의 신뢰도와는 별도로 신뢰도에 영향을 미칠 수 있으며, 또한 검사-재검사 간의 기간을 짧게 잡는 경우는 피검자 자체는 변화되지 않는 정신병리 현상을 유지할 수 있으나 기억력에 따른 오류를 최소화시킬 수 없다는 문제점을 안게 된다. 기억력에 따른 오류를 최소화시키면서, 변화되지 않는 피검자의 상태를 일정하게 평가할 수 있는 방법이 강구되어야 한다.

　세 번째 방법은 진단·분류체계 자체의 신뢰도를 평가하는 방법이다. 이것은 어느 특정한 진단기준 자체가 특정한 질환을 구성하고 있는 항목들이라면,

각 항목과 항목 간의 상관관계는 의미가 있어야 한다는 가정하에 시행되는 방법이다. 흔히 사용되는 방법으로는 첫째 항목-항목 간의 상관관계를 평가할 수 있으며, 이로부터 전 척도의 내적일관성(Internal consistency)을 평가하고, 둘째는 각 항목-전체 척도 간의 상관관계를 평가할 수 있으며, 셋째는 반분법에 따른 방법(Split half method), 즉 전 항목을 반으로 나누어 이들 상호 간의 상관관계를 평가하는 것이다.

이상에서 볼 수 있는 바와 같이, 어느 진단체계의 신뢰도에 영향을 미칠 수 있는 상황은 정보수집과정(Information variance), 진단기준 자체의 문제점(Criterion variance), 시간에 따른 피검자의 변화(Occasion variance) 또는 검사자의 편견(Interpretation variance) 등 여러 종류이며, 이들의 변인들을 적절히 수정하는 과정이 신뢰도를 증가시킬 수 있는 방법이 될 수 있다. 다음으로는 타당도 검증이 실시되어야 한다. 타당도란 '현재 개발되어 있는 진단분류체계가 얼마나 이론적인 목적에 부합이 되는가?' 하는 정도를 나타내는 척도다. 타당도 검증에 흔히 사용되는 방법들은 다음과 같다.

첫 번째는 안면타당도(Face validity)로서, 경험이 있는 임상가들이 특정한 진단기준을 일견하여, 그 기준들이 자신들이 그 특정질환과 밀접한 관계가 있다고 인정될 때 안면타당도는 만족스럽다고 평가할 수 있다.

두 번째는 기술타당도(Descriptive validity)다. 이것은 어느 특정 질환의 정신병리 특성상 다른 질환들과 비교적 뚜렷이 구별될 수 있는 특성이 있을 때 평가할 수 있는 타당도 검증법이며, 이에는 반드시 포함되는 기준(Inclusion criteria)과 제외되는 기준(Exclusion criteria)이 명시되어야 한다.

세 번째는 내용타당도(Content validity)다. 이것은 만들어진 진단 · 분류체계에 실제 이러한 조건들을 만족시키는 환아군이 존재하는가를 평가하는 것이다. 또한 이러한 분류체계가 아동들의 행동상의 문제를 모두 포함하고 있는가도 동시에 평가한다.

네 번째는 공존타당도(Concurrent validity)다. 이것은 동일한 목적으로 여러 학자들에 따라서 각각 독립적인 분류체계가 개발될 수 있는데, 이 여러 종류의 평가척도가 동일한 대상군에게 시행되어 각 척도 내지는 분류체계 간의 상호

간의 상관관계를 평가함으로써 판단할 수 있다.

다섯 번째는 구조타당도(Construct validity)다. 이것은 특정한 진단·분류체계가 각 질환의 원인에 대한 가설들과 어느 정도 부합이 되는가를 평가하는 것이다.

그러나 실제 많은 소아정신질환에서, 분명한 원인이 밝혀지지 않았기 때문에 구조타당도에 따른 타당도 검증은 어려운 경우가 많다. 요인분석은 일부 구조타당도를 평가할 수 있는 방법이 될 수 있다.

여섯 번째로는 예측타당도(Predictive validity)다. 즉, '어느 일정한 진단·분류체계에 따라 분류가 일어나는 경우에 어느 정도까지 치료에 대한 반응, 자연경과, 가족력의 양상, 장기적인 예후 등에 대하여 예견할 수 있는가?'를 평가하는 것이다. 예를 들어, 진단·분류체계에 따라 '양극성장애'라는 진단이 내려진다면, '임상가들은 가족력에서 양극성장애의 유병률이 높을 것이다.' 'lithium에 대하여 양호한 반응을 보일 것이다.' 등의 사항들을 예측할 수가 있는데, 어느 정도까지 정확하게 예측할 수 있는가를 평가하는 것이 예측타당도다.

3. 소아정신질환의 분류방법들

1) 증상론적 분류(Classification based on symptoms)

정신장애에 대한 진단명을 붙이기 시작한 것은 고대부터이며, 히포크라테스(Hippocrates), 조증(Mania), 우울증(Melancholia), 섬망(Delirium), 간질(Epilepsy), 히스테리, 산후 정신증(Postpartum psychosis) 등을 기술한 바 있으나, 나머지 대부분의 질환에 대한 기술이 체계적으로 이루어진 것은 19세기에 이르러서였다. Pinel, Esquirol에 의하여 환자에 대한 과학적인 기술이 이루어졌고, Sydenham은 자세한 임상적인 기술의 결과, 백치(Idiocy), 치매(Dementia), 간질성 정신이상(Epileptic insanity), 우울증(Melancholia), 순환성

정신이상(Circular insanity), 편집증(Paranoia), 긴장증(Catatonia), 파과증(Hebephrenia) 등의 질환으로 분류하였으며, 이러한 전통들은 Kraepelin이 집대성하였다고 볼 수 있다.

(1) Kraepelin의 접근모델(Kraepelin's schema)

Kraepelin은 정신과 영역의 질병분류학(Nosology)의 대부라고 할 수 있다. 현재까지도 정신과 영역 질환의 임상적인 증상에 대한 객관적인 기술에 대하여 Kraepelin에 필적할 만한 학자가 없는 것으로 알려져 왔다. 그러나 그 자신은 자신의 기술적인 접근법에 만족하지 않았다. 왜냐하면 동일한 증상이 여러 종류의 증후군에서 함께 나타날 수 있기 때문이었다. 특히, 그는 병의 자연경과와 예후를 동일시하는 경향이 높다는 점과 개인적인 고려보다는 질병 상태의 측면을 지나치게 강조하였다는 점에서, 비판의 여지가 없는 것은 아니지만, 증상들이 일정기간 동안 일정한 상태를 유지한다는 점, 그러한 증상들이 만성화되며 반복될 수 있다는 것이 강조된 점, 한 증상(들)이 여러 질환들의 공통적인 증상으로 나타날 수 있다는 것이 강조된 점 등은 최근의 분류에서도 그대로 적용되는 중요한 요소라고 볼 수 있다.

(2) Bleuler의 접근모델(Bleulerian schema)

Bleuler는 기본적으로는 Kraepelin의 접근방법을 지지하였으나, 접근하는 방법에서 다소 차이점이 발견된다. Bleuler는 정신질환 현상이 가상적인 신체적인 질환과 개인의 성격적인 특성, 심리적인 복합체 간의 상호작용에 따라 야기될 수 있다고 하였다. 따라서 Kraepelin처럼, 순수한 기술로 된 것이 아니라 이론적인 개념이 도입된 임상적인 기술방법이라고 보는 것이 정확하다.

2) 원인론적 분류(Classification based on etiology)

(1) 기질적인 원인(Somatic etiology)

Kraepelin은 증상에 대한 객관적인 기술에 따라서 정신질환에 대한 분류를 시도하였으나, 결국에는 신경병리학적인 측면에서 원인을 찾을 수 있을 것이라는 기대를 가지고 있었다. 정신질환 중 일부, 예를 들면, 진행마비, 알츠하이머병, 정신박약 중의 일부군, 기질성 정신장애 등에서는 기질적인 원인이 밝혀져 있으나 전체적으로 극히 일부분의 정신질환에 해당되는 이론으로 볼 수 있다.

(2) 정신사회적인 스트레스(Psychosocial stress)

이것은 정신사회적인 스트레스, 생활상의 변화 등이 정신질환의 발병과 긴밀한 관계를 맺는다는 가정하에 분류를 시도하는 것이다. 현재 공식적인 분류체계 내에는 적응장애(Adjustment disorder), 외상후 스트레스장애(Post-traumatic stress disorder), 단기 반응성정신증(Brief reactive psychosis) 등의 질환들이 이러한 입장에서 시도된 분류라 할 수 있다.

(3) 정신역동학적 접근(Psychodynamic approach)

현재로서는 상당히 한계가 많은 접근법이라고 할 수 있다. 역동적으로 어느 특정한 역동이 특정한 정신질환에 특정하게 적용될 수 있는 경우는 없기 때문이다. 정신역동에 대하여 표준화된 방법에 따라 객관적으로 평가할 수 있는 방법이 개발되어 있지 않다는 점이 가장 큰 문제점으로 지적되고 있다. 현재의 분류법에 따르면, 분리불안장애(Separation anxiety disorder) 또는 전환반응(Conversion reaction) 등의 질환들이 정신역동에 기본을 둔 질환들이라고 생각되고 있다.

(4) 검사소견들(Laboratory findings)

정신질환의 원인을 규명하는 데 시행할 수 있는 검사를 시행하고, 이 검사소견에 따라서 분류하는 과정을 뜻한다. 여러 종류의 생화학적 검사, 면역학적 검사, 뇌영상촬영, 뇌파검사 등을 시행하고, 이 검사소견에 따라서 분류하는 방법이다. 이 역시, 특정한 정신질환과 특정한 검사소견을 원인과 결과의 관계로서 설명하는 데는 상당한 제한이 있는 상태이나, 검사소견과 정신병리현상

간의 상호관계에 대하여는 지속적으로 연구가 진행되어야 할 과제다.

4. DSM-IV와 ICD-10의 비교

이 두 공식적인 진단·분류체계는 기본적으로는 Kraepelin의 접근방법을 따르고 있으며, 특수한 몇 가지 질환에 대하여는 원인적인 접근이 시도되고 있다. 특별한 심리학적인 가설이, 진단·분류의 과정에서 철저히 배제되어 있는 점도, 이 두 공식체계가 갖는 공통점이라고 볼 수 있다. 이 두 공식적인 진단체계는 서로 영향을 주고받으면서 발전하고 있는데, 몇 가지 기본적인 차이점이 있다.

첫째, DSM-IV는 미국 정신과의사들이 주가 되어 만든 것으로, 임상가의 임상적인 경험을 토대로 이루어져 있는 데 비하여, ICD-10의 체계는 WHO가 주관한 것으로, 국제적인 연구의 결과를 토대로 하고 통계적인 방법이 많이 적용되었다는 점이다.

둘째, DSM-IV는 각 질환마다 진단기준을 명확하게 하여(Operational criteria) 진단이 내려지도록 규정하고 있는 데 비하여, ICD-10에서는 진단적인 기준(Diagnostic guideline)을 정하고는 있으나, DSM-IV만큼은 엄격하지 않다는 점이다.

셋째, DSM-IV에서는 다축체계(Multiaxal framework)가 공식적인 분류체계 내에 한 중요한 부분으로 언급이 되고 있으나, ICD-10에서는 다축체계의 중요성에 대해 언급은 하지만 강요하고 있지는 않다는 점이다.

넷째, DSM-IV에서는 증상에 따라서 여러 가지의 진단을 내리도록 규정하고 있으며 공존질병의 개념으로 파악하고 있으나, ICD-10에서는 가능한 한 한 가지 진단으로 판단하는 경향을 갖고 있다. 즉, 과잉운동·행동장애 (Hyerkinetic conduct disorder) 또는 우울·행동장애(Depressive conduct disorder) 등이 이 예에 속한다.

크게 본다면 이상과 같은 중요한 차이점이 관찰되며, 세부적으로 보면 질환에 따라 거의 동일한 분류체계를 갖는 경우도 있고, 다소 차이가 나는 질환들도 발견된다. 이를 요약해 보면 다음과 같다.

1) 정신지체(Mental retardation)

정신지체에 대한 분류에서는 DSM-IV와 ICD-10 간의 기본적인 차이는 없다. 정신지체의 정도에 따라서, 경도(Mild), 중등도(Moderate), 중도(Severe), 최중도(Profound)의 4종류로 구분하고 있으며 기준으로 삼고 있는 지능지수도 차이가 없다.

2) 전반적 발달장애(Pervasive developmental disorders)

DSM-IV와 ICD-10의 분류체계가 아주 유사하다. DSM-IV의 분류는 ICD-10의 영향을 많이 받은 것으로, ICD-10의 분류에서는 전반적 발달장애 내에 10개의 질환이 포함되어 있다. 이들은 '소아기 자폐증'(Childhood autism), '비전형자폐증'(Atypical autism), '레트 증후군'(Rett's syndrome), '다른 소아기 붕괴성장애'(Other childhood disintegrative disorder, 이에는 Disintegrative psychosis, Heller's syndrome, Dementia infantilis, Symbiotic psychosis 등이 포함된다), '정신지체와 동반된 과잉운동장애 및 상동증'(Overactive disorder associated with mental retardation and stereotyped movements), '아스퍼거 증후군'(Asperger's syndrome, 이에는 Autistic psychopathy, Schizoid disorder of childhood가 포함된다), '기타 발달장애'(Other pervasive developmental disorders), '광범위성 발달장애, 특정불능'(Pervasive disorder, unspecified) 등이다. DSM-IV도 이와 유사한 분류체계를 가지고 있다. 특히, ICD-10에서는 여러 학자들이 여러 가지 용어로 사용한 비공식적인 진단명들이 ICD-10의 공식적인 진단체계 내로 비교적 체계적으로 정리가 된 것은 전문가들 간에 공통된 용어를 사용할 수 있다는 점에서 큰 발전으로 생각된다.

3) 특수발달장애(Specific developmental disorders)

(1) 언어발달장애(Language and speech disorder)

DSM-IV, ICD-10, 양 공식적인 분류체계에서 모두 포함하고 있으며, 유사한 분류체계를 가지고 있다. 발음장애(Phonological disorder, DSM-IV, Specific speech ariculation disorder, ICD-10)와 표현장애(Expressive language disorder, DSM-IV, Expressive languge disorder, ICD-10)는 이 두 분류체계가 차이가 없다. 그러나 수용성 언어장애는 ICD의 분류에만 포함되며(Receptive language disorder), DSM-IV에서는 혼재형(Mixed receptive-expressive language disorder)으로만 분류되어 있다. 이것은 수용성 언어의 발달에 장애가 있는 경우에 표현성 언어가 정상적으로 발달하기는 어렵다는 관찰에 근거를 두고 있는 듯하다. 이외에도 ICD-10의 분류체계에서는 'Acquired aphasia with epilepsy'라는 진단이 추가로 포함되어 있는 점이 DSM-IV와의 차이점이라고 볼 수 있다.

(2) 학습장애(DSM-IV, Learning disorder, ICD-10, Disorders of scholastic skills)

학습장애의 분류에서도, DSM-IV, ICD-10 간의 기본적인 차이는 없다. '수학학습장애'(Mathematics disorder, DSM-IV, Specific disorder of arithmetic skills, ICD-10), '쓰기장애'(Disorders of written expression, DSM-IV, Specific spelling disorder, ICD-10), '읽기장애'(Reading disorder, DSM-IV, Specific reading disorder, ICD-10)는 양 진단체계에서 동일한 분류를 택하고 있다. ICD-10에서 '혼합형'(Mixed disorder of scholastic skills)을 추가하고 있는 점이 차이점이라고 볼 수 있다.

(3) 운동장애

DSM-IV와 ICD-10 간의 차이는 없다. DSM-IV에서는 Motor skill disorder라 명명하였고, ICD-10에서는 Specific developmental disorder of motor function이라 명명하였다.

4) 주의력결핍 · 과잉운동장애(Attention deficit hyperactivity disorder)

이 질환에 대하여는 DSM-IV에서는 '주의력결핍 · 파탄적 행동장애' 내의 한 아형으로 이 질환을 포함시키고 있으며, ICD-10의 분류체계로는 '과잉운동장애'(Hyperkinetic disorder)라는 범주 내에 '활동과 주의력의 장애' (Disturbance of activity and attention), '과잉운동 · 행동장애'(Hyperkinetic conduct disorder), '다른 군'(Others), '비특이군'(Unspecified)의 4질환으로 분류하고 있다. 여기에서 DSM-IV와 ICD-10의 중요한 차이점은, DSM-IV에서는 '주의력결핍 · 과잉운동장애'에서 '행동장애'(Conduct disorder)가 동반되는 경우 각각의 진단을 독립적으로 내리도록 되어 있는 데 반하여, ICD-10의 분류체계에서는 '과잉운동 · 행동장애'로, 그 자체가 하나의 독립된 진단명을 획득하고 있다는 점이다.

5) 행동장애(Conduct disorders)

이 질환에 대하여는 DSM-IV의 분류체계로는 '주의력결핍 · 파탄적 행동장애' 내에 포함시키고 있으며, ICD-10의 분류체계로는 독립된 진단군을 형성하고 있다. 내용면에서는 약간의 차이가 있다. DSM-IV의 분류에는 발병 연령에 따라 '소아기 발병'과 '청소년기 발병'으로 나누고 있다. ICD-10에서는 '비사회화된 행동장애'(Undersocialized conduct disorder), '사회화된 행동장애'(Socialized conduct disorder), '가족 내에만 국한된 행동장애'(Conduct disorder confined to the family context), '반항장애'(Oppositional defiant disorder) 등으로 세분하고 있다. 즉, 행동장애 중 가족 내에서만 일어나는 행동장애를 한 독립된 질환으로 분류하고 있는 점과 '반항장애'를 행동장애의 한 아형으로 분류하고 있는 점이 DSM-IV와의 중요한 차이라고 할 수 있다.

6) 행동과 감정의 혼합장애(Mixed disorders of conduct and emotions)

이 질환군은 DSM-IV에서는 발견되지 않으며, ICD-10에서만 나타나는 질환명이다. ICD-10에서는 '우울·행동장애'(Depressive conduct disorder)라는 진단이 있는데, 이것은 우울증이 있는 아동 또는 청소년들이 행동장애를 함께 나타낼 때 붙이는 진단명이다. 이러한 ICD-10의 분류는 DSM-IV의 분류와는 차이가 나는 점이라고 볼 수 있다. DSM-IV의 분류체계에서도 소아 또는 청소년기의 우울증에서 행동장애가 흔히 동반될 수 있다는 점은 인정하고 있으나, 이때 발견되는 행동장애를 우울증의 한 증상으로 본다. 즉, 일차적인 장애를 우울증으로 본다. 이에 비하여 ICD-10에서는 우울증과 행동장애를 대등한 입장에서 보는데, 실제 임상적으로 소아 또는 청소년기의 우울증에 행동장애가 동반되는 것은 흔히 경험하는 바이지만, 항우울제에 대하여 행동장애가 호전되지 않는다거나, 장기간 추적조사를 하였을 때 우울 증상은 많이 호전이 되나 행동장애는 그대로 지속이 될 수 있다는 점 등은 DSM-IV의 분류체계보다는 ICD-10의 분류체계가 보다 임상연구의 결과에 토대를 둔 분류체계라 볼 수 있다.

7) 소아·청소년기의 불안장애(Anxiety disorder of childhood and adolescence)

이 질환군에 대하여는 DSM-III-R에서는 '소아·청소년기의 불안장애'라 이르며, ICD-10에서는 '소아기 발병의 정서장애'(Emotional disorder with onset specific to childhood)라고 명명하고 있다. DSM-III-R에서는 '분리불안장애'(Separation anxiety disorder), '회피장애'(Avoidant disorder of childhood), '과불안장애'(Overanxious disorder)의 세 진단을 포함하고 있었으나 DSM-IV에서는 '소아·청소년기 불안장애'라는 범주 자체가 없어지게 되었다. '분리불안장애'만 '소아 또는 청소년기의 다른 장애' 내의 한 질환으로 남게 되었고, '회피장애'는 '사회공포증'에 포함시키고, '과불안장애'는 '범불안장애' 내에 포함시켰다. ICD-10에서는 '분리불안장애' '사회과민장애' (Social sensitivity disorders), '소아의 공포장애'(Phobic disorder of childhood)와 '형제간의 경쟁장애'(Sibling rivalry disorder)가 포함되어 있다.

8) 틱장애(Tic disorders)

틱장애의 분류에서는 DSM-IV의 분류체계와 ICD-10의 분류체계 간의 기본적인 차이는 없다.

9) 식사장애(Eating Disorders)

'식사장애' 내에 '신경성 식욕부진증'(Anorexia nervosa)과 '신경성 식욕항진증'(Bulimia Nervosa)을 포함시키고 있는 것은 DSM-IV와 ICD-10에서 일치되는 점이다. 그러나 DSM-IV에서는 '이식증'(Pica)과 '유아의 반추장애' (Rumination disorder of infancy), '유아 또는 조기 소아기의 섭식장애'(Feeding disorder of infancy or early childhood)가 '식사장애' 내에 포함되어 있는데, ICD-10에서는 '소아기 또는 청소년기에 발병되는 다른 행동 및 정서장애' (Other behavioral and emotional disorders with onset usually occurring dring childhood or adolescence) 내에 포함시키고 있다. 또한 ICD-10에서는 '정상체중의 식욕항진증'(Normal weight bulimia), '심리적인 장애와 관련된 과식증' (Overeating associated with other psychological disturbance), '심리적인 장애와 관련된 구토증'(Vomiting associated with other psychological disturbance)이 별도로 추가되어 있는 점은 DSM-IV의 차이점이라고 볼 수 있다.

10) 수면장애(Sleep Disorders)

이 질환에 대하여는 소아 · 청소년의 정신장애 부분에서 따로 다루고 있지는 않지만 성인의 정신장애의 분류 부분에서 DSM-IV와 ICD-10이 모두 기술하고 있다. 소아 또는 청소년기에서 흔히 관찰되는 수면장애로서, '몽유병'(Sleep walking), '야경증'(Sleep terrors), '악몽'(Nightmare, Dream anxiety disorders)의 세 질환을 기술하고 있는데 이 두 진단체계의 기본적인 차이는 없다.

11) 소아기 또는 청소년기에 국한된 사회적인 기능장애(Disorders of social functioning with onset specific to childhood or adolescence)

이 진단범주는 ICD-10에서만 나타나며, 이에 해당되는 DSM-IV의 진단범주는 '유아기, 소아기 또는 청소년기의 다른 장애'(Other disorders of infancy, childhood and adolescence)다. 내용으로 보면, '선택적 함구증'(Elective mutism), '반응성 애착장애'(Reactive attachment disorder of infancy or childhood)는 양쪽 진단체계에서 공통되며, 이외에도 ICD-10에서는 'Disinhibited attachment disorder of childhood'라는 진단이 추가되어 있다.

12) 그 밖의 질환들

이외에도 '성 정체성 장애'(Gender identity disorder), '야뇨증'(Functional enuresis), '분실금'(Functonal encopresis), '언어장애'(Speech disorders, Cluttering, Stuttering), '상동장애'(Sterotyped/ Habit 또는 Movement disorders) 등의 진단들이 DSM-IV나 ICD-10에 모두 포함되어 있으며, 이들 질환들에 대한 정의나 진단기준에서 이 양쪽 진단체계의 큰 차이점은 없다고 볼 수 있다.

5. 결론 및 향후의 연구과제

소아정신의학이 독립적인 체계를 갖추기 시작한 지 40년의 시간이 흘렀으나, 그 분류체계가 비교적 체계화된 것은 1979년(ICD-9)과, 1980년(DSM-III) 에 이르러서다. 이미 기술한 바와 같이 이 두 분류체계는 공통점도 있으며 아 울러 차이점도 있다. 이 두 공식적인 진단 · 분류체계의 공통적인 특징은 심리 적인 이론은 철저히 배제되어 있으며, 일부 질환에서 진단 자체가 그 질환의 원인을 내포하고 있으나, 전체적으로 Kraepelin의 기술적 접근(Descriptive approach)방법을 택하고 있다는 점이다. 많은 소아의 정신질환의 원인이 밝혀 져 있지 않기 때문에 원인에 입각한 분류는 어려운 상태이며 환아의 정신병리 에 대한 철저한 평가가 진단 · 분류체계의 뿌리를 이루고 있다.

최근 10년 동안 신뢰도 및 타당도 검증이 이루어진 진단 · 분류체계를 개발 하기 위해 많은 노력이 있어 왔고, 또 괄목할 만한 발전이 있었다고 생각되며, 이를 바탕으로 향후의 연구과제를 제시해 본다면 다음과 같다.

첫째, 환아의 정신병리를 객관적이며, 신뢰성 있게 평가하기 위한 방법의 개 발이 지속적으로 이루어져야 한다. 또한 현재의 진단 · 분류체계 중에서 신뢰 도가 의심되는 질환은 배제되어야 한다.

둘째, 진단기준에 대한 타당도의 검증도 지속적으로 이루어져야 하며, 어떤 증상이 어떤 특정 질환의 진단적인 기준을 형성할 수 있기 위하여는 철저한 연 구결과에 바탕을 두어야 한다.

셋째, 소아의 정신질환 분류에서는 현상론적인 접근뿐만 아니라, 발달학적 인 특징이 고려된 접근이 보다 더 요구된다.

넷째, 현재 분류체계의 정신을 살리면서 새로운 진단명의 추가가 필요하다. 예를 들면 '과잉운동 · 행동장애'뿐만 아니라, '과잉운동 · 반항장애'도 포함 되어야 한다. 또한 '우울 · 행동장애'뿐만 아니라 '우울 · 과잉운동장애' '불 안 · 행동장애' '불안 · 과잉운동장애' 등도 독립된 질환으로 인정되어야 하 며 이에 대한 진단기준 및 평가척도들이 개발되어야 한다.

다섯째, 외국에서 개발된 평가척도를 우리나라의 아동 또는 청소년들에게 적용하기 위하여는 반드시 신뢰도 및 타당도 검증을 거친 후에 사용하여야 한다.

여섯째, 소아의 정신질환에 대한 원인이 규명되어, 이에 입각한 분류체계가 만들어져야 한다.

마지막으로는 ICD-System과 DSM-System이 점차 접근되어, 궁극적으로는 국제적으로 유용한 단일한 분류체계가 만들어져야 한다.

후 기

    질병에 대한 진단이나 분류는 원인적인 측면에서 이루어지면 가장 합리적일 것으로 생각된다. 그러나 정신과나 소아청소년정신과 영역에서는 질병의 원인에 대한 분명하고도 객관적인 근거가 아주 희박한 상태다. 따라서 몇 가지의 질환들, 예를 들면, 성인기 질환에서는 '섬망' '치매' '기질성 기억상실증후군' 등의 '기질성 정신장애' '물질관련장애' '적응장애' '급성스트레스장애' '외상후 스트레스장애' '정신신체장애' 소아기 질환에서는 '분리불안장애' '반응성 애착장애' 등의 진단명에 원인적인 요인이 포함되어 있으나, 나머지 전 질환에서는 원인 규명이 어렵기 때문에 환자가 나타내는 임상적인 특성에 따라서 진단을 내리도록 되어 있다. 따라서 임상적인 특성을 어떻게 판단하는가에 따라서 동일한 환자에 대하여도 임상가들의 진단이 달라질 수 있다.

    이러한 문제점들을 보완하기 위하여 미국정신과학회나 세계보건기구에서 진단 · 분류에 대한 지침을 만들어 오고 있다. 그러나 이 모두 환자가 나타내는 사고나 감정 또는 행동상의 문제점 또는 보호자의 정보에 의거하여 진단을 내리는 경우가 많기 때문에 신뢰도나 타당도에서 많은 제한점이 있다. 이 점은 앞으로 많은 연구와 지속적인 수정이 필요하리라 생각된다. 진단체계가 이러한 상태이기 때문에 평가 또한 많은 문제점들을 내포하고 있다.

    진단은 영어로 'diagnosis'이다. 이 단어는 'dia + gnosis'로 되어 있다. 'dia'는 '깊이'라는 의미이며, 'gnosis'는 '알다, 이해하다'라는 의미다. 따라서 'diagnosis'의 어원은 '깊이 이해한다'라는 의미다. 즉, 환자를 깊이 이해하는 과정, 환자나 가족들의 정신병리를 이해하고자 하는 모든 과정이 진단을 내리는 과정이며 동시에 평가하는 과정인 것이다. 이 점을 우리는 명심하여야 한다. 환자를 이해하는 과정이 진단을 내리는 과정이지, 어떤 명칭을 부여하는 과정이 진단 과정이 아닌 것이다. 단지 현재로서는 지금의 진단체계가 가장 효과적으로 환자나 가족을 이해하는 과정이라고 생각하기 때문에 이러한 체계를 존중하는 것이다.

따라서 현재의 분류체계에 따른 진단이 어려운 경우는 새로운 진단체계가 만들어져야 한다. 소아나 청소년 또는 모든 인간의 내부 또는 외부에서 일어나는 그 복잡한 현상을 현재의 진단·분류체계만으로는 완벽하게 이해하고 설명한다는 것은 불가능한 일이다.

항상 마음을 열고 현재의 진단·분류체계를 받아들여야 할 필요성이 여기에 있다. 새로운 증례에 대한 세심한 관찰을 통하여 현재의 진단·분류만으로 설명이 되지 않는 증례에 대하여는 지속적으로 자료를 수집하고 기술하여 새로운 진단을 만들어 나가야 한다. 물론 현존하는 진단이나 분류에 대하여도 지속적인 신뢰도 및 타당도 검증이 시행되어야 할 것이다.

참고문헌

곽금주, 박혜원, 김청택(2001) : K-WISC-III 지침서. 서울, 도서출판 특수교육.

조맹제, 김계희(1993) : 주요 우울증 환자 예비평가에서 the Center for Epidemiological Studies Depression Scale(CES-D) 진단적 타당도 연구. 신경정신의학 32(3) : 381-399.

김광일, 김재환, 원호택(1984) : 간이 정신진단 검사 실시요강. 서울, 중앙적성출판부.

김미경, 안동현, 이향희(1996) : 학습 문제를 동반한 주의력 결핍-과잉행동장애 아동의 특성 분석. 정신건강연구 15 : 122-133.

김병로, 조수철, 신윤오(1994) : 한국판 소아자기개념척도 개발. 신경정신의학 33 : 1351-1369.

김승국, 구광조(1997) : 학습장애 아동 교육의 이론과 실제. 서울, 교육 과학사

김아영, 김현정, 이순행(2002) : 한국판 영유아기 자폐증 선별검사 개발연구. 한국심리학회지 발달 15(3).

김영신, 소유경, 노주선, 최낙경, 김세주, 고윤주(2003) : 한국어판 부모-교사 ADHD 평가척도(K-ARS)의 규준연구. 신경정신의학 42(3) : 352-359.

김윤희(1989) : 부부관계·부모-자녀 의사소통·가족기능과 청소년자녀 비행과의 관계연구. 숙명여자대학교 박사학위논문.

김재원, 박기홍, 최민정(2004) : 지역사회에서의 주의력결핍-과잉행동장애 선별기준에 대한 연구. 신경정신의학 43(2) : 200-209.

김주현, 신민섭 (2005) : 한국판 아스퍼거 증후군 진단척도의 신뢰도 및 타당도 연구. 소아 · 청소년 정신의학 16(1) : 98-105.

김태련(1995) : 심리-교육 평정척도. 대구대학교 출판부.

김태련, 박랑규(1990) : 이화-자폐아동 행동발달 평가도구. 서울, 도서출판 특수교육.

김태련, 박랑규(1995) : 아동기 자폐증 평정척도 지침서. 서울, 도서출판 특수교육.

김헌수, 김현실(2000) : 청소년 비행행동 측정도구 개발. 소아 · 청소년정신의학 11(1) : 79-90.

김현곤, 이건수(1996) : 소아자폐증에 관한 연구. 대한소아신경학회지 3(2) : 49-63.

대한 소아청소년 정신의학회(2003) : 한국판 K-SADS-PL 6-18 years. 서울, 중앙문화사.

문경주, 오경자(1995) : 어머니의 우울과 아동의 부적응간의 관계 : 모 · 자 상호행동관찰 연구. 한국심리학회지 임상 14(1) : 41-55.

문수백, 변창진(1997) : Korean Kaufman Assessment Battery for Children(K-ABC) 실시 · 채점요강. 학지사.

박경숙, 윤점룡, 박효정(1989) : 기초 학습 기능 검사 실시 요강. 서울, 한국교육개발원.

박경숙, 윤점룡, 박효정, 박혜정, 권기욱(1991) : KEDI-WISC 검사 요강. 서울, 한국교육개발원.

박은희, 소유경, 김영신, 최낙경, 김세주, 노주선, 고윤주(2003) : 한국어판 Conners 부모 및 교사용 평가척도의 신뢰도와 타당도에 대한 예비적 연구. 소아 · 청소년정신의학 14 : 183-196.

박혜원, 곽금주, 박광배(1996) : 한국 웩슬러 유아 지능검사 지침서. 서울, 도서출판 특수교육.

반건호, 신민섭, 조수철, 홍강의(2001) : 청소년 ADHD 평가 도구 개발을 위한 예비연구-CASS(S)의 신뢰도 및 타당도 연구. 소아 청소년 정신의학 12 : 218-224.

서봉연, 정보인, 최옥순(1985) : 한국판 PTI 실시요강. 서울, 중앙적성 출판사.

서완석, 이종범, 박형배, 서해수, 이광헌, 사공정규(1997) : 한국형 소아기 집중력 문제 척도: 신뢰도 및 타당도 연구. 영남 의대 학술지 14 : 123-133.

소유경, 노주선, 김영신, 고선규, 고윤주(2002) : 한국어판 부모, 교사 ADHD 평가 척도의 신뢰도와 타당도 연구. 신경정신의학 41 : 283-289.

신민섭(1994) : 한국판 아동용 Luria-Nebraska 신경심리 검사의 표준화 연구 Ⅰ : 척도 제작, 신뢰도 및 뇌손상 진단을 위한 규준 산출. 소아 · 청소년 정신의학 5(1) : 54-69.

신민섭(1993). 자살 기제에 대한 실증적 연구: 자기 도피 척도의 타당화. 연세대학교 박사학위청구논문.

신민섭, 김민경(1994) : 아동기 우울증의 평가. 소아 · 청소년 정신의학 5 : 12-27.

신민섭, 박광배, 오경자, 김중술(1990) : 고등학생의 자살 성향에 대한 연구 : 우울-자 살간의 구조적 관계에 대한 분석. 한국심리학회지 임상 9 : 1-19.

신민섭, 박수현(1997) : 주의력 결핍/과잉 운동 장애 아동의 신경심리학적 평가. 소아 청소년 정신의학 8 : 217-231.

신민섭, 조성준, 전선영, 홍강의(2000) : 전산화된 주의력 장애 진단 시스템의 개발 및 표준화 연구. 소아 · 청소년 정신의학 11(1) : 91-99.

신민섭, 홍강의, 김중술, 조수철(1998) : 한국판 학습장애 평가척도의 개발 및 표준화 연구. 신경정신의학회지 37(6) : 1037-1049.

신민섭, 김융희(1998) : 한국형 아동기 자폐증 평정척도의 표준화연구. 한국심리학회 지 임상 17(1) : 1-15.

신윤오, 조수철(1995) : 한국형 가정환경척도의 개발. 신경정신의학 34(1).

안정숙(2000) : 부모면담식 자폐증 진단도구(ADI-R). 자폐증 진단의 최근 동향 및 진 단도구. 한국어린이 육영회. 자폐학회 공동 발표집 20-32.

양윤란, 신민섭(1998) : 아스퍼거 장애와 비전형 자폐장애 아동의 KEDI-WISC와 BGT 수행의 비교. 소아 · 청소년 정신의학 9 : 165-173.

오경자, 이혜련(1989) : ADHD 평가 도구로서의 단축형 Conners 평가척도 연구. 대한 신경정신의학회 추계학술대회 발표.

오경자, 이혜련, 홍강의, 하은혜(1997) : K-CBCL 아동 · 청소년 행동평가척도. 중앙적 성사.

오경자, 하은혜, 이혜련, 홍강의(2001) : K-YSR 청소년 자기행동 평가척도. 중앙적성 출판사.

육성필, 김중술(1997) : 한국판 Beck Anxiety Inventory의 임상적 연구. 한국심리학회 지 임상 16(1) : 185-197.

이민규, 이영호, 박세현, 손창호, 정영조, 홍성국, 이병관, 장필립, 윤애리(1994) : 한국 판 식사 태도 검사(the Eating Attitude Test: EAT) 표준화 연구 I. 대한 신경정신 의학회 제37차 추계학술대회 초록집. 서울, 신경정신의학회.

이영식, 최진태, 이철원(1994) : 한국형 소아 공포 조사 목록 개발. 신경정신의학 33(3) : 524-532.

이원영(1983) : 어머니의 자녀교육관 및 양육 태도와 유아발달과의 관련성 연구. 이화 여자대 학교 대학원 박사학위논문.

이정섭, 신민섭, 홍강의(1994) : 한국판 아동용 Leyton 강박 척도의 개발. 소아 · 청소 년 정신의학 5 : 162-171.

전선영(2000) : 반응적 및 주도적 공격성 아동의 사회정보처리와 행동 특징. 아주대학 교 대학원 석사학위 논문.

정선주(1997) : 전산화 신경인지기능 검사를 이용한 주의력결핍/과잉운동장애아동의 주의력 결핍 특성에 관한 연구. 서울대학교 의과대학 석사학위논문.

정선주, 이정섭, 강윤형, 조성진, 서동혁, 홍강의(2000) : 한국판 아동용 예일-브라운 강박척도 : 신뢰도와 타당도 연구. 소아 · 청소년 정신의학 11(1) : 60-69.

정선주, 이정섭, 유태익, 구영진, 전성일, 김봉석, 홍강의 (1998) : 한국어판 예일 틱 증 상 평가척도 : 신뢰도 및 타당도 연구. 신경정신의학 37(5) : 942-951.

정희연, 조형상, 주연호, 신현균, 이중서, 황석현, 김용식(2003) : Young 주증 평가척도 의 한국판 표준화연구. 신경정신의학 42(2) : 263-269.

조수철 등(2004) : A multi-center, open label study to evaluate safe and effective doses of Oros-MPH immediate-release tablets. 2004년도 대한 소아 · 청소년 정 신 의학회 춘계학술 대회 학술 초록집.

조수철(2001) : 주의력결핍 과잉운동 장애. 서울, 서울대학교 출판부.

조수철, 신윤오(1994) : 파탄적 행동 장애의 유병률에 대한 연구. 소아 · 청소년 정신의 학 5(1) : 141-149.

조수철, 이영식(1990) : 한국형 소아 우울척도의 개발. 신경정신의학 2 : 943-955.

조수철, 신민섭(1989) : 유아자폐증의 정신병리에 대한 객관적 평가. 신경정신의학 28(6) : 1055-1063.

최진숙, 조수철(1990) : 소아 불안의 측정. 신경정신의학 29(3) : 691-702.

표경식, 조수철, 신민섭, 조용래, 문경래(2000) : 파탄적 행동장애의 부모평가척도 개

발 : 신뢰도 및 타당도. 소아 · 청소년 정신 의학 2000년도 춘계학술대회. 발표논문집 42-42.

하은혜, 이수정, 오경자, 홍강의(1998) : 문제행동에 대한 청소년 자신과 부모 평가간의 관계 : K-CBCL과 YSR의 하위요인 구조 비교. 소아 · 청소년 정신의학 9 : 3-12.

허영(1970) : 불안이 학업성과에 미치는 영향에 관한 연구. 중앙대학교 대학원 석사학위논문.

홍강의, 홍경자(1980) : 국민학교 아동의 행동 문제 연구(I) : 부모설문에 의한 역학조사. 정신의학보 9(2) : 48-63.

홍강의, 김종흔, 신민섭. 안동현(1996) : 주의산만 · 과잉운동을 주소로 소아정신과를 방문 한 아동의 진단적 분류와 평가. 소아 · 청소년정신의학 7 : 190-202.

Achenbach TM(1987) : Manual for the Youth Self-Report and Profile. Burlington, University of Vermont Department of Psychiatry.

Achenbach TM(1991) : Manual for the Child Behavior Checklist/4-18 and 1991 Profile. Burlington, VT : University of Vermont, Department of Psychiatry.

Achenbach TM, Edelbrock CS(1983) : Manual for the Child Behavior Checklist and Revised Child Behavior Profile. Burlington, VT : University of Vermont Department of Psychiatry.

Achenbach TM, Edelbrock CS(1986) : Manual for the Teacher's Report form and Teacher Version of Child Behavior Profile. Burlington, University of Vermont Department of Psychiatry.

Achenbach, TM, Edelbrock, C(1987) : Manual of Child Behavior Checklist-Youth Self-Report. Burlington: University of Vermont, Department of Psychiatry.

Achenbach, TM, McConaughy, SH(1989) : Semi-structured clinical interview for children aged 6-11. Burlington: University of Vermont, Department of Psychiatry.

Achenbach. TM(1991b) : Manual for the Youth Self-Report and 1991 Profile. Burlington, VT : University of Vermont, Department of Psychiatry.

Adams, BL, Warneke, LB, McEwan, AJB, Fraser, BA(1993) : Single photon emission computerized tomography in obsessive compulsive disorder: A preliminary study. J Psychiatry & Neurosci 18 : 109-112.

Ainsworth MDE, Blchar MC, Waters EW(1978) : Patterns of attachment : A psychological study of the strange situation. Hillsdale, NJ, Erlbaum.

American Psychiatry Association(1952) : Diagnostic and Statistical Manual of Mental Disorders(1st ed.). Washington DC, APA Press.

American Psychiatry Association(1968) : Diagnostic and Statistical Manual of Mental Disorders(2nd ed.). Washington DC, APA Press.

American Psychiatric Association(1980) : Diagnostic and Statistical Manual of Mental Disorder(3rd ed.). Washington DC, APA Press.

American Psychiatric Association (1987) : Diagnostic and Statistical Manual of Mental Disorders(4th ed., revised). Washington DC, Auther.

American Psychiatric Association(1994) : Diagnostic and Statistical Manual of Mental Disorders(4th ed.). Washington DC, Author.

Anastopoulos, DA(1999) : Attention-Deficit/Hyperactivity Disorder. Child & Adolescent Psychological Disorders. New York, Oxford University Press.

Anthony EJ, Scott P(1960) : Manic-depressive psychosis in childhood. J Child Psychol Psychiatry 1 : 53-72.

Asperger H(1944) : Die Autistischen Psychopathen, Kindesalter, Arch Psychiatry Nervenkr 117 : 76-136, quoted from wing L(1981).

Barkley RA(1981) : Hyperactivity. In EJ. Mash & LG. Terdal(Eds.). Behavioral assessment of childhood disorders. New York, Guilford Press.

Barkley RA(1977) : A review of stimulant drug research with hyperactive children. J Child Psychol Psychiatry 18 : 137-165.

Barkley RA(1990) : Attention-Deficit Hyperactivity Disorder : A Handbook for Diagnosis and Treatment. New York, Guilford Press.

Barns H, Olson DH(1982) : Parent-adolescent communication family inventories. Family social science. University of Minnesota.

Beidel DC, Turner SM, Morris TL(1995) : A new inventory to assess childhood social anxiety and phobia. Psychol Assess 7 : 73-79.

Bernstein GA, Borchardt CM, Perwien AR(1996) : Anxiety disorders in children and adolescents: A review of the past 10 years. J Am Acad child Adolesc Psychiatry 35 : 1110-1119.

Birmaher B, Brent DA, Chiapetta L, Bridge J, Monga S, Baugher M(1999) : psychometric properties of the Screen for Child Anxiety Related emotional Disorders. J Am Acad Child Adolesc Psychiatry 36 : 545-553.

Bowlby J(1969) : Attachment and loss : I Attachment. London, Hogarth Press.

Bruch H(1973) : Eating disorders : Obesity, anorexia nervosa, and the person within. New York, Basic Books.

Cantwell DP(1975) : A model for the investigation of psychiatric disorders of childhood : Its application in genetic studies of the hyperkinetic syndrome. In EJ Anthony(Ed.). Exploration in Child Psychiatry. New York, Plenum Press, 57-79.

Carlson G, Strober M(1978) : Manic depressive illness in early adolescence. J Am Acad Child Psychiatry 17 : 138-153.

Cohen J(1960) : A coefficient of agreement for nominal scales. Edu Psychol Meas 20 : 37-46.

Coie JD, Dodge KA, Kupersmidt J(1990) : Group behavior and social status. In SR Asher & JD Coie(Eds.). Peer Rejection in childhood : Origins, Consequences, Intervention. New York, Cambridge University Press, 17-59.

Conners CK, Sitarenios G(1998) : Revision and restandardization of the Conners Teacher Rating Scale(CTRS-R) : factor structure, reliability, and criterion validity. J Abnorm Child Psychol 26 : 279-291.

Conners CK, Wells KC(1985) : ADD-H Adolescent Self-Report Scale. Psychopharmacol Bull 21 : 921-922.

Costello AJ, Edelbrock CS, Dulcan MK, Kalas R, Klaric SH(1984) : Development and testing of the NIMH Diagnostic Interview Schedule for Children in a clinic population: Final report. Rockvill, MD, NIMH Center for Epidemiologic Studies.

Costello AJ, Edelbrock CS, Kalas R, Kessler M, Klaric S(1982) : The NIMH Diagnostic Interview Schedule for Children(DISC). Pittsburgh, Authors.

Deluty RH(1979) : Children's Action Tendency Scale: A Self Reported Measure of Aggressiveness, Assertiveness, and Submissiveness in Children. J Consult Clin Psychol, 47 : 1061-1071, Instrument reproduced with permission of Robert Deluty and the American Psychological Association.

Dodge KA, Coie JD(1987) : Social-information-processing factors in reactive and proactive aggression in children's peer group. J Pers Soc Psychol 53(6) : 1146-1158.

Douglas VI(1983) : Attention and cognitive problems. In M Rutter(Ed.). Developmental Neuropsychiatry. New York, Guilford Press.

DuPaul GJ(1990) : The Home and School Situations Questionnaire-Revised : Normative data, reliability, and validity. University of Massachusetts Medical Center, Worcester.

DuPaul GJ, Barkley RA, Connor DF(1998) : Stimulants. In RA Barkley(Ed.). Attention-deficit hyperactivity disorder. Guilford Press.

DuPaul GJ, Rapport M, Perrillo LM(1990) : Teacher ratings of academic performance: The development of the Academic Performance Rating Scale. University of Massachusetts Medical Center, Worcester.

Dupey TR, Greenberg LM(1993) : T.O.V.A. Manual. L. A. U. A. D.

Edelbrock C, Costello AJ, Dulcan MK, Kalas R, Conover NC(1985) : Age difference in the reality of the psychiatric interview of the child. Child Dev 56 : 265-275.

Exner JE, Weiner IB(1982) : The Rorschach : A Comprehensive System Volume 3 : Assessment of Children and Adolescents. John Wiley & Sons, Inc, New York, 129-209.

Eyberg SM(1980) : Eyberg Child Behavior Inventory. J Clin Child Psychol 9 : 22-28.

Feighner J, Robins E, Guze SB, Woodruff RA, Winokur G, Munoz R(1972) : Diagnostic criteria for use in psychiatric research. Arch Gen Psychiatry 26 : 57-63.

Ferdinand RF, Visser JH, Hoogerheide KN, Ende JV, Kasius MC, koot HM, Verhulst FC(2004). Improving estimation of the prognosis of childhood psychopathlogy; combination of DSM-III-R/DISC diagnosis and CBCL Scores. J Child Psychol

Psychiaty 45(3): 599-608.

Psychopathology. Combination of DSM-III-R/DISC Diagnoses and CBCL Scores. J Child Psychol Psychiatry 45(3) : 599-608.

Flament MF, Whitaker A, Rapoport JL, Davies M, Berg CZ, Kalikow K, Sceery W, Shaffer D(1988) : Obsessive compulsive disorder in adolescence : An Epidemiological study. J Am Acad child Adolesc Psychiatry 27 : 764-771.

Goyette CH, Conners CK, Ulrich RF(1978) : Normative data on revised conners parent and teacher rating scales. J Abnorm Child Psychol 6 : 221-236.

Gracious BL, Youngstorm EA, Findling RL, Calabrese JR(2002) : Discriminative validity of a parent version of the Young Mania Rating Scale. J Am Acad Child Adolesc Psychiatry 41 : 1350-1359.

Graham P, Rutter M(1968) : The reliability and validity of the psychiatric assessment of the child II : Interview with the parent. Brit J Psychiatry 114 : 581-592.

Group for the Advancement of Psychiatry(1966) : Psychopathological Disorders in Childhood. GAP Report 62 : 229-230.

Halperin JM, McKay KE, Grayson RH, NewCorn JH(2003) : Reliability, validity and preliminary normative data for the Children's Aggression Scale-Teacher Version. J Am Acad Child Adolesc Psychiatry 42(8) : 965-971.

Halperin JM, McKay KE, NewCorn JH(2002) : Development, reliability and validity of the Children's Aggression Scale-Parent Version. J Am Acad Child Adolesc Psychiatry 41(3) : 245-252.

Harris DB, Piers EV(1969) : Piers-Harris Children's Self-Concept Scale. In EV. Piers. Revised Manual. Los Angeles, Western Psychological Services.

Heller T(1930) : About dementia infantilis. Reprinted in JG. Howells(Ed., 1969). Modern Perspectives in International child Psychiatry : 610-616.

Herjanic B, Reich W(1982) : Development of a structured psychiatric interview for children : agreement between child and parent on individual symptoms. J Abnorm Child Psychol 3 : 41-48.

Herjanic B, Reich W(1982) : Development of a structured psychiatric interview for children : Agreement between child and parent. J Abnorm Child Psychol 10 :

307-324.

Herjanic B, Brown F, Wheatt, T(1975) : Are children reliable reporters? J Abnorm Child Psychol 3 : 41-48.

Hetherington M, Clingempeel WG(1992) : Coping with marital transition. Monographs of the Society for Research in Child Development.

Hirschfield, PP(1965) : Response Set in Impulsive Children. J Genet Psychol 107 : 117-126.

Hodges K, McKnew D, Cytryn L, Stern L, Kline J(1982) : The Child Assessment Schedule(CAS) diagnostic interview : A report on reliability and validity. J Am Acad Child Adolesc Psychiatry 21 : 468-473.

Hudziak JJ, Copeland W, Stanger C, Wadsworth M : Screening for DSM-IV externalizing disorders with the Child Behavior Checklist: a receiver-operating characteristic analysis. J Child Psychol Psychiatry 45(7) : 1299-1307.

Jeronme M, Sattler(1982) : Assessment of Child: Revised and updated third edition. San Diego State University.

Kanner L(1943) : Autistic disturbances of affective contact. Nervous Child 2 : 217-250.

Kaplan HI, Sadock BJ, Grebb JA(1994) : Classification in psychiatry and psychiatric rating scales. Synopsis of Psychiatry. Behavioral Sciences Clinical Psychiatry(7th ed.). Williams & Wilkins.

Kashani J, Husain A, McKnew DH(1981) : Current perspective on childhood depression. Am J Psychiatry 138 : 143-153.

Kaufman AS(1979) : Intelligent testing with the WISC-R. New York, John Wiley & Sons.

Kaufman J, Birmaher B, Brent D, Rao U, Flynn C, Moreci P, Williamson D, Rayn N(1997) : Schedule for Affective disorders and Schizophrenia for School-age Children-Present and Lifetime version(K-SDAS-PL) : Initial reliability and validity data. J Am Acad of Child and Adolesc Psychiatry 36 : 980-988.

Kazdin AE, Rodgers A, Colbus D(1986) : The Hopelessness Scale for Children : Psychometric characteristics and concurrent validity. J Consult Clin Psychol 46 : 305-315.

Kearney CA, Silverman WK(1993) : Measuring the function of school refusal behavior : The School Refusal Assessment Scale. J Clin Child Psychol 22 : 85-96.

Kendall PC, Wilcox LE(1979) : Self-control in Children : Development of a rating scale. J Consul Clin Psychol 47 : 1020-1029.

Kendall PC, Zupan BA, Braswell L(1981b) : Self-control in children : Further analyses of the self-control rating scale. Behav Ther 12 : 667-681.

Kim YS, Cheon KA, Kim BN, Chang SA, Yoo HJ, Kim JW, Cho SC, Seo DH, Bae MO, So YK, Noh JS, Koh YJ, McBurnett K, Leventhal B(2004) : The reliability and validity of Kiddie-Schedule for Affective Disorders and Schizophrenia- Present and Lifetime Version- Korean version (K-SADS-PL-K). Yonsei Med J 45(1) : 81-8.

Kirk SA, McCarthy JJ(1961) : The Illinois Test of Psycholinguistic Abilities : an approach to differential diagnosis. Am J Ment Defic 66(3) : 339-412.

Kovacs M, Beck AT(1977) : An Empirical-Clinical Approach toward a Definition of Childhood Depression. Depression in childhood : Diagnosis, Treatment and Conceptual Models. Raven Press, New York.

Kovacs M(1982) : The longitudinal study of child and adolescent psychopathology : I. The semi-structured psychiatric Interview schedule for children(ISC). Western Psychiatric Institute.

Krug AD, Arick JR, Almond PG(1980) : Behavioral checklist for identifying severely handicapped individuals with high levels of autistic behavior. J Child Psychol Psychiatry 21 : 221-229.

La Greca AM, Stone WL(1993) : Social Anxiety Scale for Children-Revised. J Clin Child psychol 22 : 17-27.

Lapouse R, Monk M(1958) An epidemiological study of behavior characteristics in children. Amer J Publ Health 48 : 1134-1144.

Leckman JF, Riddle MA, Hardin MT(1989) : The Yale Global Tic Severity Scale : initial testing of a clinician-rated scale of tic severity. J Am Acad Child Psychiatry 28 : 566-573.

Lefkowitz MM, Tesiny EP(1980) : Assessment of childhood depression. J Consult Clin

Psychol 87 : 43-50.

Loney J, Milich R(1981) : Hyperactive, inattention, and aggression in clinical practice. In D. Routh & M. Wolraich(Eds.). Advances in Developmental and Behavioral Pediatrica (vol. 3, pp. 113-147). Greenwich, CT, JAI Press.

Loranger AW, Levine PM(1978) : Age at onset of bipolar affective illness. Arch Gen Psychiatry 35 : 1345-1348.

Lord C, Rutter M, Goode S, et al(1989) : Autism Diagnostic Observation Schedule : a standardized observation of communicative and social behavior. J Autism Dev Disord 19 : 185-212.

Lord C. Rutter M, Le Couteur A(1994) : Autism Diagnostic Interview-Revised : A Revised version of a diagnostic interview for caregivers of individuals with people with pervasive developmental disorders. J Autism Develop Disord 24(5) : 659-685.

Lucas AR, Locket HJ, Grimm F(1965) : Amitriptyline in childhood depression. Dis Nerv Syst 26 : 105-110.

Luk S(1985) : Direct observation studies of hyperactive behaviors. J Am Acad Child Psychiatry 21 : 338-344.

March JS, Sullivan K, Stallings P, Conners C(1997) : The Multidimensional Anxiety scale for Children(MASC). J Am Acad Child Adolesc Psychiatry 36 : 554-565.

Mash EJ, Barkley RA(1996) : Child Psychopathology. New York, Guilford.

Mash EJ, Dozois DJ(1996) : Child Psychopathology : A Developmental-Systems Perspective. Child Psychopathology. New York, Guilford Press.

Mattis SG, Ollendick TH(1997) : Children's cognitive response to the somatic symptoms of panic. J Abnorm Child Psychol 25 : 47-57.

McBurnett K, Swanson JM, Pfiffner LJ, Tamm L(1997) : A measure of ADHD-related classroom impairment based on targets for behavioral intervention. J Atten Disord 2 : 69 76.

McConville BJ, Boag LC, Purohit AP(1973) : Three types of childhood depression. Can Psychiatry Assoc J 18 : 133-138.

Miller LC, Barrett CL, Hampe E, Noble H(1972) : Comparison of reciprocal inhibition, psychotherapy, and waiting list control for phobic children. J Abnorm psychol 79 : 269-279.

Miller LS., Klein RG., Piacentini J, Abikoff H, Shah MMD, Samoilov A G(1995) : The New York Teacher Rating Scale for Disruptive and Antisocial Behavior. J Am Acad Child & Adolesc Psychiatry 34(3) : 359-370.

Myles BS, Bock SJ, Simpson RL(2001) : Asperger Syndrome Diagnostic Scale. Examiner' s Manual. Pro-ed.

Nelson RW. Israel AC(1984) : Classification and Assessment. Behavior Disorders of Childhood(2nd ed.). New Jersey, Prentice Hall.

Norton GR, Doward J, Cox BJ(1986) : Factors associated with panic attacks in nonclinical subjects. Behav Ther 17 : 239-252.

Ollendick TH(1993) : Reliability and validity of the Revised Fear Survey Schedule for Children(FSSC-R). Beh Res Therapy 21 : 395-399.

Olson, Portner, Lavee(1985) : FACESⅢ. Family social science, University of Minnesota, St Paul, Minnesota.

Pennington BF, Gilger JW, Olson RK, DeFries JC(1992) : The external validity of age-versus IQ-discrepancy definitions of reading disability : Lessons from a twin Study. J Learn Disabil 25 : 562-573.

Perris C(1966) : A study of bipolar (manic-depressive) and unipolar recurrent depressive psychoses. Acta Psychiatry Scand 194(Suppl.).

Petti TA, Law W(1982) : Imipramine treatment of depressed children: A double-blind study. J Clin Psychopharmacol 2 : 107-110.

Pfohl B, Andreasen NC(1978) : Development of classification system in child psychiatry. Comp. Psychiatry 19 : 197-207.

Piaget J(1953) : The Origin of Intelligence in the Child. London : Routledge & Kegan Paul Kraepelin E. (1921) Manic-depressive Insanity and Paranoia. Livingstone, Edinburgh.

Poznanski EO, Grossman JA, Buchsbaum Y, et al.(1984) : Preliminary studies of the reliability and validity of the Children' s Depression Ration Scale. J Am Acad Child Psychiatry 23(2) : 191-197.

Poznanski EO, Zrull JP(1970) : Childhood depression. Arch Gen Psychiatry 5 : 653-685.

Puig-Antich J, Chambers W(1978) : The Schedule for Affective Disorders and Schizophrenia for School-Aged Children. New York, New York State Psychiatric Institute.

Reynolds CR, Richmond BO(1985) : Revised Children's Manifest Anxiety Scale. Los Angeles, Western Psychological Service.

Reynolds WM(1987) : Reynolds Adolescent Depression Scale : Professional Manual. Odessa, FL. Psychological Assessment Resources.

Reynolds WM(1989) : Reynolds Child Depression Scale. Odessa, FL. Psychological Assessment Resources.

Richman N, Graham PJ(1971) : A behavioral screening questionnaire for use with three-year-old children. Preliminary findings. J Child Psychol Psychiatry 12 : 5-33.

Rie HE(1966) : Depression in childhood : A survey of some pertinent contributions. J Am Acad Child Psychiatry 5 : 653-685.

Robins E(1976) : Categories versus dimensions in psychiatric classification. Psychiatry. Ann 6 : 39-55.

Ronan KR, Kendall PC, Rowe M(1994) : Negative affectivity in children : Development and validation of a self-statement questionnaire. Cog Ther Res 18 : 509-528.

Russell GFM(1979) : Bulimia nervosa : An ominous variant of anorexia nervosa. Psychological Medicine 9 : 429-448.

Ruttenberg BA, Kalish BI, Wenar C, Wolf EG(1977) : Behavior rating instrument for autistic and atypical children. Philadelpia, Developmental Center for Autistic children.

Sattler JM(1992) : Assessment of Children. San Diego, San Diego State University.

Schaefer ES(1959) : A circumplex model for maternal behavior. J Abnorm Soc Psychol 59 : 226-235.

Schopler E, Reichler RL, DeVellis RF, Daly K(1980) : Toward objective classification of childhood autism : Childhood Autism Rating Scale(CARS). J Autism Develop

Disord 10 : 91-103.

Shaffer D, Fisher P, Lucas CP, Dulcan MK, Schwab-Stone ME(2000) : NIMH Diagnostic Interview Schedule for Children Version IV(NIMH-DISC-IV) : Description, difference from previous versions, reliability of some common diagnoses. J Am Acad Child Adolesc Psychiatry 39(1) : 28-38.

Silverman WK, Nelles WB(1988) : The Anxiety Disorders Interview Schedule for Children. J Am Acad Child Adolesc psychiatry 27 : 772-778.

Spielberger C(1973) : Preliminary manual for the Stait-Trait Anxiety Inventory for Children. PAlo Alto, CA, Consulting Psychologist Press.

Spitzer RL, Endicott J(1968) : DIAGNO : A computer program for psychiatric diagnosis utilizing the differential diagnostic procedure. Arch Gen Psychiat 18 : 746-756.

Swanson J(1992) : School Based Assessments and Interventions for ADD Students. Irvine, CA, KC.

Swanson BK(1992) : Learning Disabilites : Theoretical and Research Issues. NJ, Erlbaum.

Tackett JL, Krueger RF, Sawyer MG, Graetz BW, Subfactors of DSM-IV Conduct Disorder(2003) : Evidence and connections with syndromes from the Child Behavior Checklist. J Abnorm Child Psychol 31(6) : 647-654.

Walkup J, Davies M(1999) : The Pediatric Anxiety Rating Scale(PARS) : A reliability study. Scientific Proceedings of the 46th Annual Meeting of the American Academy of Child and Adolescent psychiatry, Chicago, 107.

Weinberg WA, Brumback RA(1976) : Mania in childhood. Am J Dis Child 130 : 380-384.

Weiss G, Hechtman L, Miloy T(1985) : Psychiatric status of hyperactives as adults : A controlled prospective 15-year follow-up of 63 hyperactive children. J Am Acad Child Psychiatry 23 : 211-220.

Weissman MM, Orvashel H, Padian N(1990) : Children's symptoms and social functioning self-report scales : comparison of mothers' and children's reports. J Nerv Ment Dis 168 : 736-740.

Welner Z, Welner A, McCrary MD, Leonard MA(1977) : Psychopathology in children of inpatients with depression : A controlled study. J Nerv Ment Dis 164 : 408-413.

Wertham F(1929) : A group of benign psychoses : prolonged manic excitements. With a statistical study of age, duration and frequency in 2000 manic attacks. Am J Psychiatry 9 : 17-78.

Winokur G, Clayton PJ, Reich T(1969) : Manic-Depressive Illness. Mosby, St. Louis.

World Health Organization(1978) : International Classification of Diseases(9th ed.). Geneva.

World Health Organization(1989) : Lexicon of psychiatric and mental health terms. Geneva, Author.

World Health Organization(1992) : International Classification of Diseases(10th ed.). Geneva.

Youngstorm EA, Gracious BL, Danielson CK, Findling RL, Calabrese JR (2003) : Toward an integration of parent and clinician report on Young Mania Rating Scale. J Affect Disord 77 : 179-190.

Youngstrom EA, Danielson CK, Findling RL, Gracious BL, Calabrese JR(2002) : Factor structure of the Young Mania Rating Scale for use with youths ages 5 to 17 years. J Clin Child Adolesc Psychol 31(4) : 567-572.

찾아보기

인 명

곽금주 124
김계희 204
김병로 206
김아영 311
김영신 97
김원정 254
김융희 307
김주현 309
김태련 306, 307
김헌수 149, 172
김현곤 307
김현실 149, 172

박량규 307
박은희 93
반건호 100

서완석 96, 98
소유경 97
신민섭 95, 127, 204, 205, 210, 307, 309
신윤오 88

안정숙 312
양윤란 309
오경자 92, 100, 144, 145, 252, 253
이민규 330
이영식 203
이정섭 268
이혜련 92, 144

정선주 267, 280
정희연 207
조맹제 204

조성준 127
조수철 88, 95, 203, 246, 307

최진숙 246

표경식 146, 152

하은혜 92, 144
한성업 254
허형 247
홍강의 92, 127, 144

Achenbach, T. M. 92, 144, 145, 210, 252, 253
Adams, B. L. 264
Ainsworth, M. D. E. 312
Akiskal 264
Anastopoulos, D. A. 88
Anthony, E. J. 187, 188
Apter 276
Asperger, H. 304

Ballenger, 200
Barkley, R. A. 89
Baumeister 205
Beck, A. T. 203, 248
Beidel, D. C. 249
Berg 127, 268
Bernstein 236
Bierman 184
Birleson 205
Birmaher 248

Bleuler 346
Bliss 323
Blitzer 323
Bowlby, J. 183, 312
Branch 323
Bruch, H. 323
Brumbach 188
Buchanon 205

Campbell 200
Cantwell, D. P. 174
Carlson, G. 174, 188
Chambers, W. 243
Cohen, J. 187
Coie, J. D. 146
Colbus, D. 204
Cooper 268
Costello, A. J. 236, 244, 276
Cytryn, L. 142

Davis 188, 247
Deluty, R. H. 147
Derogatis 252
Dodge, K. A. 146
Douglas, V. I. 88
DuPaul, G. J. 93, 97

Edelbrock, C. S. 94, 144
Endicott, J. 243
Engstrom 188
Exner, J. E. 210
Eyberg, S. M. 94

Feighner, J. 188
Flament, M. F. 263
Freeman 209, 310
French, J. L. 126

Garfinkel 330
Garner 330
Garrison 174
Goodman 267
Goyette, C. H. 93
Gracious, B. L. 207
Grant 127
Grayson, R. H. 148
Greenberg, L. M. 127

Halperin, J. M. 148
Harris, D. B. 206
Heller, T. 304
Herjanic, B. 142
Hetherington, M 76
Hirschfield, P. P. 147
Hodges 142
Hoek 324
Hudson 205

Insel 264

Joergensen 324

Kanner, L. 301
Kasanin 200
Kashani, J. 174, 188

Kaufman, A. S. 127, 200, 243
Kazdin, A. E. 204
Kearney, C. A. 251, 252
Kendall, P. C. 148
Kirk, S. A. 115
Kline, J. 142
Kovacs, M. 203, 204
Kraepelin, P. E. 187, 346
Kramer 263
Krug 307

La Greca 248
Langner 43
Law 208
Le Couteur, A. 312
Lefkowitz 210
Leiter 305
Levine, P. M. 305
Lewinsohn 174
Loney, J. 95
Loranger, A. W. 200
Lord, C. 311, 312
Lowe 187
Lucas, A. R. 324

Mahler 173
March, J. S. 249
Mattis, S. G. 249
McBurnette 98
McConville, B. J. 184
McKay, K. E. 148
McKnew, D. 142

Messner 324

Milich, R. 95

Miller, L. C. 96, 251

Mokros 209

Myles, B. S. 308

Nelles, W. B. 245

NewCorn, J. H. 148

Norton, G. R. 249

Ollendick, T. H. 249, 250

Olsen 200

Olson, R. K. 78

Orvaschel 204

Padian, N. 204

Pennington, B. F. 123

Perris, C. 187, 200

Petti, T. A. 207, 208

Piaget, J. 184

Piers, E. V. 206

Poznanski, E. O. 182, 183, 184, 209

Puig-Antich, J. 243

Rathner 324

Reich, T. 142

Reynolds, C. R. 205, 246

Richmond, B. O. 246

Rie, H. E. 173, 185

Rimland 309

Robert, H. 147

Rochlin 173

Roders 204

Ronan, K. R. 251

Rosenberg, B. G. 147

Ruttenberg, B. A. 310

Rutter, M. 312

Sarason 247

Sattler, J. M. 116, 123

Schaefer, E. S. 73

Schneider 200

Scott, P. 187, 188

Shaffer, D. 142, 244

Sherman 174

Shopler 306

Silverman, W. K. 245, 252

Soundry 324

Spencer 263

Spielberger, C. 246

Spitz, R. 182

Spitzer, R. L. 243

Stern, L. 142

Stone, W. L. 248

Strober, M. 188

Sutton-Smith, B. 147

Swanson, J. M. 97, 98

Swedo 263

Szukler 324

Tackett 145

Tesiny, E. P. 210

Walkup, J. 247

Weinberg W. A. 188

Weiner, I. B. 210

Weiss, G. 99

Weissman, M. M. 204

Welner, Z. 188

Wertham, F. 187

Wilcox, L. E. 148

Winokur, G. 187, 200

Witt 247

Wolff 205

Young 206

Youngstorm, E. A. 207

Zahner 276

Zrull, J. P. 182, 184

내 용

ADD-H 포괄적 교사 평정척도-개정판 95

ADHD 평정척도 97

ADS 127

Beck 불안척도 248

Bender-Gestalt 검사 127

Bleuler의 접근모델 346

Conners-Wells 자기보고형 검사 100

DSM-I 14

DSM-II 14

DSM-III 14

DSM-III-R 15

DSM-IV 13, 15

DSM-IV 아동용 진단면접스케줄 142

Eyberg 아동 행동 질문지 94

Frostig 시-지각발달검사 127

Hopkins 운동/음성틱척도 281

ICD-10 27, 29

IOWA 146

IOWA 코너스척도 95

K-CBCL 92

Kraepelin의 접근모델 346

K-SADS 44

Leyton 아동용 강박장애척도 268

SCL-90-R 252

SKAMP 98

TOVA 127

Wechsler 아동용 지능검사 122

Wechsler Memory Scale 127

Wisconsin 카드분류검사 127

Young 조증 평가척도 206

가정 환경 설문지 93

가족 적응력과 응집력 척도 78

가족 환경 척도 77

간이 정신 진단검사 252

강박사고 264, 265

강박장애 263

강박행동 264, 265

경도 우울증 삽화 177
경조증 194
경조증 삽화 190
공존타당도 67
공황 귀인 평정척도 249
공황발작 질문지 249
관대성 오류 56
관찰 평가 62
관찰법 63
관찰자 간 일치도 66
관찰자 내 신뢰도 66
교사보고형 행동평정척도 253
구인타당도 67
구조화된 면접 90
그림 지능 검사 126
기분 삽화 189
기분 순환장애 193
기초학습능력검사 121

난독증 116
내용타당도 67
논리적 오류 57
뉴욕 교사 평정척도 96

다면적 인성검사 252
대비 오류 57
독서불능증 116
뚜렛장애 276

라이터 국제수행평가척도 305
레이놀즈 아동우울척도 205
레이놀즈 자살생각척도 205

레트장애 304

만성 운동 또는 만성 음성틱장애 277

반복성 우울장애 179
반응성 67
반응적 공격성과 주도적 공격성에 대한 교
    사-평정 도구 146
발달성 단어맹 116
범불안장애 240
복잡성 66
부모 양육태도 척도 72
부모-청소년 의사소통 척도 73
분리불안장애 235
블레뷰 우울지표 207

산술장애 117
상태 불안 246
섭식장애 323
소아 불안평정척도 247
소아 상태-특성 불안척도 246
소아 · 청소년기의 불안장애 352
소아기 공포불안장애 238
소아기 분리불안장애 238
소아기 붕괴성장애 304
소아기 사회불안장애 239
수면장애 353
스냅-4판 97
식사장애 353
신경성 식욕부진증 325, 327, 353
신경성 폭식증 326, 328
신경성 식욕항진증 353

실험실 관찰 70
심리교육 진단도구 306
쓰기장애 118

아동 공격성 척도 148
아동 불안 민감성 지표 247
아동 선별 검사 43
아동 우울평정척도 209
아동 주의력 문제 평가척도 96
아동 평가 스케줄 50, 142
아동 행동 체크리스트 92
아동 행동 체크리스트-교사용 94
아동 행동평정척도 253
아동 행동화 경향 척도 147
아동기 자폐증 평정척도 306
아동용 면접 스케줄 48
아동용 범불안척도 247
아동용 부정 정서 자기-진술 질문지 251
아동용 불안관련 정서장애 선별검사 248
아동용 불안장애 면접 스케줄 245
아동 불안척도(개정판) 246
아동용 두려움 조사표(개정판) 250
아동용 사회불안척도(개정판) 248
아동용 사회공포증과 불안질문지 249
아동용 우울척도 203
아동용 웩슬러 지능검사-3판 124
아동용 일반 불안척도 247
아동용 절망척도 204
아동용 진단 면접 스케줄 244
아동용 Louisville 두려움 조사집 251
아스퍼거 증후군 진단척도 308
아스퍼거장애 304

양극성 기분장애 196
양극성장애 187, 191
언어발달장애 350
역학연구용 우울척도 204
영유아기 자폐증 선별검사 311
예언타당도 67
예일 틱증상 평가척도 280
우울자기평정척도 205
우울장애 173
우울증 또래지명척도 210
우울증 삽화 176
운동장애 350
운동틱 284
운동틱, 강박사고 및 행동, 음성틱 평가조사
    표 280
음성틱 284
이화 심리교육 진단검사 306
일과성 틱장애 278
일상생활 스트레스 척도 251
읽기장애 116

자기-통제력 평정척도 148
자연적인 관찰 70
자폐장애 302
자폐증 진단면접 312
자폐증 진단을 위한 관찰 계획표 311
자폐증과 비전형 자폐아동용 행동평정도구
    310
전반적 발달장애 349
정신병적 증상이 없는 조증 195
정신병적 증상이 있는 조증 196
정신병적 증상이 있는 중증 우울증 삽화

178
정신지체 349
조증 삽화 189, 194
좌-우 변별검사 127
주도적 공격성 146
주요 우울증 삽화 175
주의력결핍 · 과잉운동장애 351
주의력결핍 · 과잉행동장애 87
주의력평가 126
중등도 우울증 삽화 177
직관기 184

청소년 비행행동 측정도구 149
청소년 자기-보고척도 99, 252
최신 오류 57

코너스 부모 평정척도 92

타당도 67
특성 불안 246
특수학습장애 128
틱장애 275, 353

파탄적 행동장애 평정척도 146

품행장애 137
피어스-해리스 자기개념척도 206

학교 상황 설문지 96
학령기 우울목록척도 208
학습장애 115, 350
학업수행 평정척도 97
한국판 식사태도검사 26 330
한국판 아동기 자폐증평정척도 307
한국판 아동용 예일 브라운 강박척도 267
한국판 아동용 웩슬러 지능검사-수정판 123
한국판 아동용 Luria-Nebraska 신경심리검사
      127
한국판 청소년 자기-보고척도 145
한국판 학습장애 평가척도 128
항의-절망-분리 183
행동 선별 검사 42
행동과 감정의 혼합장애 352
행동관찰척도 310
행동장애 351
행동장애 아동용 진단체크리스트 309
형제간 경쟁장애 239
혼재성 삽화 190
후광 오류 57

저자소개

조수철

약력:
- 서울대학교 의과대학 졸업
- 서울대학교 대학원 박사학위 취득
- 미국 예일대학 소아연구센터 연수(유아자폐증, 주의력결핍증, 틱장애 연구)
- 서울대학교 의과대학 신경정신과(소아정신과 전공) 교수
- 서울대학교 의과대학 신경정신과 주임교수
- 현 서울대학교병원 신경정신과 과장

저서 및 역서:
- 소아정신약물학(서울대학교 출판부, 1995)
- 모차르트 이펙트(역서, 황금자리, 1999)
- 소아정신질환의 개념(서울대학교 출판부, 1999)
- 소아정신약물학(개정판, 서울대학교 출판부, 2000)
- 주의력결핍, 과잉운동장애(서울대학교 출판부, 2001)
- 베토벤의 삶과 음악세계(서울대학교 출판부, 2002)
- 아이들을 위한 모차르트 이펙트(역서, 황금자리, 2002)
- 틱장애(서울대학교 출판부, 2005)

논문: 유아자폐증, 주의력결핍, 과잉운동장애, 틱장애, 소아기 불안장애, 소아기우울증, 야뇨증, 행동장애, 소아기 정신분열병에 대한 논문 120편

신민섭

약력:
- 서울대학교 소비자 아동학과 졸업(심리학 부전공)
- 서울대학교 심리학과 대학원 졸업(임상심리학 석사)
- 연세대학교 심리학과 대학원 졸업(임상심리학 박사)
- 미국 하버드 의과대학 소아정신과 방문교수
- 현 서울대학교 의과대학 신경정신과(임상심리 전공) 교수

저서 및 역서:
- 청소년 심리학(역서, 시그마프레스, 2001)
- 그림을 통한 아동의 진단과 이해(증보판, 학지사, 2003)
- 난독증의 이해(역서, 학지사, 2003)
- 뇌와 기억, 그리고 신념의 형성(역서, 시그마프레스, 2004)
- 웩슬러 지능검사를 통한 아동정신병리의 진단평가(학지사, 2005)

논문: 주의력결핍 과잉행동장애, 틱장애, 학습장애, 소아기우울증, 자폐증, 아동 신경심리학적 평가 등 정신병리 연구 및 평가척도 개발에 대한 논문 100여 편

진단 및 치료 소프트웨어 개발:
- 주의력 장애 진단 시스템(ADS)(아이큐빅, 1999)
- 어텐션 닥터(아이큐빅, 2000)

아동·청소년 심리장애 및 진단시리즈 3
소아정신병리의 진단과 평가

2006년 1월 10일 1판 1쇄 발행
2016년 1월 20일 1판 7쇄 발행

지은이 • 조수철 신민섭
펴낸이 • 김 진 환
펴낸곳 • (주) 학지사

04031 서울특별시 마포구 양화로 15길 20 마인드월드빌딩 5층
대표전화 • 02) 330-5114   팩스 • 02) 324-2345
등록번호 • 제313-2006-000265호

홈페이지 • http://www.hakjisa.co.kr
페이스북 • https://www.facebook.com/hakjisa

ISBN 978-89-5891-210-1 93180

정가 16,000원

저자와의 협약으로 인지는 생략합니다.
파본은 구입처에서 교환하여 드립니다.

이 책을 무단으로 전재하거나 복제할 경우 저작권법에 따라 처벌을 받게 됩니다.

인터넷 학술논문원문서비스 뉴논문 www.newnonmun.com